욥기 신학과 강해

욥의 고난과 그리스도의 십자가

김홍규 지음

The Suffering of Job and The Cross of Jesus Christ

by

Hong Kyu Kim (Ph.D)

2018
Young Moon Publishing Co.,
Seoul, Korea

책을 내면서

고난의 장작으로 구원의 불을 밝히다

　인간으로 태어난 사람치고 고난과 시련이 없는 사람은 없다. 에덴에서 아담 부부가 범죄한 이후에 모든 인류는 원죄를 타고 났다. 그러므로 죄로 인한 고난과 역경은 피해 갈 수 없다. 하나님은 범죄한 아담 부부에게 남자는 이마에 땀이 흘려야 먹을 것을 얻게 될 것이고, 여자는 아기를 낳는 해산의 고통과 남편에게 순종해야 하는 힘든 삶을 명하셨다. 하나님 앞에 겸허하게 순종하고 받아야 할 고난의 짐을 잘 감당할 때에 또한 은총과 복도 받을 수 있다.

　모든 사람들의 공통적 고민이며 과제인 '고난과 인내'에 대하여 하나님께서 교훈하실 목적으로 욥기를 주셨다. 첫 장면과 마지막 장면을 제외하면 온통 먹구름과 같은 고난과 아픔에 대한 내용으로 점철되어 있다. 목회자들이 욥기 한 권을 차례대로 강해하기도 진부한 부분이 없지 않다. 그럼에도 불구하고 욥기 안에는 많은 진리의 가르침과 과학적인 놀라운 사실들이 나열되어 있다. 또한 욥기 저자의 감탄할만한 문학적인 표현과 비유들도 나와 있다.

　욥기 문학 형태는 죄에 대한 고소문과 탄원서에 가깝다. 욥의 세 친구와 엘리후는 계속하여 욥의 죄를 지적하고, 욥은 자기를 변명하며 하나님께 고통을 탄원하고 있다. 그리고 유독 질문 형식의 문장들이 많이 나온다.

우리는 살다보면 인간의 고난에 대하여 하나님께 항변하고 질문하는 경우가 있다. 그리고 타인의 죄에 대하여 질타하거나, 자신의 죄에 대하여 변명할 때가 있다. 어떻게 죄를 극복하고 죄와 허물의 문제를 풀 수 있는지 고민한다. 욥기는 그 점에 대하여 논쟁을 통하여 답하고 있다. 그러나 인간은 끊임없이 남을 탓하고 정죄하며, 자기의 죄에 대해서는 변명하고 합리화시킨다. 그러므로 인간의 지혜와 힘으로는 죄의 문제를 근본적으로 해결할 수 없다. 오직 우리의 죄를 사해주실 수 있는 예수 그리스도를 믿고 그 은혜를 덧입음으로 구원에 이를 수 있다.

모든 사람은 죄를 지었고 죄로 인하여 고난을 당하며, 고난이 올 때에 괴로워한다. 인간이 해결해야 하는 공통된 고난의 문제를 욥기가 다루고 있다. 우리가 깨닫고 영적으로 하나님을 만남으로 고난의 이유도 알게 되고, 고난을 어떻게 극복해 나가야 하는지도 깨닫게 된다. 영적으로 고난의 실체를 깨닫기만 한다면, 고난은 영적으로 유익이 된다는 것도 알게 된다.

우선 모든 이들의 고난을 마음 아파하면서 그 문제를 해결해 보려고 우리는 노력해야 한다. 궁극적으로는 고난을 이해하고 그 고난이 영적인 유익이 되도록 해야 한다. 그리고 욥기를 읽는 자들이 쉽게 진리의 핵심을 찾아내게 하는데 이 책의 목적이 있다. 단지 고난 받는 욥의 이야기에서 끝나는 것이 아니라, 욥의 고난을 통하여 초림하실 예수 그리스도의 십자가 고난을 깨달아야 하고, 우리 자신의 고난 문제를 극복해야 한다. 그리고 궁극적으로 우리의 고난을 완전히 해결해 주시게 될 재림의 그리스도를 믿는 것이다.

욥기는 다양한 어휘와 탁월한 비유가 많아서 뛰어난 문학 작품이다. '알프레드 테니슨' (Afred Tennyson)은 "욥기는 고대와 현대를 합쳐서 가장 위대한 시"라고 극찬하였다. 인간 내면의 고난과 탄원을 통하여 하나님 앞에 두려워 떨고 서 있는 우리 자신의 적나라한 모습들을 발견하게 될 것이다.

이 책을 쓸 수 있는 힘은 언제나 말씀을 듣는 성도들과 신학생들이다. 그들을 가르치기 위하여 애써 책을 완성하려고 기도하면서 글을 썼다. 이 책을 출간하기까지 도와주신 하나님의 은혜에 감사를 드린다. 또한 곁에서 기도해 준 새서울교회 성도들과 가족과 모든 민족 선교회 회원들에게 감사를 드린다.

2018. 3. 1 김홍규 목사
새서울교회 목양실에서

Contents

책을 내면서 …… 3

I. 욥기는 어떤 책인가
1. 인간의 고난을 해석하다   11
2. 하나님 섭리 속에서 본 고난   14

II. 욥기의 신학
1. 욥기의 명칭   19
2. 저자와 기록 연대   21
3. 기록 목적   24
4. 욥기의 문학적 구조   27
5. 욥기의 주제   31

III. 욥기에 나타난 그리스도
1. 우리의 중보자   37
2. 우리의 대속자   39
3. 십자가를 지신 그리스도   43
4. 부활의 주님   45

IV. 욥기 강해
1. 하나님의 종, 욥 / 욥 1:1-12   55
2. 욥이 하나님을 믿는 이유 / 욥 1:13-22   61
3. 욥을 향한 하나님의 믿음 / 욥 2:1-13   69
4. 고난 중에도 소망은 있다 / 욥 3:1-26   77
5. 고난을 대하는 태도 / 욥 4:1-21   88
6. 인내로 극복하라 / 욥 5:1-27   95
7. 고난을 이기는 힘 / 욥 6:1-30   104
8. 고난의 언덕 / 욥 7:1-21   111
9. 나중은 심히 창대하리라 / 욥 8:1-22   117
10. 고난에 하나님의 뜻이 있다 / 욥 9:1-35   125

11. 고난 해결의 실마리 / 욥 10:1-22	131
12. 소발의 비판 / 욥 11:1-20	137
13. 전능하신 하나님 / 욥 12:1-25	141
14. 하나님의 얼굴을 보라 / 욥 13:1-28	146
15. 인생무상과 희망 / 욥 14:1-22	152
16. 같은 저울로 달라 / 욥 15:1-35	159
17. 하늘에 계신 보증인 / 욥 16:1-22	166
18. 소망의 줄을 잡아라 / 욥 17:1-16	172
19. 두려움의 해결자 / 욥 18:1-21	178
20. 욥의 구원 / 욥 19:1-29	184
21. 악인의 결말 / 욥 20:1-29	193
22. 외형적 삶이 판단 기준 아니다 / 욥 21:1-34	200
23. 하나님과 화목하라 / 욥 22:1-30	207
24. 불 시험과 순금 같은 신앙 / 욥 23:1-17	217
25. 흥망성쇠의 때를 아는가 / 욥 24:1-25	226
26. 하나님의 주권과 위엄 / 욥 25:1-6	231
27. 하나님의 심오한 세계 / 욥 26:1-14	238
28. 지조 있는 신앙 / 욥 27:1-23	243
29. 지혜는 순금보다 귀하다 / 욥 28:1-28	249
30. 고통 가운데서도 은총을 / 욥 29:1-25	256
31. 욥의 십자가 / 욥 30:1-31	262
32. 마음이 결백한가 / 욥 31:1-40	276
33. 엘리후의 말 / 욥 32:1-22	281
34. 거룩한 영의 사람 / 욥 33:1-33	292
35. 회개하면 산다 / 욥 34:1-37	297
36. 절망하지 않는 밤의 기도 / 욥 35:1-16	302
37. 인생에 대한 하나님의 섭리 / 욥 36:1-33	308
38. 전능하신 하나님 / 욥 37:1-24	314
39. 하나님의 질문 / 욥 38:1-41	321
40. 창조물을 보살피겠느냐 / 욥 39:1-30	325
41. '베헤못'을 제압하겠느냐 / 욥 40:1-24	329
42. '리워야단'을 낚을 수 있느냐 / 욥 41:1-34	335
43. 욥의 회개와 회복 / 욥 42:1-17	343

I.
욥기는 어떤 책인가

Job Theology and Explanation

1
인간의 고난을 해석하다

　욥기는 인간의 고난에 대한 하나님의 섭리를 깨닫게 하는 책이다. 이 책의 시작과 끝은 윤택하고 비옥한 들판 같으나 사탄의 시험이 시작되면서 대부분의 내용은 찬바람과 먼지가 휘날리는 사막과 같은 고통의 탄원과 절망적인 하소연으로 가득 차 있다. 등장하는 욥의 친구들의 충고와 교훈은 오히려 고통 받는 욥을 위로하지 못하고 마음에 상처만 더 입힌다. 고난의 시간이 길어지면서 다소 진부한 상황이 되풀이 되는 듯하다.

　다행히 마지막에 가서 욥이 하나님을 만나고 회개하는 인생 반전이 일어난다. 욥의 환경이 회복되고 반전되지 않았다면, 욥기는 어둡고 암담한 고난의 책이 될 뻔하였다. 우리는 인생의 고난을 통하여 영적으로 성숙한 신앙인으로 변화된다. 아무 탈 없이 살아온 사람과 모진 고난을 통과한 사람은 영적 측면에서 그 격이 다르다. 욥기를 통하여 인생의 깊은 고뇌에 동참을 하고, 더욱 갈급한 마음으로 하나님을 간절히 찾게 된다.

　하나님은 자기 백성들에게 '고난과 인내'의 교훈을 주시기 원하셨다. 세상에 태어난 모든 사람들은 반드시 고난을 겪어야 한다. 죄의 결과로 인하여 재난과 환난이 오지만, 어떤 경우에는 기도하는 의인들에게도 고난이 찾아온다. 고난은 하나님의 섭리 속에서 이해해야 한다. 이 중차대한 문제를 알리기 위하여 하나님은 마음에 합한 자를 택하셨는데 욥이었다.

"여호와께서 사탄에게 이르시되 네가 내 종 욥을 주의하여 보았느냐 그와 같이 온전하고 정직하여 하나님을 경외하며 악에서 떠난 자는 세상에 없느니라"(8절).

악한 자를 택하여 고난을 당하게 하시고 "죄를 지으면 이렇게 고통을 받는다"고 교훈하셨으면, 사람들은 속히 이해하고 깨달았을 것이다. 그런데 하나님께서는 세상에서 가장 온전하고 정직하다고 사탄에게 칭찬한 그 사람을 택하여, 고난을 교훈하는 '종'으로 사용하셨다. 이것이 고난이 비단 악한 자에게만 일어나는 일이 아니라 의인에게도 일어난다는 것을 보여주시기 위한 것이다.

예수님은 죄가 없으신 하나님의 아들이었지만 최고의 고통인 십자가의 고난을 당하셨다. 그리고 의로운 믿음의 순교자들이 있었다. 믿음으로 바로 살려고 하는 많은 목회자들과 성도들도 고난을 당한다. 그러므로 하나님은 이 고난의 문제를 알려줄 인물을 최고의 선한 자로 선택을 하신 것이었다.

욥기는 동전의 양면과 같이 인생의 고난과 허무함에 절망하고 치를 떨면서도, 또한 하나님의 은혜를 사모하며 영생의 소망으로 충만해진다. 정신적 충격과 육체적 고통과 이해할 수 없는 고난에 괴로워하면서도 하나님을 발견하는 놀라운 희열과 하늘의 평강으로 충만하다.

욥은 의로운 사람이기는 하였지만 하나님을 귀로 듣기만 했던 신자였다. 그러나 그가 인간으로서는 이해될 수 없는 모진 고난을 받은 후에 하나님을 눈으로 보듯이 더 깊은 영적 체험을 하게 된다. 우리가 신앙생활을 한다고 하면서 단지 욥처럼 선한 삶을 추구하면서 사는 것에 머물 수 있다. 사실 신앙은 하나님을 만나고 온전히 거듭나서 새 사람이 되는 것이다. 바울 사도의 말씀과 같이 "누구든지 그리스도 안에 있으면 새로운 피조물이라 이전 것은 지나갔으니 보라 새 것이 되었도다"라고 고백할 수 있어야 한다.

욥이 고난을 통과하면서 자신의 무력함과 연약함을 고백하게 되고 하나님의 은혜와 도우심을 간곡히 부르짖게 된다. 욥은 극한 고통 속에서 나약한 인간을 발견하고 자신을 온전히 내려놓는다. 세 친구의 죄에 대한 지속적인 지적과 책망을 들으면서 처음에는 그들의 충고에 수긍하지 않는다. 그러나 마침내 그는 하나님의 섭리를 깨닫지 못한 무지한 자신이 하나님에게 항변한 것을 회개한다.

욥은 고난을 통하여 살아계신 하나님을 영적으로 체험한다. 그리고 영혼과 육신의 구원과 복을 받는다. 첫 장면과 마지막 장면은 하나님께 은총과 복을 받는 내용이지만 영적인 차원과 성숙도는 땅과 하늘의 차이다. 고난 중에도 포기하지 않고 사랑하시는 하나님을 발견하고 찬양한 욥과 같이 우리의 신앙에 놀라운 영적 체험이 있기를 기대한다.

Job Theology and Explanation

2
하나님 섭리 속에서 본 고난

어떤 집사가 자신과 가족을 위하여 새벽마다 기도하였다. 고된 시간을 보내면서 욥기를 읽고 고난에 공감했다고 한다. 그러나 욥기의 내용 중에 마음에 들지 않은 부분이 있었다. 욥이 고난을 받는 것까지는 수용할 수 있었지만, 그 아내가 떠나고 열 자녀가 한꺼번에 다 죽게 된 것은 너무 가혹한 처사라고 생각했다고 한다. 욥이 하나님께 인정받은 것 때문에 가족이 희생되어야 하는 것은 하나님의 실수라고 생각하였다. 욥이 무고히 고난을 받음으로 오히려 그 가족들은 하나님의 도우심과 구원을 받는 것이 합당하지 않느냐고 하였다.

나는 그에게 욥기 해석을 정정해 주었다. 욥기는 하나님께서 의로운 욥에게 무고히 고난을 주시면서 욥의 가족들까지 희생을 시킨 하나님의 잘못으로 해석해서는 안 된다고 했다. 욥기는 장차 오실 예수 그리스도는 죄 없으신 의로운 분으로 고난을 받게 되실 것을 예표한 책이라고 했다. 욥의 극한 고난을 통하여 그리스도의 십자가의 고난을 예시한 것이고, 욥이 믿음 안에서 소망을 가지고 인내한 것처럼 부활하실 그리스도는 모든 인간의 소망이 되실 것을 보여준 책이다.

모든 사람들이 고난의 문제로 고민하게 될 것이고, 특히 신실한 주님의 종들과 성도들이 고난과 역경에 처할 수 있다. 그럴 때 어떻게 믿음으로 극복해야 하는지 고난의 모델인 '욥의 탄원 기도와 인내'를 통하여 교훈을 얻게 하신 것이다.

그리고 욥에게 고난을 줌으로 죄도 없는 가족들이 고통을 받거나 죽게 된 것은 하나님의 지나친 처사이며 잘못이라는 생각도 바로 이해할 수 있도록 설명하였다. 우선 하나님이 하시는 일은 우리가 시비할 수 없으며, 하나님은 언제나 올바르신 분이다. 하나님은 절대 주권주이시며 생명의 주인이시다. 열 명의 자녀들이 일찍 죽기는 하였지만 그들의 영혼은 소멸된 것이 아니라 천국으로 인도하셨을 것이다. 그리고 욥이 회개한 후에 다시 열 자녀를 주셨다.

욥의 아내 경우는 정확하게 알 수 없다. 재앙을 만난 남편에게 "하나님을 욕하고 죽으라"고 저주하면서 떠난 아내가 욥이 회복한 후에 다시 돌아왔는지는 성경이 말하고 있지 않다. 그러나 믿음의 관점에서 볼 때에 욥의 처는 고난이 올 때에 인내하지 못하고 불신앙의 모습을 나타내었다. 믿음의 사람은 고난이 올지라도 하나님을 배반하거나 저주하지는 않는다. 오히려 하나님께 더 간절히 매달리고 부르짖는다. 욥의 처는 믿음이 없었고 고난의 시험에서 탈락하였다고 짐작이 된다.

하나님은 욥을 시험하시려고 그 가족을 희생시킨 실수를 범하셨다고 말해서는 안 된다. 욥도 그의 처도 그의 열 자녀들도 하나님 앞에서는 죄인들이며 고난의 과정을 통과해야만 하는 인간이다. 생명의 주인이신 하나님은 절대 주권으로 생사화복을 주관하신다.

욥기를 억울하고 애매히 받는 고난이나 하나님의 지나친 처사로 해석하게 되면, 욥기를 주신 목적에서 이탈하게 된다. 욥기는 예수 그리스도의 고난으로 우리가 구원을 받게 된다는 예표적 책이며, 의인도 하나님의 뜻 아래서 고난과 박해를 받는다는 것을 예시한 책이다. 그리고 모든 고난 받는 인류에게 하나님께 소망을 두고 인내하라는 교훈을 주기 위한 책이다.

II.
욥기의 신학

Job Theology and Explanation

1
욥기의 명칭

욥은 히브리어로 אִיּוֹב(이욥)으로 표기한다. 그 의미는 "돌아오다, 회개하다"이다. 욥이 자신의 의만 강하게 주장하다가 나중에 자신의 죄를 깨닫고 회개하면서 겸손하게 하나님께 돌아온 것을 생각하면 그 이름이 함축하고 있는 영적인 의미가 전달된다.

신학자 '올브라이트'(W.F.Albright)는 욥을 "나의 아버지는 어디 계시나이까?"로 번역하기도 했다. 왜냐면 '아마르나'(Amarna) 편지(약 B.C.1350)와 이집트 저주문서 본문(약 B.C.2000)에도 이 욥이 나타나는데, 두 경우 모두가 종족의 지도자, 즉 족장들에게 적용되는 단어로 나타나기 때문이다.

성경의 욥은 경건한 사람으로 '우스' 땅에 살았다(욥1:1). 이곳은 팔레스틴에서 동쪽이나 동남쪽에 있는 초원지대이다. 또 데만, 수아, 나아마(2:11) 지역도 욥이 사는 곳 근처에 있었다.

욥이 역사적 인물인 것을 증명하는 성경적 근거는 겔14:14,20과 약5:11이다. 하나님께서 예루살렘 멸망을 예언하시면서 욥의 이름을 거론하셨다. 하나님은 욥을 역사적 인물인 '노아'나 '다니엘'과 더불어 의로운 삼인 중에 한 사람으로 꼽으셨다.

"비록 노아, 다니엘, 욥, 이 세 사람이 거기 있을지라도 그들은 자기의 의로 자기의 생명만 건지리라. 나 주 여호와의 말이니라"(겔 14:14).

Job Theology and Explanation

2
저자와 기록 연대

　유대 전통 탈무드에서는 모세를 저자로 생각한다. 그러나 이 사실에 대하여 유대인들 자체에서도 의견이 분분하다. 학자에 따라서 욥 혹은 엘리후, 모세, 솔로몬, 이사야나 예레미야로 보는 자들도 있다. 그러나 대체로 저자를 욥으로 보고 있다.

　욥을 저자로 보는 학자들의 견해는 욥기서의 기록이 매우 사실적이라는 것이다. 그러한 고난을 당한 당사자만이 쓸 수 있는 심층 깊은 내용이라는 것이다. 저자의 체험을 배제시키고는 이 욥기와 같이 사실적이고 체험적인 내용을 전개하기 어렵다는 점이다.

　욥기에 기록된 긴 대화들이 상세히 기록된 것을 보면 직접 목격하고 참여한 자가 기록했을 가능성이 짙다. 구약 시대에는 한 개인이 자신에 관한 사건을 제 삼자의 이야기처럼 기록하기도 했다. 물론 마지막 부분(욥 42:16,17)의 욥의 나이와 죽음에 대해서는 다른 편집자가 덧붙인 것으로 짐작한다. 욥기 내의 많은 관계 구절들이 이 책의 일관성을 보여주고 있다. 그러므로 여러 명의 저자가 편집한 책이 아니고 한 사람의 저자에 의

하여 기록된 책인 것을 증명하고 있다.[1]

탈무드나 기독교 학자들은 욥이 활동하던 시기는 족장시대 초기로 본다. 따라서 욥기 저작에 대한 그들의 전통적인 견해도 모세 이전의 족장시대로 보는 일부의 학자가 있다. 그러나 이 책이 기록된 시기는 학자들마다 견해가 다르다. 이스라엘 포로 후 B.C. 1세기경으로 보는 학자도 있다. 학자들의 지지를 많이 받는 견해는 솔로몬 통치시대다. 델리취와 루터와 헤브닉(K.Delitzsch, M.Luther, Haevernick) 같은 학자들이 욥기의 저작 시대를 솔로몬시대로 본다. 솔로몬 시대에는 문학적 활동의 여유가 있었고, 잠언과 같은 지혜문학적인 성격을 가지고 있다는 점이 그 견해를 뒷받침 한다.

그러나 욥기가 객관적으로 솔로몬 시대에 쓰였다고 볼만한 증거는 없다. 시의 형태를 가진 잠언이나 전도서의 일부와 유사한 부분이 없지 않지만 욥기가 솔로몬 작품의 영향을 받았다기보다는 오히려 영향을 준 쪽이다.[2]

욥을 저자로 보는 견해는 그가 고통 속에서 기록에 대한 결심을 하였다. 고통이 끝난 후에 그는 자기의 결심에 따라서 하나님이 주신 말씀을 따라서 놀라운 경험을 상세하게 기록할 수 있었을 것이다.

"나의 말이 곧 기록되었으면, 책에 씌어졌으면, 철필과 납으로 영원히 돌에 새겨졌으면 좋겠노라"(욥19:23,24).

달라스 신학교 교수인 '로이 죽'(Roy B. Zuck)은 욥이 살았던 시기를 족장 시대 초기(B.C.2100-1900)로 본다. 그 까닭은 욥이 환난 후에 140년

---

1) Roy B. Zuck, 욥기, 전광규 역, 서울: 도서출판 두란노, 1988, 11.
2) Henry M. Morris, 위대한 과학서 욥기, 서울: 크리스챤 월드, 1992, 15.

을 더 살았기 때문에 그의 수명을 210세쯤으로 볼 때, 족장들의 수명과 비슷하다는 것이다. 아브라함의 아버지 '데라'는 210세를 살았고, 아브라함은 175세를 살았고, 이삭은 180세를 살았다. 욥의 부를 가축의 수로 평가했는데 아브라함이나 야곱의 때도 마찬가지였다(창12:16, 30:43).³⁾

그리고 42장에 나오는 은전 '크시타' (קְשִׂיטָה)는 성경에 단 두 번 나오는데(창33:19, 수24:32), 두 번 다 야곱에 대한 언급을 할 때 사용되었다. 또 다른 이유는 모세의 율법이나 절기에 대한 말이 없다. 그리고 욥기서에서는 하나님의 이름을 '전능하신 분' (샤다이: שַׁדַּי)으로 31번이나 집중적으로 사용하고 있는데(구약의 다른 곳에서는 단지 17번만 사용), 족장시대에 주로 사용되었다(창17:1, 욥8:3, 37:23). 욥이 저자라고 한다면 욥기는 족장시대 초기에 기록되었을 가능성이 크다.⁴⁾

---

3) Roy B. Zuck, op. cit., 11.
4) Ibid., 11-13.

Job Theology and Explanation

3
기록 목적

3.1 고난도 하나님의 섭리

우선 고난은 신자이든지 불신자이든지 세상에 태어난 모든 사람들의 공통적인 문제이다. 특히 하나님의 택한 자들이 고난과 환난을 당할 때 어떻게 극복해야 할지 하나님께서

인간이 당하는 고난 안에도 하나님의 섭리가 있다는 것을 교훈할 목적으로 기록된 책이다. "의인이 왜 고난을 당하는가" 하는 인간 편에서의 갈등과 의문이 있지만, 하나님의 깊은 사랑의 섭리는 다 깨닫지 못하는 것이 인간이다. 하나님은 절대적인 주권을 가지고 계시고, 인간이 다 알지 못하는 심오한 계획을 가지고 계신다(엡3:9-11). 욥은 하늘나라에서 일어나는 영적인 일을 알지 못하기 때문에, 하나님이 왜 고난을 주시는지 이해하지 못했다. 그러나 그가 하나님을 직접 체험하는 신령한 은혜를 받고 난 후에, 자신이 죄인이며 하나님의 섭리에 대하여 무지했다는 것을 고백하게 된다. 자기가 당한 고난에는 하나님의 큰 뜻이 있음을 깨닫게 된다.

3.2 의인의 고난이 하나님의 영광을 나타냄

고난에는 두 유형이 있다. 죄인이 당하는 고난과 의인이 당하는 고난이 있다. 욥기의 하나님의 섭리 가운데 나타난 의인의 고난을 다루고 있다. 물론 욥도 인간이기 때문에 죄가 있다. 그러므로 죄인이 당하는 고난이 전혀 배제된 것은 아니나, 욥은 그 시대의 의인이었고 하나님이 사탄과 대결하면서까지 사랑받았던 인물이다.

그러므로 욥기는 의인의 고난이 궁극적으로 하나님의 영광을 나타낸다는 메시지를 담고 있다. 그리고 그 표본이 장차 오실 그리스도의 십자가 고난을 통하여 나타나고 마침내 죽음의 부활을 통하여 수 많은 주님의 백성들이 구원을 얻게 될 것이며, 그 자체가 하나님께 영광을 돌리게 될 것이다.

대부분의 사람들은 고난이 죄의 결과로 얻어진다고 생각한다. 그러한 믿음은 욥4:7-9에 잘 나타나 있다. 욥의 친구 '엘리바스'는 "생각하여 보라 죄 없이 망한 자가 누구인가? 정직한 자의 끊어짐이 어디 있는가"라고 말했다. 죄를 지으면 반드시 고난을 받게 된다는 것이다. 요한복음 9장에서 전통적인 관점을 가진 제자들이 길가에 앉은 맹인을 보고 예수님께 "이 사람이 맹인으로 태어난 것이 누구의 죄 때문입니까?"라고 물었다. "자기 때문입니까, 자기 부모 때문입니까?"라고 물었을 때, 주님은 "그가 맹인으로 태어난 것이 그 사람이나 그 부모의 죄 때문이 아니라, 하나님이 하시는 일을 나타내기 위함이라"고 하셨다(요9:3).

일반인들이 생각하는 것과 달리 의인이 고난을 받게 되는 경우도 있다. 의인이 고난을 받고 인내하면서 믿음으로 극복하게 되면, 결국에는 하나님의 영광을 나타내게 된다는 것이다. 하나님께서는 신앙인의 수고와 복음전파를 통하여 영광을 받기도 하시지만, 극심한 고난과 희생을 통하여 영광을 받으시기도 하신다. 순교자의 고난이 얼마나 많은 사람들에게 감동을 주는가? 목숨을 바치는 것만큼 더 숭고한 것이 어디 있겠는가?

욥기는 성도의 인내와 고난이 영적인 큰 유익이 있음을 전하고 있다. 죄인이 회개할 때에 하나님께서 기뻐하시는 것처럼, 의인이 고난 중에도 신앙의 줄을 놓지 않을 때 하나님의 영광이 나타난다. 욥기는 죄인의 고난과 의인의 고난을 다 함께 말하고 있다.

3.3 불신앙의 차단

욥이 살았던 시대의 고대인들은 점차 창조주 하나님을 잊고 다신론과 진화론, 인본주의에 빠른 속도로 물들었으며 타락하고 있었다. 그래서 창 11장에는 인본주의의 표본이라고 할 수 있는 바벨탑 사건이 발생한다. 이러한 불신앙을 차단하고 천지를 창조하신 하나님을 다시금 신뢰하려는 데 욥기 기록의 목적이 있다. 욥기는 하나님과 천지창조에 관하여 많이 말하고 있다.

Job Theology and Explanation

4
욥기의 문학적 구조

욥기는 히브리 문학 작품으로 뿐만 아니라 세계 문학 작품으로도 손 꼽힐 만한 훌륭한 작품이다. 테니슨(John Tennyson)은 "고대와 현대를 통털어 최대의 시"라고 격찬하였고, '칼리레'(Carlyle)는 "펜으로 쓰여진 최고 방대한 작품 중 하나이며, 단테의 신곡, 밀턴의 실낙원, 그리고 괴테의 파우스트와 비교할 만한 훌륭한 서사시"라고 하였다.

욥기를 최고의 시문학으로 격찬한 것은 어느 시대나 누구에게나 있을 수 있는 인간의 심각한 고난 문제를 다루었으며 정신적 고뇌를 신앙으로 해결하려고 노력했기 때문이다. 특히 의인이 당하는 고난은 풀기 어려운 난제 중 하나이다. 욥기는 인간 고난의 문제를 인간의 노력으로 해결하지 않고 전능하신 하나님의 섭리를 믿음으로 해결하려고 했다. 모든 인간 문제의 해결은 인간에게 있는 것이 아니라 하나님께 있다는 것을 각인시키고 있다.

욥기의 문학적 구조는 대화 형식으로 차례대로 나열되어 있다. 1장의 서두와 마지막 42장의 결어 부분은 욥의 가정사에 대하여 대칭 구조를 이루고 있다. 시작도 마침도 믿음의 사람 욥이 하나님께 복을 받는다는 내용이다. 단지 처음에 나타난 욥과 마침에 나타나는 욥은 그 신앙에서 큰 차이가 난다. 고난을 겪으면서 온전히 회개하여 변화된 욥의 모습을 보여준다.

그리고 1장에서 하늘나라의 전경이 펼쳐지고 하나님과 사탄과의 대화가 나온다. 마침의 42장에 가서는 영적 대결에 패배한 사탄은 사라지고 고난을 극복하고 승리한 욥이 하나님과 대화한다.

달라스 신학교 교수인 'Roy. B. Zuck'은 욥기를 2중적 대칭 구조로 표시했다.[5]

  a. 머리말(1-2장)
    b. 욥의 첫 독백 및 변호(3장)
      c. 욥과 친구들의 논쟁(4-28장)
        b1. 욥의 끝 독백 및 변호(29-31장)
      c1. 욥과 엘리후의 논쟁(32-37장)
    c2. 욥과 하나님의 논쟁(38장-42:6)
  a1. 맺음말(42:7-17)

1장과 2장에서 사탄은 두 차례 욥을 시험에 빠뜨린다. 일차에는 자녀들을 죽게 하고 재산을 다 빼앗아 간다. 그것으로 욥의 신앙을 무너뜨리지 못하자 이차에는 뼈와 살을 치는 육체의 질병을 주었다. 그리고 소문을 들은 욥의 세 친구인 '엘리바스'와 '빌닷'과 '소발'이 위로하려고 찾아온다. 4분의 3에 이르는 분량이 욥과 세 친구의 대화로 진행된다.

그리고 나머지는 논쟁에서 문제 해결로 나가는 질문 형식의 말씀으로

---

5) Ibid., 9.

기록되었다. 욥의 마지막 말과 엘리후의 논리정연한 말과 하나님의 엄청난 질문이 쏟아지고 마침내 욥은 입을 닫고 자신의 죄를 깨닫는다. 그리고 하나님께서 대화했던 모든 사람들의 생각과 말을 판단하시고 욥의 의로움을 상기시키셨다. 친구들의 잘못은 욥이 그들을 위하여 기도해 줌으로 해결되게 하셨다. 고난을 극복한 욥에게 복을 주시고 모든 상실한 것을 회복시키시고 마음을 위로하셨다.

'촤레스 카터' (Charles W. Carter)는 그의 책 '욥기 주석' 에서 욥기는 여덟 부분으로 구성되었다고 말했다. 첫 부분은 이야기체로 된 산문인 서론과 욥에게 당한 재앙과 세 친구의 등장이다. 둘째 부분은 3장에서 14장까지의 세 친구와의 첫 번 대화이다. 3장은 자기의 생일을 저주한 욥의 독백이고, 4-5장은 엘리바스의 말이며 6-7장은 욥의 대답이다. 8장은 빌닷의 말이고 9-10장은 욥의 대답이다. 11장은 소발의 말이고 12-14장은 욥의 대답이다. 이와 같이 논쟁식의 대화체로 셋째 부분(15-21장)과 넷째 부분(22-26장)이 기록되어 있다. 친구들이 세 번 말하고, 욥이 세 번 대답하는 논쟁식 대화체로 되어 있다.

다섯째 부분(27-31장)은 서로의 논쟁이 다소 정리되어 욥이 전체적으로 마무리를 짓는 말들이 나온다. 여섯째 부분은 신학과 철학의 선생격인 엘리후가 말하고(32-37장), 일곱째 부분은 하나님의 말씀(38-41장)이 나온다. 여덟째 부분(42장)은 욥의 회개와 네 사람과의 논쟁의 판단과 욥을 다시 회복시키시고 복 주시는 결어가 나온다.

'워렌 위어스비' (Warren W. Wiersbe) 목사도 "인내하라"는 그의 욥기 주석에서 여덟 부분의 구성으로 나누고 있다. 첫째는 욥의 유복했던 가정사이고, 둘째는 갑작스러운 고난(재산과 가정과 건강을 잃음)이며, 셋째는 갑작스런 재난으로 당혹감에 휩싸인 욥에 대하여, 넷째는 세 친구의 말에 대한 욥의 1회전 변호, 다섯째는 2회전 변호, 여섯째는 3회전 변호인

데 소발 대신 '엘리후'의 말이 들어갔다. 일곱째는 하나님이 욥을 구원하기 위하여 낮추심이고, 마지막 여덟째는 욥을 존귀하게 하심과 상실한 것을 회복시킨 것이다.[6]

---

[6] 워렌 위어스비, 욥기 강해 - 인내하여라, 김원주 역, 서울: 생명의 말씀사, 1995. 9.

Job Theology and Explanation

5
욥기의 주제

5.1 의인의 고난

욥처럼 경건하고 의로운 사람이라도 엄청난 고난과 시련을 당할 수 있다는 것을 보여준다. 그 고난은 죄로 인한 징벌의 결과가 아니라 하나님의 깊은 섭리에서 기인하는 것이다.

하루만에 재산과 자녀들을 잃고, 온 몸이 썩는 질병에 시달린다. 존경을 받던 그는 경멸과 모욕의 대상이 되었다. 심지어 친구와 아내까지 그를 질타하고 소외시켰다. 욥은 하나님께서 자기에게 크게 진노하신 것으로 생각하여 자신의 고통을 극한으로 몰고갔다. 그러나 그 고난의 배후에는 하나님의 사랑과 관심과 계획이 있었던 것이다.

성경에는 의인들의 고난이 많이 나온다. 아벨의 순교와 신약의 스데반 집사나 세례요한의 순교를 비롯하여 요셉의 고난과 예레미야 선지자의 고난이 나온다. 그들의 고난을 죄의 대가로 해석하기는 곤란하다.

의인의 고난은 그를 버리기 위한 고난이 아니고 더욱 높이기 위한 특별한 은총이다. 고난이 합력하여 그에게 유익이 될 경우에 하나님의 섭리

가운데 의인에게 고난이 온다. 의인은 고난을 통하여 자신의 죄와 허물을 깨닫고 거룩하신 하나님을 발견하게 된다. 그러므로 하나님이 보실 때 믿음의 단련을 통하여 정금 같이 빛난 신앙을 만들기 위하여 고난을 주실 때가 있다(욥23:10). 의인에게는 고난도 결과적으로 축복이 되는 것이다.

5.2 신정론(神正論)

악인은 잘 살고 있는데 의인이 큰 고난을 당할 때, 우리는 "도대체 하나님이 살아계신다면 왜 이런 일이 벌어질 수 있는가"고 의문을 제기한다. 혹 하나님께서 큰 실수를 한 것은 아닌가 하고 되물을 수 있다.

욥과 세 친구들의 변론 속에서도 이 문제는 심각하게 제기된다. 욥이 과연 착하고 의로운 사람이라면, 그러한 환난을 당할 까닭이 없다는 것이다. 욥의 친구 '엘리바스'가 욥의 고난은 죄에서 기인했다고 말했다.

> "생각하여 보라 죄 없이 망한 자가 누구인가 정직한 자의 끊어짐이 어디 있는가. 내가 보건대 악을 밭 갈고 독을 뿌리는 자는 그대로 거두나니, 다 하나님의 입 기운에 멸망하고 그의 콧김에 사라지느니라"(욥4:7-9).

친구들의 변론에 욥은 자기의 의를 주장하고, 하나님이 자기에게 내리신 재앙을 이해할 수 없다고 했다.

> "그러할지라도 내가 오히려 위로를 받고 그칠 줄 모르는 고통 가운데서도 기뻐하는 것은 내가 거룩하신 이의 말씀을 거역하지 아니하

였음이라"(욥6:10).

"너희는 돌이켜 행악자가 되지 말라. 아직도 나의 의가 건재하니 돌아오라. 내 혀에 어찌 불의한 것이 있으랴"(욥6:29-30).

욥이 과연 의롭다면 의인에게 고난을 주신 하나님은 실수를 범한 것인가? 고난의 근본 책임은 사단과 인간의 범죄에 있다. 하나님은 세상의 마지막 때에 인간을 심판하실 것이다. 단지 기다리시고 그 징벌을 유보하고 있을 뿐이다. 하나님은 복과 재난을 마음대로 내리실 수 있는 절대 주권을 소유하신 분이다. 하나님의 깊고 오묘하신 뜻 안에서 때로는 의인에게 닥치는 고난도 허락하신다.

욥의 친구들이 "욥은 범죄했기 때문에 고난을 당한다"는 말도 옳지 못하다. 만약 그렇다면 다른 모든 사람들은 욥보다 더한 고난을 받아야 마땅하다. 그렇다고 욥이 의롭기 때문에 고난과 재앙을 당해서는 안 된다고 말할 수도 없다. 욥은 인간이기 때문에 하나님 앞에서 죄인이고, 또 하나님의 섭리 가운데서 의인에게도 고난을 내리실 경우가 있기 때문이다. 욥기에 등장하는 사람들의 생각은 모두 이치에 합당하지만 반드시 옳은 것은 아니다. 오직 하나님만 언제나 옳으시고 틀림이 없으시다.

하나님의 섭리 가운데 일어나는 의인의 고난은 하나님께서 반드시 회복시키시고 그 고난으로 인하여 더 큰 복과 영광을 누리게 하신다.

예수님은 죄 없이 십자가의 처형을 당하시고 죽으셨다. 유대인들은 "나무에 달려 죽은 자는 하나님의 저주를 받은 자"라고 믿었다(신21:23). 그러므로 하나님은 예수님을 부활시켜 그의 죄 없으심을 증거하셨고, 온 세상이 놀랄만한 큰 영광을 얻게 하셨다. 그리고 예수님의 죽음은 인간의 죄를 대속하신 것임을 온 세상에 증거하셨다. 그래서 사도 바울은 만약 예수 그리스도의 부활이 없었다면 우리는 여전히 죄 가운데 있을 것이라고 고백했다(고전15:17).

욥의 경우도 하나님의 섭리 가운데 극심한 고난이 있었지만, 하나님은 결국에 가서는 욥의 고난을 물리치시고 그 영광을 회복시키셨다. 욥을 정죄했던 친구들이 욥에게 사죄하는 뜻으로 욥에게 기도를 받고 하나님께 용서를 받았다(욥42:7-9). 그리고 하나님은 욥에게 이전의 모든 소유보다 갑절의 복을 주셨다.

> "욥이 그의 친구들을 위하여 기도할 때 여호와께서 욥의 곤경을 돌이키시고 여호와께서 욥에게 이전 모든 소유보다 갑절이나 주신지라" (욥42:10).

욥의 극심한 고난과 회복을 통하여 인간의 생각은 완전하지 못하고, 오직 하나님 한 분만이 절대적으로 옳으신 분임을 증거하셨다.

III.
욥기에 나타난 그리스도

Job Theology and Explanation

1
우리의 중보자

욥이 세상 사람들에게 큰 죄인으로 몰리고 멸시와 천대를 당하였다. 이유도 모르면서 엄청난 재난을 당한 것도 고통스러워 견딜 수 없는데, 억울하게 정죄를 당하였다. 욥은 하나님을 향하여 탄원하면서 "하나님이 나의 증인이 되시고 중보자가 되어 주소서"라고 기도하였다(욥16:19-21). 주님이 자신과 이웃 사이에 중재자가 되어 주실 것을 간청하였다.

욥의 세 친구와 엘리후는 욥을 큰 죄인으로 몰아세우고 질책하였다. 욥은 너무나 억울하여 그의 순전을 변명하였지만 친구들이 믿어주지 않았다. 그래서 하나님이 그의 재판관이 되어 주시도록 탄원하였는데, 하나님께서 응답해 주셨다. 우리가 하나님으로부터 인정을 받으면 사람에게도 인정과 존경을 받는다. 하나님은 세 친구들에게 "내 종 욥의 말과 같이 옳지 못하다"고 책망하셨다.

그리고 욥에게 가서 번제를 드리고 죄 사함의 기도를 받으라고 하셨는데, 욥을 제사장이며 그들의 중보자로 세우신 것이다. 엘리바스와 빌닷과 소발은 하나님의 명령에 따라 순종하였다. 아마 그들은 욥이 하나님의 거룩한 사람이라는 것을 알고 더욱 욥을 존경하게 되었을 것이다.

"여호와께서 욥에게 이 말씀을 하신 후에 여호와께서 데만 사람 엘리바스에게 이르시되 내가 너와 네 두 친구에게 노하나니 이는 너희가 나를 가리켜 말한 것이 내 종 욥의 말 같이 옳지 못함이니라. 그런즉 너희는 수소 일곱과 숫양 일곱을 가지고 내 종 욥에게 가서 너희를 위하여 번제를 드리라. 내 종 욥이 너희를 위하여 기도할 것인즉 내가 그를 기쁘게 받으리니 너희가 우매한 만큼 너희에게 갚지 아니하리라 이는 너희가 나를 가리켜 말한 것이 내 종 욥의 말 같이 옳지 못함이라"(욥42:7,8).

욥이 고난을 인내하고 하나님의 섭리를 깨닫게 되면서 그는 친구들을 위하여 기도해 주는 중보자가 되었다. 욥이 친구들로부터 큰 죄인 취급을 받을 때 주님이 중보자가 되어 자신을 변호해 주시기를 간절히 청원하였다. 그런데 묘하게도 하나님은 욥이 그의 세 친구의 중보자가 되게 하셨다. 욥을 정죄하고 욕했던 그들의 죄에 대하여 하나님은 욥에게 가서 번제를 드리고 용서의 기도를 받도록 하셨다.

우리의 중보자는 예수 그리스도다. 주님이 십자가에 죽으시고 부활하여 우리의 중보자가 되지 않았더라면, 우리는 구원받지 못했을 것이다. 그리고 주님의 은혜로 구원을 받은 우리는 또다른 사람들을 위하여 기도하는 영적 중보자의 사명을 이행하고 있다.

Job Theology and Explanation

2
우리의 대속자

욥에게 인간적인 소망이 다 끊어졌을 때(욥19:7-21), 그는 장차 오실 그리스도를 대망하였다. 친구들이 공격하는 것처럼 자신에게 죄가 많을지라도 자기의 죄를 대신 짊어지시고 죄를 사하실 대속자가 오신다고 믿고 있었다.

> "내가 알기에는 나의 대속자가 살아 계시니 마침내 그가 땅 위에 서
> 실 것이라"(욥19:25).

욥은 하나님이 인정하시는 신앙의 사람이다. 하나님께서 사탄에게 욥을 칭찬하셨을 때에 사탄이 반론을 제기했다. 하나님께서 많은 복을 주셨기 때문에 하나님을 잘 경외하는 것이라고 했다. 그의 소유물을 다 빼앗는다면 욥이 신앙에서 떠날 것이라고 했다.

> "여호와께서 사탄에게 이르시되 네가 내 종 욥을 주의하여 보았느냐
> 그와 같이 온전하고 정직하여 하나님을 경외하며 악에서 떠난 자는

세상에 없느니라. 사탄이 여호와께 대답하여 이르되 욥이 어찌 까닭 없이 하나님을 경외하리이까. 주께서 그와 그의 집과 그의 모든 소유물을 울타리로 두르심 때문이 아니니이까 주께서 그의 손으로 하는 바를 복되게 하사 그의 소유물이 땅에 넘치게 하셨음이니이다"(욥 1:8-10).

사탄은 욥의 신앙을 무너뜨리기 위하여 그에게 속한 모든 소유물과 열 명의 자녀까지 쳤다. 하루 아침에 욥은 모든 것을 다 상실하고 말았다. 그러나 하나님을 원망하거나 신앙에서 떠나지 않았다. 사탄은 또 다시 그에게 온 몸에 종기가 나게 하여 극심한 고통을 주었다(욥2:7). 그리고 욥의 세 친구가 와서 그를 정죄하면서 마음을 아프게 하였다. 그는 어느 누구에게 도움도 위로도 받을 수 없는 절망적인 상황에서 장차 오실 대속자를 바라보았다(욥19:25).

욥의 영혼을 구원하실 그 하나님은 저 멀리 계신 영적인 존재가 아니라 인간의 실체를 입고 땅 위에 오실 분이라고 말했다. 그는 자기의 모든 죄를 다 용서하실 '나의 대속자' 가 되실 것이라고 믿고 있었다. 그는 살아계신 구원주를 믿고 있었다. 그러므로 그 극심한 고난 가운데서도 절망하지 않고 소망을 가질 수 있었던 것이다.

"나는 나의 대속자가 살아계신 것을 내가 알고 있다"는 문장은 히브리어로 "뵈아니 야다티 고알리 하이"(וַאֲנִי יָדַעְתִּי גֹּאֲלִי חָי)이다. '고알' (גֹּאֵל)이란 말은 '구속자' '대속자' 라는 말로 룻기에 등장하는 '보아스' 에게 '기업무를 자' 라는 단어와 같은 것이다. "대신에 값을 지불하고 해결해 주는 분"을 말한다. 욥은 지금 자신이 얼마 살지 못하고 죽을 것이라고 생각했다. 그만큼 고통이 심했기 때문이다. 그래서 자기의 죄 문제를 대신 짊어지시고 죄를 용서해 주실 '대속자' 가 오실 것을 믿었다. 바로 그 분이 오신다면 죽은 후에도 영생을 누릴 수 있다는 믿음이 그에게 있었다. 그래서 욥은 죽은 후라도 그 주님을 만날 것을 생각하고 마음이 초조하고 벅찼던 것이다.

우리에게 이 대속의 신앙이 있다면 그 어떤 역경과 고통을 당하여도 두렵지 않다. 궁극에 가서는 그리스도의 은혜로 죄사함을 받고 구원을 얻을 수 있기 때문이다.

욥이 "내 가죽이 벗김을 당한 뒤에 육체 밖에서 하나님을 보리라"는 말은 죽어서 '대속자'이신 그 하나님을 만난다는 것이다. 그 주님이 결코 자신을 낯선 사람처럼 대하지 아니하고 따뜻하게 맞아주실 것을 확신했다. 욥은 사랑하던 자기의 아내도, 가까이 있던 형제들과 친구들과 순종하며 따르던 종들까지 다 낯선 사람들이 되고 말았다고 고백했다.

> "나의 형제들이 나를 멀리 떠나게 하시니 나를 아는 모든 사람이 내게 낯선 사람이 되었구나 내 친척은 나를 버렸으며 가까운 친지들은 나를 잊었구나 .... 내 아내도 내 숨결을 싫어하며 내 허리의 자식들도 나를 가련하게 여기구나 어린 아이들까지도 나를 업신여기고 내가 일어나면 나를 조롱하는구나" (욥19:13-19).

언제가는 우리가 사랑하고 믿었던 모든 것들이 낯선 사람처럼 변할 때가 온다. 늙어서 병들고 마침내 죽게 되는 것이 인생이 아닌가? 영원히 우리를 사랑하고 챙겨줄 자는 아무도 없다. 궁극에 가서는 오직 한 분 우리의 대속자이신 예수 그리스도만 남으신다. 그 주님만이 우리를 영원하도록 용서하시고 사랑하시고 구원해 주신다. 이런 훌륭한 신앙이 욥에게 있었기 때문에 그는 고난을 극복하고 하나님의 영광을 볼 수 있었다.

욥은 장차 죽어 병든 육체를 벗어나서 '대속자'를 뵙게 될 것이다. 그 주님은 자신을 낯선 사람으로 대하지 않고 반갑게 맞아주실 것이다. 여기 '낯설다'라고 번역된 히브리어 'זָרָא'(자라)는 "멀리하다, 몹시 싫어하여 외면하다"는 의미를 가지고 있다(욥19:13,15). 이 단어는 민11:20에도 사용되고 있다. 이스라엘 백성들이 메추라기를 하루 이틀도 아니고 한 달 동안이나 먹었을 때 몹시 질려하고 싫어할 때 사용되었다.

욥과 가까이 지내던 모든 사람들은 자기를 몹시 싫어하여 외면하겠지만, 장차 뵈올 대속자 그리스도는 자기를 싫어하여 외면하지 않고 사랑하는 얼굴로 자기를 영접해 주실 것이라고 믿었다. 대속자 그리스도는 인간적인 소망이 끊어진 욥에게 최대의 소망이며 바람이었다.

그리스도는 사람들처럼 욥을 멀리 보내거나 몹시 싫어하거나 외면하지 않고 긍휼과 사랑으로 영접해 주실 것이다. 그는 비록 고통 가운데서 죽게 되겠지만 대속자 그리스도를 통하여 죄사함을 받고 영원한 구원과 은총을 입게 될 것을 믿었던 것이다.

Job Theology and Explanation

3
십자가를 지신 그리스도

3.1 그리스도의 정신적 고통

초대교회는 고난 주간이 되면 욥기를 읽고 묵상했다. 야고보 사도는 욥을 고난 중에 인내하는 신자의 모델로 말씀하고 있다.

> "보라 인내하는 자를 우리가 복되다 하나니 너희가 욥의 인내를 들었고 주께서 주신 결말을 보았거니와 주는 가장 자비하시고 긍휼히 여기시는 이시니라"(약5:11).

초대교회의 교부들은 야고보의 교훈에 따라 인간이 여러 가지 고난을 당하지만 "주신 분도 여호와시요 취하신 분도 여호와시다"(욥1:21)고 고백하며 하나님을 경외하는 일에 고난이 와도 낙심하지 않고 인내하였다.

구약 성경에 나타나 있는 인간의 고난 중에 가장 극심한 고난이 욥의 경우일 것이다. 그리고 신약 성경에 나타난 최고의 고난은 역시 그리스도의 십자가의 고난이다. 욥과 예수님은 비슷한 점이 많다. 두 분 다 흠이 없고 순전하신 의인이었지만 모진 고난을 받았다. 욥은 고난 가운데 수동적으로 인내하였으나 예수님은 성부 하나님의 뜻대로 능동적으로 고난을 받으셨다. 욥은 고난 가운데서 대속자를 소망하며 의지하였으나(19:25,26), 예수 그리스도는 모든 인류의 대속자로서 고난을 받으셨다. 30장에 나오는 고난만 하더라도 십자가의 고난과 비슷한 것이 여러 번 나온다.

욥이 알 수 없는 재앙을 당하고 피부에 종기가 생겨 고통당하고 있을 때 비천한 자들이 그를 비웃고 조롱하였다. 그들은 미련한 자의 자식들이고 고토에서 쫓겨난 자들이었다. 욥이 건강할 때에 인간 대접도 받지 못하던 비천한 종들의 자식들이었다(욥30:1,8).

"이제는 그들이 나를 노래로 조롱하며 내가 그들의 놀림거리가 되었으며, 그들이 나를 미워하여 멀리 하고 서슴지 않고 내 얼굴에 침을 뱉는도다"(욥30:9,10).

사람이 살아가면서 자기보다 더 못한 자들에게 멸시와 모욕을 당하는 것만큼 더 괴로운 일은 없다. 병든 욥에게 그들은 노래를 부르면서 조롱하고 놀렸다. 얼굴에 침을 뱉기까지 하며 인격을 모독했다. 사람이 사람에게 당할 수 있는 가장 최악의 치욕과 수모였다.

예수님 역시 십자가를 지시면서 추하고 악한 인간들에게 비난과 조롱을 받으셨다. 로마 군인들이 갈대로 때리고 침을 뱉았다. 살인적인 채찍에 맞으시고 피투성이가 되셨다. 예수님을 향하여 모욕적인 비난을 퍼부었다.

"이에 예수의 얼굴에 침 뱉으며 주먹으로 치고 어떤 사람은 손바닥으로 때리며 이르되 그리스도야 우리에게 선지자 노릇을 하라 너를 친 자가 누구냐 하더라"(마26:67,68).

"그의 옷을 벗기고 홍포를 입히며 가시관을 엮어 그 머리에 씌우고 갈대를 그 오른손에 들리고 그 앞에서 무릎을 꿇고 희롱하여 이르되 유대인의 왕이여 평안할지어다 하며 그에게 침 뱉고 갈대를 빼앗아 그의 머리를 치더라"(마27:28-30).

"지나가는 자들은 자기 머리를 흔들며 예수를 모욕하여 이르되 아하 성전을 헐고 사흘에 짓는다는 자여, 네가 너를 구원하여 십자가에서 내려오라 하고 그와 같이 대제사장들도 서기관들과 함께 희롱하며"(막15:29-31).

"달린 행악자 중 하나는 비방하여 이르되 네가 그리스도가 아니냐 너와 우리를 구원하라 하되"(눅23:39).

십자가의 한 강도는 어떻게 죽어가면서도 예수님을 비방할 수 있었을까? 인간의 본성이 사악해지면 짐승만도 못하다는 것을 잘 보여주고 있는 단적인 예다. 간교하고 추악한 자들은 의인처럼 하나님의 아들 예수 그리스도를 모욕하고 비난하였다. 우리의 죄를 대속하시기 위하여 죄 없으신 주님께서는 온갖 비난과 모욕을 당하셨다.

3.2 뼈가 쑤시는 육신의 아픔

욥의 고통은 뼛속까지 아픈 고통이었고, 쉬지 않는 고통이었다. 원래 중병을 앓는 사람들이 밤이 되면 더욱 쑤시고 아프다고 한다. 밤새 진통하다가 아침 햇살이 떠오르면 잠시 아픔이 잦아들다가 또 다시 고통이 찾아온다. 욥의 질병은 쉬지 않는 고통이었다. 종기로 인하여 너무 몸이 가려워 기왓장으로 몸을 긁어 피가 흐를 정도였다. 뼛속까지 쑤시고 아플 때 어느 누구도 그를 따뜻하게 위로해 주거나 간호해 주는 이가 없었다.

"밤이 되면 내 뼈가 쑤시니 나의 아픔이 쉬지 아니하는구나" (30:17).

욥은 이유도 모르고 모진 고난을 겪었다. 하나님께서 왜 자기에게 그토록 큰 고통을 주시는지 이해할 수 없었다. 친구들과 이웃사람들은 자기를 정죄하고 비난하고 조롱하였다. 정신적인 고통과 육신적인 고통이 함께 임했기 때문에 욥의 고난은 인간으로서는 견디기 어려운 고통이었다.

욥의 고통보다 더한 고통이 그리스도의 십자가의 고통이다. 십자가의 고통은 뼛속까지 아픈 견딜 수 없는 육체적인 고통이었다.

"해골이라 하는 곳에 이르러 거기서 예수를 십자가에 못 박고" (눅23:33).

예수님은 갈보리 언덕으로 십자가를 지고 오르시기 전에 이미 채찍으로 많이 맞으셨다. 너무 기진하여 십자가를 진 채로 엎어지셨고, 구레네 시몬이 대신 십자가를 지고 해골이라고 부르는 '골고다' 사형장으로 올라갔다. 군인들이 대못으로 인정사정 없이 예수님의 손과 발에 못을 박았다. 뼈가 으스러지고 살이 찢어지는 아픔이었다. 십자가의 고통이 너무 심하여 어떤 사형수들은 정신적으로 견디지 못하고 미쳐버렸다고 한다.

우리가 받아야 할 육체적인 모진 고통과 죽음을 주님께서 대신 당하셨다. 우리가 살아가면서 육체적인 질병과 고통을 당하는 경우가 많다. 그럴 때마다 우리는 십자가에 못 박히신 그리스도를 생각하고 그 주님께 우리의 아픔을 맡겨야 한다. 우리를 대신 하여 채찍에 맞으시고 가시 면류관을 쓰시고, 손과 발에 못 박히시고, 허리가 창에 찔리신 예수님께서는 우리의 고통을 긍휼히 여기실 것이다. 육신적 고통을 주님께 호소하는 자에게는 치료와 평안의 축복이 있을 것이다.

3.3 버림당하신 그리스도

십자가의 고난은 하나님의 버리심이다. 그리스도는 죄에 대하여 버림을 받았고 외면을 당하셨다. 욥의 고난에 대하여 하나님은 방관하시는 것 같았다. 속히 손을 뻗어 낫게 하지 않으셨다. 죽을 것 같은 밤을 보냈으나 하나님은 그 아침에도 치료해 주지 않으셨다. 욥은 침묵하시는 하나님을 향하여 탄원하였다.

> "내가 주께 부르짖으나 주께서 대답하지 아니하시오며 내가 섰사오나 주께서 나를 돌아보지 아니하시나이다. 주께서 돌이켜 내게 잔혹하게 하시고 힘 있는 손으로 나를 대적하시나이다"(30:20,21).

예수님은 십자가 위에서 "엘리 엘리 라마사박다니" 하면서 자신을 버리신 하나님께 탄원하였다. 하나님은 그리스도를 돌아보지 않으시고 십자가에서 몸부림치며 고통 받도록 버려두셨다. 하나님은 인간의 죄에 대하여 몹시 냉정하시다. 회개하지 않고 교만한 자들이 지옥에 떨어지면서 아무리 도움을 요청하고 고통을 호소하여도 침묵하신다. 아예 외면하시고 돌아보지 않으신다. 지금 은혜의 때에 복음을 듣고 회개하고 하나님께로 돌아와야 한다. 은혜의 기회를 놓친 죄인들은 하나님께서 다시 돌아보지 않으시고 냉정하게 그들을 버리신다.

"제구시쯤에 예수께서 크게 소리 질러 이르시되 엘리 엘리 라마 사박다니 하시니 이는 곧 나의 하나님, 나의 하나님, 어찌하여 나를 버리셨나이까 하는 뜻이라"(마27:46).

3.4 그리스도의 불의 고난

욥은 온 몸에 열이 나고 쑤시고 아팠다. 뼈가 타는 것 같은 진통을 겪었으며 피부가 아프다 못해 검게 탔고 굵어서 몹시 보기가 흉측했다.

"나를 덮고 있는 피부는 검어졌고 내 뼈는 열기로 말미암아 탔구나. 내 수금은 통곡이 되었고 내 피리는 애곡이 되었구나"(30:30,31).

주님의 십자가의 고난은 불 같이 태우는 고난이었다. 온 몸에서 피와 물이 다 쏟아졌는데, 팔레스틴의 뜨거운 태양은 주님의 살과 뼈를 태웠다. 피부가 검게 탄 욥의 몸처럼 예수님의 몸은 차마 눈을 뜨고 볼 수가 없었다. 몹시 목이 말라서 "내가 목마르다"고 말씀하셨다. 한 사람이 달려가서 쓸개 탄 쓴 포도주를 해면에 적셔서 드렸지만 맛을 보시고 마시지 않았다(마27:48,요19:29).

"그 후에 예수께서 모든 일이 이미 이루어진 줄 아시고 성경을 응하게 하려 하사 이르시되 내가 목마르다 하시니 ... 예수께서 신 포도주를 받으신 후에 이르시되 다 이루었다 하시고 머리를 숙이니 영혼이 떠나가시니라"(요19:28-30).

인간이 죄를 짓고 지옥에 떨어지면 그 곳에는 물이 없다. 뜨겁고 어두운 불 구덩이에서 고통을 받게 된다. 예수님은 우리가 당했어야 했던 그 지옥의 고통을 대신 당하셨다. 눅16:23,24에는 지옥에 떨어진 한 부자의 비유가 나온다. 그는 물 한 방울 얻어 마시지 못하고 불꽃 가운데서 괴로워했다. 그는 천국에 있는 아브라함을 바라보며 '나사로'를 보내서 그 손가락 끝에 물 한 방울 찍어 보내달라고 요청했지만 거절당했다. 천국과 지옥은 왕래할 수 없는 곳이며, 천국에는 생명수 강이 넘쳐 흐르지만 지옥은 물 한 방울 얻어 마실 수 없는 뜨겁고 메마른 곳이다.

인간의 모든 목마름과 고통을 대신하신 그리스도를 구주로 믿고 영접하는 것만이 우리가 지옥의 고통에서 면제받는 길이다. 욥이 당한 모진 고난은 그리스도의 십자가 고난의 한 모형이다. 예수님이 당하신 모든 고난이 우리의 고난을 대신하셨다. 예수님 안에 들어오면 치유의 역사와 고난을 견딜 수 있는 새 힘이 생긴다.

Job Theology and Explanation

4
부활의 주님

욥은 자신이 죽게 되면 육체 밖에서 하나님을 볼 것이라고 고백했다. 자기 영혼의 대속자를 직접 보게 될 것이라고 말했다. 비록 고통 가운데서 괴로움을 당하지만 부활의 주님을 만날 것을 생각하면 마음이 초조하고 긴장이 된다고 했다.

"내가 알기에는 나의 대속자가 살아 계시니 마침내 그가 땅 위에 서실 것이라. 내 가죽이 벗김을 당한 뒤에도 내가 육체 밖에서 하나님을 보리라. 내가 그를 보리니 내 눈으로 그를 보기를 낯선 사람처럼 하지 않을 것이라 내 마음이 초조하구나" (욥19:25-27).

예수님의 모진 십자가의 고난 뒤에는 부활의 영광이 있었다. 만약 의인이 고난을 당하여 죽고 끝이 난다면 그 얼마나 허무하고 비참하겠는가? 그러나 의인의 고난에는 반드시 하나님의 영광의 빛이 따라온다. 의인이 순교를 당하면 하늘에서 얻을 상급과 영광이 클 것이다. 의인이 고난을 당한 후에는 하나님께서 더욱 귀한 일에 사용하셨다.

요셉이 애굽의 종살이로 고난을 받고 만 2년(아마 3년 걸쳐서) 감옥살이까지 한 후에는 애굽의 총리로 높여주셨다. 다윗이 사울 왕에게 미움을 받아 도망을 다니면서 모진 고난과 역경을 당하였다. 그러나 하나님은 그 기간 동안 억울하고 불쌍한 백성들과 함께 힘을 규합하게 하시고 왕이 되기 위한 훈련을 시키셨다. 고난의 시간이 끝난 후에 이스라엘의 왕이 되게 하셨다.

사도 베드로와 바울을 비롯한 주님의 제자들이 복음을 전하기 위하여 숱한 고난을 당하였다. 그러나 그 고난이 영적 유익이 되어 교회가 세워지고 전세계에 복음이 전파되는 하나님의 놀라운 역사가 끊임없이 지금까지 계속 되고 있다.

하나님은 참 신자에게 부활의 영적 체험을 갖게 하신다. 욥은 부활의 주님을 믿게 되었고, 그 자신의 신앙과 삶에도 다시 회복되는 부활의 역사가 나타났다. 욥은 순금처럼 빛나는 신앙인이 되어 온 세상 사람들에게 어떻게 고난을 극복하는지 교훈하고 있다. 또 우리의 고난과 역경을 돕는 대속자 그리스도가 계신다는 것을 알려주고 있다.

IV.
욥기 강해

Job Theology and Explanation

1
하나님의 종, 욥

욥 1:1-12

¹우스 땅에 욥이라 불리는 사람이 있었는데 그 사람은 온전하고 정직하여 하나님을 경외하며 악에서 떠난 자더라 ²그에게 아들 일곱이요 딸 셋이 태어나니라 ³그의 소유물은 양이 칠천 마리요 낙타가 삼천 마리요 소가 오백 겨리요 암나귀가 오백 마리이며 종도 많이 있었으니 이 사람은 동방 사람 중에 가장 훌륭한 자라 ⁴그의 아들들이 자기 생일에 각각 자기의 집에서 잔치를 베풀고 그의 누이 세 명도 청하여 함께 먹고 마시더라 ⁵그들이 차례대로 잔치를 끝내면 욥이 그들을 불러다가 성결하게 하되 아침에 일어나서 그들의 명수대로 번제를 드렸으니 이는 욥이 말하기를 혹시 내 아들들이 죄를 범하여 마음으로 하나님을 욕되게 하였을까 함이라 욥의 행위가 항상 이러하였더라 ⁶하루는 하나님의 아들들이 와서 여호와 앞에 섰고 사탄도 그들 가운데 온지라 ⁷여호와께서 사탄에게 이르시되 네가 어디서 왔느냐 사탄이 여호와께 대답하여 이르되 땅에 두루 돌아 여기 저기 다녀왔나이다 ⁸여호와께서 사탄에게 이르시되 네가 내 종 욥을 주의하여 보았느냐 그와 같이 온전하고 정직하여 하나님을 경외하며 악에서 떠난 자는 세상에 없느니라 ⁹사탄이 여호와께 대답하여 이르되 욥이 어찌 까닭 없이 하나님을 경외하리이까 ¹⁰주께서 그와 그의 집과 그의 모든 소유물을 울타리로 두르심 때문이 아니니이까 주께서 그의 손으로 하는 바를 복되게 하사 그의 소유물이 땅에 넘치게 하셨음이니이다 ¹¹이제 주의 손을 펴서 그의 모든 소유물을 치소서 그리하시면 틀림없이 주를 향하여 욕하지 않겠나이까 ¹²여호와께서 사탄에게 이르시되 내가 그의 소유물을 다 네 손에 맡기노라 다만 그의 몸에는 네 손을 대지 말지니라 사탄이 곧 여호와 앞에서 물러가니라

욥은 실존 인물이다

아무리 세상이 알아주는 대단한 인물이라도 하나님이 인정하시지 않

으면 소용이 없다. 하나님이 사랑하시고 인정하는 자는 성공자요 하나님이 관심을 가지지 않고 인정하지 않는 자는 실패자이다. 인간의 구원과 멸망을 주관하시는 분은 하나님이시다.

'우스' 땅에 욥이라 불리는 사람이 있었다. 최근에 학자들은 '우스'가 에돔 근처인 사해 남쪽 광야 지역일 것이라고 주장한다(애4:21, 렘25:20). 그러나 정확한 위치는 알 수 없다.

히브리어 '이욥'(אִיּוֹב)은 '돌아오다, 회개하다'는 의미를 지니고 있다. 이름과 같이 회개하고 돌아온 욥에 대한 기록이다. 그는 처음부터 문제가 많거나 타락한 사람이 아니었다. 그와는 정반대로 동방의 의인으로 통했고 온전하고 정직한 인물이었다. 성경은 악하고 죄를 지은 자만이 회개하고 하나님께로 돌아와야 하는 것이 아니라, 욥처럼 사람의 관점에서 정직하고 하나님을 잘 섬기는 사람도 회개하고 온전히 하나님을 만나야 한다는 것을 교훈하고 있다.

욥은 가상의 인물이 아니라 실존 인물이다. 에스겔 선지자는 노아나 다니엘과 같은 역사적 인물로 거론하였다(겔14:14,20). 그리고 야고보 사도도 욥을 인내의 사람으로 내세우고 있다(약5:11).

욥을 바벨탑 사건 이전의 사람으로 보는 학자들이 있다. 족장 아브라함 시대보다도 더 앞선 시대의 인물로 추정한다. 그 이유는 욥기에 언급된 여러 민족들의 이름과 도시(우스, 오빌, 구스, 스바)가 창세기 10장에 기록된 민족들의 이름과 일치하고 있기 때문이다(창10:6,7,23,29).

그리고 바벨탑 사건 이후부터 흩어진 민족들 사이에서 우상숭배가 만연하였는데, 욥기에 나오는 족속들에게서는 우상숭배의 기록이 없기 때문이다. 욥의 친구인 데만 사람 '엘리바스'와 수아 사람 '빌닷'과 나아마 사람 '소발'과 부스 사람 '엘리후'는 모두 천지만물을 창조하신 하나님을 믿고 있었다.

또 다른 이유는 노아나 아브라함이 가족끼리 번제와 속죄제를 드린 것처럼 욥도 그런 제사를 가족끼리 드리고 있었다(욥1:5, 42:8). 욥은 창세기 1장부터 11장까지의 기록된 창조 이후의 일에 대하여 많이 알고 있을 뿐만 아니라, 노아시대의 대홍수와 바다의 용과 공룡에 대하여 묘사하는 글도 쓰고 있어 고고학자들은 노아시대 후나 바벨탑 사건 이전의 사람으로 생각한다. 족보에는 노아부터 아브라함까지 10대 자손의 이름이 나오는데, 그 중간쯤의 인물로 본다. 적어도 B.C. 2000년 전 사람으로 추정한다.

욥은 어떤 사람인가

욥은 하나님께서 인정하시고 사랑하시는 자였다. 온전하고 정직한 사람이며 하나님을 경외하며 악에서 떠난 자라고 하나님이 말씀하셨다. 자녀들의 생일을 축하하기 위하여 자주 모였고, 잔치 후에는 혹시 하나님 앞에서 죄와 허물이 있을까봐 번제와 속죄제를 드리며 항상 경건하게 살기를 권면하고 기도하였다(5절). 자녀는 아들 일곱, 딸 셋을 두었고 가축과 종들이 많은 거부였다. 그리고 가난한 이웃을 돌보고 구제를 많이 하였으며 동방의 의인으로 평판이 좋은 인물이었다(욥29:12-17).

가장 중요한 것은 하나님께서 욥을 '내 종' 이라고 칭하셨다는 것이다. 하나님은 모든 인간에게 꼭 교훈해야 하는 '고난과 인내' 에 대한 문제를 누구를 통해 나타낼까 생각하셨다. 그 일에 쓰임 받게 될 마음에 합한 자가 있었다.

"여호와께서 사탄에게 이르시되 네가 내 종 욥을 주의하여 보았느냐 그와 같이 온전하고 정직하여 하나님을 경외하며 악에서 떠난 자는 세상에 없느니라"(8절).

하나님은 욥을 통하여 고난과 인내를 극복하는 신앙심을 자기 백성들에게 알리기 원하셨다. 또한 욥은 장차 오실 구원주 예수 그리스도의 고난에 대한 그림자 역할을 하고 있다. 의인이 사탄으로 인하여 애매히 고난을 받으나 끝까지 참고 인내함으로 마침내 그 가족의 구원을 성취하고 하나님의 은혜로 회복하게 된다는 것을 알리기 원하셨다. 바로 그 일에 욥이 종으로 쓰임을 받았다.

우리는 하나님의 뜻을 세상에 나타내기 위하여 쓰임을 받는 사람이 되어야 한다. 우리가 어떤 상황에 처하든지 하나님의 종으로서의 사명을 감당해야 한다. 그러나 사탄은 그런 경건한 자라도 끈질기게 시험하고 믿음에서 떨어뜨리려고 한다.

하나님의 사랑과 관심을 받는 정직하고 신앙이 좋은 자라도 사탄은 시기하고 넘어뜨리려고 시험한다. 어느 누구보다 경건하게 살아가는 자라도 사탄의 시험이 있을 수 있다.

"사탄이 여호와께 대답하여 이르되 욥이 어찌 까닭 없이 하나님을 경외하리이까 … 이제 주의 손을 펴서 그의 모든 소유물을 치소서 그리하시면 틀림없이 주를 향하여 욕하지 않겠나이까"(9-11절).

욥이 여호와 하나님을 경외하는 까닭이 욥의 손으로 하는 일에 복을 주셔서 많은 소유물을 주셨기 때문이라고 했다. 그래서 모든 소유물을 치면 틀림없이 하나님을 욕하게 될 것이라고 장담하였다. 하나님은 사탄이 잘못 생각하고 있는 것을 알도록 하기 위하여 사탄에게 욥의 소유물을 치도록 허락하셨다. 대신 그의 생명과 몸에는 손을 대지 못하게 하셨다(12절).

에덴 동산에서 사탄이 아담 부부를 유혹했던 것처럼 경건한 그리스도인들에게 늘 시험하고 죄에 빠지게 한다. 그러므로 육신이 약한 우리는 늘 깨어 기도해야 한다. 믿음에 서 있는 자라도 사탄과 죄악의 유혹에 넘어지지 않도록 항상 깨어 기도해야 한다.

"시험에 들지 않게 깨어 있어 기도하라 마음에는 원이로되 육신이 약하도다"(막14:38).

하나님께서는 사탄에게 욥을 소개하시며 세상에 둘도 없이 하나님을 경외하는 자라고 극찬하셨다. 하나님은 욥을 '내 종'이라고 말씀하셨는데, 그가 얼마나 하나님의 영광을 위하여 최선을 다하며 살았는지 짐작할 수 있다. 온전하고 정직하다는 것은 대인관계에 있어 도덕적으로 거의 허물이 없었던 인물이었다고 짐작 된다. 그리고 하나님에 대한 신앙 자세 또한 악을 떠나 하나님만 경외하는 거룩한 삶을 살았다. 하나님께서 감동하시고 사탄에게 자랑하실 만한 인물이었다.

우리도 하나님께 인정받을 수 있는 그런 삶을 살아야 한다. 사람들이 볼 때에 온전하고 정직하여 허물과 비난을 당할 것이 없어야 한다. 신앙생활도 악에서 떠나 오직 하나님만 경외하고 섬기는 삶을 살아야 한다. 하나님이 인정하는 사람이라면 진정한 신앙인일 것이다.

욥 가족의 아름다운 신앙 모습

욥기 1장은 마치 연극으로 치면 세 막에 해당이 된다. 첫 장면은 경건하게 살아가는 욥 가족들의 지상의 모습이고, 둘째 장면은 하나님과 그

보좌 앞에 서 있는 천사와 사탄이 대화하는 천상의 모습이고, 셋째 장면은 다시 지상의 장면으로 욥이 극심한 환난을 당하는 모습입니다.

첫 장면은 욥과 그의 가족이 하나님 앞에서 범죄하지 않으려고 애쓰는 신앙의 모습을 엿볼 수 있다. 우선 그에게는 아들 일곱과 딸 셋이 있었다(2절). 그리고 거부였다. 가축과 종의 수로 부를 측정한 것으로 보아 앞선 고대사회였음을 짐작할 수 있다(3절). 사실 큰 부자가 신앙생활을 모범적으로 하기는 쉽지 않다. 풍족한 물질이 있으면 하나님께 간절히 매달리지 않는 경우가 많다. 그러나 욥은 부자면서도 하나님을 잊지 않고 온전하게 믿고 순종하였다.

아들들의 생일에는 잔치를 베풀었는데 잔치가 끝나면 그들을 성결하게 하였고 명수대로 번제를 드려 혹시 죄를 범했을지라도 용서함을 받도록 철저하게 제사를 드렸다. "혹시 내 아들들이 죄를 범하여 마음으로 하나님을 욕되게 하였을까" 하고 겉으로 나타나지 않는 마음의 범죄까지도 사함 받기를 원하였다. "욥의 행위가 항상 이러하였다"(5절)라고 말씀하고 있다. 평소에 욥의 신앙 자세가 조금이라도 죄와 허물이 생기지 않도록 최선을 다하였다.

욥은 부자였지만 그 물질 때문에 하나님을 멀리 하지 않고 오히려 풍족한 물질을 가지고 이웃을 구제하는 일에 값지게 사용하였다.

"이는 부르짖는 빈민과 도와 줄 자 없는 고아를 내가 건졌음이라" (욥 29:12).

하나님께 신앙적으로 인정을 받고, 사람들에게 존경을 받은 욥의 아름다운 신앙 자세를 우리는 본받아야 할 것이다.

Job Theology and Explanation

2
욥이 하나님을 믿는 이유

욥 1:13-22

13하루는 욥의 자녀들이 그 맏아들의 집에서 음식을 먹으며 포도주를 마실 때에 14사환이 욥에게 와서 아뢰되 소는 밭을 갈고 나귀는 그 곁에서 풀을 먹는데 15스바 사람이 갑자기 이르러 그것들을 빼앗고 칼로 종들을 죽였나이다 나만 홀로 피하였으므로 주인께 아뢰러 왔나이다 16그가 아직 말하는 동안에 또 한 사람이 와서 아뢰되 하나님의 불이 하늘에서 떨어져서 양과 종들을 살라버렸나이다 나만 홀로 피하였으므로 주인께 아뢰러 왔나이다 17그가 아직 말하는 동안에 또 한 사람이 와서 아뢰되 갈대아 사람이 세 무리를 지어 갑자기 낙타에게 달려들어 그것을 빼앗으며 칼로 종들을 죽였나이다 나만 홀로 피하였으므로 주인께 아뢰러 왔나이다 18그가 아직 말하는 동안에 또 한 사람이 와서 아뢰되 주인의 자녀들이 그들의 맏아들의 집에서 음식을 먹으며 포도주를 마시는데 19거친 들에서 큰 바람이 와서 집 네 모퉁이를 치매 그 청년들 위에 무너지므로 그들이 죽었나이다 나만 홀로 피하였으므로 주인께 아뢰러 왔나이다 한지라 20욥이 일어나 겉옷을 찢고 머리털을 밀고 땅에 엎드려 예배하며 21이르되 내가 모태에서 알몸으로 나왔사온즉 또한 알몸이 그리로 돌아가올지라 주신 이도 여호와시요 거두신 이도 여호와시오니 여호와의 이름이 찬송을 받으실지니이다 하고 22이 모든 일에 욥이 범죄하지 아니하고 하나님을 향하여 원망하지 아니하니라

이해할 수 없는 고난

욥기 1장에서 우리가 유의 깊게 보아야 할 것은 천상의 사건이다. 사실 인간이란 존재는 영혼과 육체의 결합으로 되어 있고, 즉 육신을 입고 있으나 영의 세계와 결부되어 있다. 욥기 1-2장은 지상의 이야기와 천상의

이야기가 번갈아 가며 나오고 있다. 욥과 그의 아내가 하나님이 계획하시는 천상의 일을 알았더라면 그렇게 엄청난 고난에 괴로워하지 않았을 것이다. 그들은 지상에서의 일만 생각했기 때문에 자기들이 당한 재앙과 환난이 심히 부당하고 억울했던 것이다. 그리고 경건하게 살아왔던 자기들에게 왜 그런 고난이 닥쳤는지 도무지 이해할 수 없었던 것이다.

우리가 고난을 제대로 이해하기 위해서는 더욱 영적 세계에 대하여 깊은 관심을 가져야 한다. 인간이 당하는 고난과 역경에는 하나님의 섭리가 있다.

세상의 관점에서 욥은 누가 보아도 훌륭한 사람이었고 남에게 죄를 지은 기록도 성경에 나와 있지 않았다. 그런데 그는 실로 엄청난 재난과 고통을 당하였다. 인간적으로 도무지 이해할 수 없는 고난이며 재앙이었다. 만약 하나님이 살아계신다면 큰 착오를 범한 것이라고 사람들은 생각할 수밖에 없었다.

"어찌 욥과 같은 사람에게 그런 큰 재앙이 일어날 수 있는가?"

욥이 아니라도 대부분 평범한 일반인들이 갑작스러운 교통사고나 죽을 병에 걸리게 되면, "도대체 왜 하필 나에게 이런 일이 일어났는가" 하고 이해하지 못하여 하나님과 세상을 원망하게 된다. 솔로몬은 물고기들이 그물에 걸리고 새들이 올무에 걸림 같이 인생들은 재앙의 날이 홀연히 임할 때 자기도 모르는 사이에 거기 걸리고 만다고 했다.

> "분명히 사람은 자기의 시기도 알지 못하나니 물고기들이 재난의 그물에 걸리고 새들이 올무에 걸림 같이 인생들도 재앙의 날이 그들에게 홀연히 임하면 거기에 걸리느니라" (전9:12).

하늘의 전경이 펼쳐지면서 욥기를 읽는 독자들은 그 재앙의 까닭을 이해할 수 있지만, 하늘의 영적 상황을 모르는 욥과 그의 아내는 그 재앙의 이유를 알지 못했다. 인간은 영적인 세계와 맞물려 있는 존재이므로 때로는 환난과 역경이 왜 왔는지 이해하지 못한다. 하늘에서는 성령님과 악령의 영적인 싸움이 지속되고 있으므로 그 갈등과 투쟁이 인간에게 직접 영향을 미치기도 한다.

'이삭'이 낳은 쌍둥이 '에서'와 '야곱'은 모태에 있을 때부터 하나님께서 '에서'는 버리시고 '야곱'은 거룩한 백성으로 선택하셨다. 이삭이 영적 세계에서 결정된 것을 몰랐기 때문에, 그는 장자인 '에서'에게 장자권을 부여하고 축복하려고 했다. 그러나 장자의 복을 받은 것은 하나님의 계획대로 야곱이 영적인 복을 받았다. 그 일로 말미암아 야곱은 형을 피하여 20년 동안 하란 외삼촌댁에서 고생을 하였다.

요셉이 형들에게 미움을 받아 애굽의 종으로 팔려갔다. 요셉은 형들에게 노예로 팔지 말라고 애걸복걸하면서 울었다. 왜 그가 애굽에 노예로 팔려갔는지 영적 세계에서의 하나님의 구원 계획을 몰랐다. 그러나 세월이 지나 하나님께서 이스라엘 민족을 구원하시기 위하여 자기를 먼저 애굽에 보내신 것임을 깨달았다.

우리에게 감당할 수 없는 엄청난 시련과 고난이 닥치면 영의 세계에서 무슨 일이 있었는지 하나님께 기도하면서 물어야 한다.

에덴 동산에서 뱀의 유혹으로 아담 부부가 범죄하고 타락하게 된 것 역시 지상의 일이면서 동시에 영적 세계의 일이다. 아담 부부가 사탄의 계획을 미리 알았더라면 그리 쉽게 유혹에 넘어가지는 않았을 것이다. 모든 인생들은 원죄를 타고 났으며, 언제든지 악령이 역사하므로 이해할 수 없는 재앙과 환난이 갑자기 닥칠 수 있다.

하루는 네 명의 하인들이 잔뜩 겁에 질려서 황급히 뛰어 들어왔다(13-19절). "주인님, 주인님! 큰 일 났습니다!" 연이어 놀라서 뛰어 들어온 하인들은 무서운 비보를 전하였다. 처음에는 이웃에 있는 '스바' 족속이 쳐들어 와서 종들을 칼로 죽이고 소와 나귀들을 빼앗아 갔다고 하였다. 그리고 또 다른 하인들이 뒤따라 와서는 하늘에서 불이 내려와 많은 양떼와 종들을 불살랐다고 했다. 약탈자 갈대아 사람들이 들이닥쳐 그 많던 낙타를 빼앗아 갔고 종들을 죽였다고 말하였다. 네 번째 보고자는 욥의 자녀들이 맏아들의 집에서 음식을 먹고 있었는데 큰 광풍이 불어 집이 무너져 모든 자녀가 즉사했다는 비보를 전했다. 그 소식을 들은 욥은 기절초풍할 지경이었다. 온 천지가 캄캄해지는 것 같았다.

고난 가운데서도 예배드리고 찬송하다

욥은 엄청난 충격을 받았지만, 하나님을 원망하지 않았다. 그의 신앙 심지가 깊다는 것을 증명해 준다. 그는 땅에 엎드려 하나님께 경배하며 자기의 고통을 아뢰었다. 그리고 모든 것을 주신 분이 여호와이시니 가져 간 분도 여호와시라고 고백했다.

"욥이 일어나 겉옷을 찢고 머리털을 밀고 땅에 엎드려 예배하며, 이르되 내가 모태에서 알몸으로 나왔사온즉 또한 알몸이 그리로 돌아가올지라. 주신 이도 여호와시요 거두신이도 여호와시오니 여호와의 이름이 찬송을 받으실지니이다 하고, 이 모든 일에 욥이 범죄하지 아니하고 하나님을 향하여 원망하지 아니하니라"(20-22절).

욥은 가진 것을 모두 잃었지만 하나님을 원망하지 않고 오히려 땅에 엎드려 예배드렸다. 사탄은 욥이 소유한 것과 자녀들을 빼앗아 가면 욥이 하나님을 원망하고 저주할 것이라고 생각했다. "이게 아닌 데, 이럴 수가 없는데!" 사탄의 예상을 뒤엎고 욥은 오히려 하나님 앞에 더욱 간절히 매달려 예배드리고 하나님의 섭리를 받아들였던 것이다. 아마 사탄도 눈이 휘둥그레질 정도로 놀랐을 것이다. 그러면서 더욱 오기가 발동되었을 것이다. 사탄은 시퍼런 눈을 번득이며 기어이 욥을 꺾고 말겠다고 스스로 다짐했을 것이다.

우리는 욥의 마음 자세를 통하여 그의 신앙을 알 수 있다. 그는 많은 자녀나 풍족한 소유물로 인하여 하나님을 경외했던 것이 아니었다. 부귀영화나 건강이나 가정의 행복 때문에 하나님을 믿었던 것이 아니라, 마땅히 하나님은 경배와 찬송을 받으시기에 합당하신 분으로 믿었던 것이다. 자기의 부귀영화와 건강과 가정이 다 없어질지라도 하나님에 대한 믿음은 버릴 수 없다는 것이 욥의 신앙이었다.

우리는 욥처럼 사탄도 시기할 정도의 심지가 깊은 신앙인이 되어야 한다. 하나님을 믿는 이유가 개인적인 부귀영화나 가족의 성공이나 건강이 되어서는 안 된다. 물론 우리가 하나님을 바로 섬기게 되면 영과 육의 복을 약속하셨다. 그러나 세상적인 복을 주시지 않는다 하더라도 우리는 하나님을 경외해야 한다.

단3:13-18에는 바벨론의 느부갓네살 왕이 세운 금 신상에게 절하지 않은 다니엘의 세 친구 '사드락, 메삭, 아벳느고'의 신앙고백이 나온다. 왕은 우상에게 절하지 않는 세 사람에게 맹렬히 타는 풀무불에 던져넣겠다고 말하면서 우상숭배를 명령하였다. 그러나 그들은 왕의 명령을 거역하면서 죽음을 불사하고 여호와 신앙을 지키겠다고 고백하였다.

"왕이여 우리가 섬기는 하나님이 계시다면 우리를 맹렬히 타는 풀무
불 가운데에서 능히 건져내시겠고 왕의 손에서도 건져내시리이다.

그렇게 하지 아니하실지라도 왕이여 우리가 왕의 신들을 섬기지도 아니하고 왕이 세우신 금 신상에게 절하지도 아니할 줄을 아옵소서" (17,18절).

성도들에게 '그리아니하실지라도'의 신앙이 있어야 한다. 자기의 목숨을 부지하기 위하여 하나님이 미워하시는 우상에게 절할 수 없는 것이다. 자녀와 건강과 부귀영화 때문에 하나님을 버릴 수는 없는 것이다. 그 어떤 사유로도 하나님을 경외하지 않을 수는 없다.

그래서 세상 마지막이 되면 하나님은 그 신앙이 금과 은의 신앙인지 나무나 짚의 신앙인지 불같은 시련과 박해를 통하여 알아보실 것이라고 말씀하셨다. 불이 붙어도 타 없어지지 않는 신앙을 소유해야 한다.

"만일 누구든지 금이나 은이나 보석이나 나무나 풀이나 짚으로 이 터 위에 세우면 각 사람의 공적이 나타날 터인데 그 날이 공적을 밝히리니 이는 불로 나타내고 그 불이 각 사람의 공적이 어떠한 것을 시험할 것임이라"(고전3:12,13).

사탄을 이기는 방법

의인에게 엄청난 고난이 올 수 있고, 경건한 자에게도 역경이 찾아올 수 있다. 이해할 수 없는 고난이 찾아올 때, 우리가 다 알 수 없는 하나님의 섭리가 있다는 것을 인정해야 한다. 욥의 고난은 장차 오실 그리스도의 십자가의 고난을 예고하고 있다. 죄 없으신 하나님의 아들이 이 세상에 오셔서 죄인 중의 괴수가 당하는 십자가의 모진 고난을 당하게 되실 것이다. 예수님과 의로운 제자들에게 고난과 박해가 있었다면, 우리의 삶

속에서도 그런 이해할 수 없는 고난이 올 수 있으므로 시험에 빠지지 않도록 늘 깨어 기도해야 한다.

> "근신하라 깨어라. 너희 대적 마귀가 우는 사자 같이 두루 다니며 삼킬 자를 찾나니, 너희는 마음을 굳건하게 하여 그를 대적하라. 이는 세상에 있는 너희 형제들도 동일한 고난을 당하는 줄을 앎이라"(벧전5:8,9).

우리는 어떤 시련과 역경을 당하더라도 하나님을 원망하거나 불평하지 말아야 한다. 그 고난이 의인의 믿음을 위한 역경일 수도 있다는 것을 미리 알아야 한다. 만약 욥이 큰 시련을 당했을 때 하나님을 원망하고 저주했더라면 하나님은 지고 사탄은 이겼을 것이다. 우리는 원수 사탄이 이기게 할 수는 없다. 역경이 왔을 때 하나님을 원망하고 욕한다면 그는 신앙에서 패배한 것이다. 그러나 이해할 수 없는 역경 가운데서도 하나님의 섭리를 수용하고 하나님을 의지한다면 하나님은 그 사람을 크게 쓰실 것이다.

2000년 7월에 교통사고로 전신 화상을 입은 이지선씨는 40번이 넘는 대수술과 재수술을 받고 목숨을 건졌지만 얼굴이 일그러지고 손가락이 짧아졌다. 그녀는 신앙으로 극복하면서 "지선아 사랑해"라는 책을 출간하였고, 2004년 3월에는 미국으로 유학을 갔다. 2016년 미국 UCLA에서 사회복지학 박사학위를 취득하여 한동대 상담심리 사회복지학부 교수가 되었다. 얼굴이 일그러져 사람들 앞에 나설 수 없다고 자포자기 하고 하나님과 사고를 낸 운전자를 원망하고 있었더라면 그는 재기할 수 없었을 것이다. 역경 가운데서도 하나님의 섭리를 받아들이고 하나님을 의지했을 때 그는 하나님이 쓰시는 귀한 일꾼이 될 수 있었다.

하나님께서 우리에게 윤택하고 풍족한 것을 주실 때에도 감사해야 하지만, 가진 것을 빼앗기거나 상실하여 가난하게 되고 역경을 당하였을 때에도 감사해야 한다. 우리가 충분히 이해하지는 못하지만 하나님의 더 깊은 뜻이 있기 때문이다. 의롭게 살려고 하는 자에게 시련이 오면 그것은 더 큰 은혜와 축복을 위한 서곡일 수 있다.

욥의 고백과 같이 "주신 분도 여호와시요 가져가시는 분도 여호와이시니 나는 오직 감사하고 찬송할 뿐이라"는 신앙을 가져야 할 것이다. 우리는 어떤 상황과 환경에서도 마땅히 하나님께 경배드려야 하고, 감사와 찬송을 쉬지 않아야 한다. 우리가 하나님을 믿는 이유는 부귀영화와 건강과 가정의 행복에 있는 것이 아니기 때문이다.

Job Theology and Explanation

3
욥을 향한 하나님의 믿음

욥 2:1-13

¹또 하루는 하나님의 아들들이 와서 여호와 앞에 서고 사탄도 그들 가운데에 와서 여호와 앞에 서니 ²여호와께서 사탄에게 이르시되 네가 어디서 왔느냐 사탄이 여호와께 대답하여 이르되 땅에 두루 돌아 여기 저기 다녀왔나이다 ³여호와께서 사탄에게 이르시되 네가 내 종 욥을 주의하여 보았느냐 그와 같이 온전하고 정직하여 하나님을 경외하며 악에서 떠난 자가 세상에 없느니라 네가 나를 충동하여 까닭 없이 그를 치게 하였어도 그가 여전히 자기의 온전함을 굳게 지켰느니라 ⁴사탄이 여호와께 대답하여 이르되 가죽으로 가죽을 바꾸오니 사람이 그의 모든 소유물로 자기의 생명을 바꾸올지라 ⁵이제 주의 손을 펴서 그의 뼈와 살을 치소서 그리하시면 틀림없이 주를 향하여 욕하지 않겠나이까 ⁶여호와께서 사탄에게 이르시되 내가 그를 네 손에 맡기노라 다만 그의 생명은 해하지 말지니라 ⁷사탄이 이에 여호와 앞에서 물러가서 욥을 쳐서 그의 발바닥에서 정수리까지 종기가 나게 한지라 ⁸욥이 재 가운데 앉아서 질그릇 조각을 가져다가 몸을 긁고 있더니 ⁹그의 아내가 그에게 이르되 당신이 그래도 자기의 온전함을 굳게 지키느냐 하나님을 욕하고 죽으라 ¹⁰그가 이르되 그대의 말이 한 어리석은 여자의 말 같도다 우리가 하나님께 복을 받았은즉 화도 받지 아니하겠느냐 하고 이 모든 일에 욥이 입술로 범죄하지 아니하니라 ¹¹그 때에 욥의 친구 세 사람이 이 모든 재앙이 그에게 내렸다 함을 듣고 각각 자기 지역에서부터 이르렀으니 곧 데만 사람 엘리바스와 수아 사람 빌닷과 나아마 사람 소발이라 그들이 욥을 위문하고 위로하려 하여 서로 약속하고 오더니 ¹²눈을 들어 멀리 보매 그가 욥인 줄 알기 어렵게 되었으므로 그들이 일제히 소리 질러 울며 각각 자기의 겉옷을 찢고 하늘을 향하여 티끌을 날려 자기 머리에 뿌리고 ¹³밤낮 칠 일 동안 그와 함께 땅에 앉았으나 욥의 고통이 심함을 보므로 그에게 한마디도 말하는 자가 없었더라

쉽게 포기하지 않는 사탄

사탄은 한 번 시험하고 물러나지 않는다. 성도를 쓰러뜨리기 위하여 재차 삼차 시험한다. 욥을 넘어뜨리려고 끈질기게 시도하였다. 점차 강도 높은 재앙과 환난을 요구하였다.

"여호와께서 사탄에게 이르시되 네가 내 종 욥을 주의하여 보았느냐 그와 같이 온전하고 정직하여 하나님을 경외하며 악에서 떠난 자가 세상에 없느니라. 네가 나를 충동하여 까닭 없이 그를 치게 하였어도 그가 여전히 자기의 온전함을 굳게 지켰느니라"(3절).

욥이 첫 번 시험에서 사탄이 장담한 것처럼 하나님을 배반하지 않자, 하나님은 욥을 더욱 인정하고 신뢰하였다. 신앙의 변절이 없이 "온전하고 정직하며 악에서 떠난 자"라고 칭찬하셨다. 우리가 시험에 빠져 범죄하거나 변절하게 되면 사탄은 이겼다고 좋아할 것이다. 그러나 우리가 시험과 환난에서 견디고 극복하면 하나님이 기뻐하신다.

사탄은 1:11에서 "이제 손을 펴서 그의 모든 소유물을 치소서 그리하시면 틀림없이 주를 향하여 욕하지 않겠나이까"라고 말했다. 그런데 그런 재앙을 당한 후에도 욥은 하나님을 배반하지 않았다. 사탄은 자기의 말대로 되지 않자 이번에는 욥의 뼈와 살을 치면 틀림없이 하나님을 욕하게 될 것이라고 말했다. 사탄은 여전히 포기하지 않고 더 강도 높은 환난을 주문하였다.

"사탄이 여호와께 대답하여 이르되 가죽으로 가죽을 바꾸오니 사람이 그의 모든 소유물로 자기의 생명을 바꾸올지라. 이제 주의 손을 펴서 그의 뼈와 살을 치소서 그리하시면 틀림없이 주를 향하여 욕하지 않겠나이까"(4,5절).

"가죽으로 가죽을 바꾼다"(올 빼아드 올: עוֹר בְּעַד־עוֹר)는 말은 모진 피부병이 생기면 그의 겉 표정마저도 바뀌어 하나님의 얼굴에 대고 저주할 것이란 의미이다. 사람이 자기 생명을 위하여 가진 모든 것을 내어놓듯이, 뼈와 살을 쳐서 피부에 모진 병이 들면 욥의 본 마음을 모두 다 내어놓을 것이란 뜻이다.

허성갑 박사의 히브리어 직역 성경에는 "가죽은 가죽으로! 사람은 자기 목숨을 위하여 자기 모든 것을 줄 수 있다. 당신께서 손을 내밀어 그의 뼈와 그의 살을 치시면 참으로 그가 당신 얼굴에 대고 당신을 저주할 것이다"라고 번역하였다.

하나님은 욥이 믿음에서 떨어지지 않을 것을 확신하셨다. 그러나 사탄은 병과 고통을 주면 믿음을 버리고 하나님을 저주하게 될 것이라고 생각했다. 믿음의 사람이 간혹 그런 시험대에 오를 수 있다. 우리는 하나님의 확신을 저버리지 않고 어떤 고난과 역경이 닥쳐도 하나님의 섭리로 믿고, 인내하고 극복해야 한다. 성도가 환난을 참고 이기면 하나님을 이기게 하는 것이다. 그러나 성도가 환난에서 믿음을 포기하고 변절하면 사탄을 이기게 한다.

사탄이 준 피부 병은 참으로 끔찍했다. 발바닥부터 정수리까지 악창이 났다. 온 몸에 곪은 종기와 부스럼으로 악취가 진동하였다. 피골이 상접하여 그의 친구들도 욥을 잘 알아보지 못할 정도였다(12절). 그는 나병 환자처럼 마을 밖으로 쫓겨나 잿더미에 앉아있었다. 마을의 쓰레기를 모아서 태우는 그런 곳에 비참하게 버림을 받았다. 피부가 지독하게 가려워 질그릇 조각으로 몸을 긁을 정도로 괴로웠다. 온 피부가 피고름으로 얼룩졌다.

끝까지 하나님을 믿었다

그의 아내마저 "당신이 그래도 자기의 온전함을 굳게 지키느냐 하나님을 욕하고 죽으라"고 저주하였다. 그 정도의 강도 높은 환난을 당하자 곁에 있던 아내가 하나님을 원망하였다. 더 이상 보고 있을 수 없으니 차라리 죽으라고 냉정하고 모질게 말했다. 남편의 비참한 모습을 보고 아내가 절망하였으니, 당사자인 욥이 절망하고 죽고 싶은 것은 당연했을 것이다. 곁에서 욥이 어떻게 살았는지 잘 알고 있는 아내마저 떠났으니 욥이 더 살아서 무엇 하겠는가? 욥의 아내는 더 이상 견디지 못하고 시험에서 떨어지고 말았다. 사탄은 먼저 아내를 절망에 빠지게 하고 욥도 따라서 목숨을 포기하도록 하였다. 그의 아내처럼 하나님을 저주하도록 하였다.

에덴동산에서 사탄은 연약한 하와에게 먼저 시험에 빠지게 하였다. 선악을 알게 하는 실과를 먼저 먹고 남편에게도 주어서 먹게 하였다. 사탄은 아담 부부가 동반 타락하도록 유혹하였다. 인간이 저지르는 대부분의 죄가 곁에 있는 가족들에게 영향을 끼친다. 친구나 동료들이 유혹하면 자신도 모르게 함께 죄악으로 끌려간다.

욥의 신앙에서 놀라운 것은 아내가 그렇게 절망하고 하나님을 원망하였지만, 욥이 따라서 범죄하지 않았다는 것이다. 사탄과 그의 아내의 기대와 달리 욥은 입술로 하나님을 원망하지 않았고 삶을 포기하거나 절망하지도 않았다. 오히려 어리석은 자기 아내를 타이르고 자기의 굳은 믿음을 고백하였다(10절).

성도는 어떠한 역경과 시련이 와도 하나님의 사랑과 은혜를 잊지 말아야 한다. 반드시 그 역경에서 구하여 주실 것을 믿어야 한다. 범죄한 인생은 환난과 역경을 만나기 마련이다. 순탄하고 행운만 따르는 인생이 어디 있겠는가? 원죄를 타고난 인간은 여러 시련과 역경을 만나게 되는 것이다. 하나님은 성도에게 고의적으로 시련과 고난을 주시는 분이 아니다. 재앙이나 시련에는 우리가 알지 못하는 하나님의 섭리가 있다. 그러므로 시련과 역경이 올 때 겸허하게 받아들이고 하나님의 뜻을 살펴야 한다. 우리가 입술로 하나님을 원망하고 욕하면 정죄함을 받는다(마12:36,37).

사람은 너무 터무니 없이 애매한 고난을 받으면 억울하고 화가 난다. 자기에게 욕하는 자에게 같이 대들고 욕하게 된다. 욥이 하나님을 원망하지도 않았고 폭언을 퍼붓는 아내에게 욕하지 않은 것은 그가 하나님을 온전히 믿었기 때문이다. 그 모진 상황을 주신 분도 해결하실 분도 하나님이심을 믿었던 것이다. 우리가 믿음이 없으면 금방 화가 나고 욕하고 대들며 항거하지만, 믿음이 있으면 참고 인내하게 된다. 하나님이 도우실 것을 믿고 기다리기 때문이다.

욥의 친구들

욥의 친구들이 위로하고 문병하기 위하여 찾아왔다. 세 친구가 서로 약속을 하고 함께 왔다(11절). 친구들이 찾아온 것으로 보아 욥은 평소에 이웃에게 덕을 쌓고 친구들에게 은혜를 베풀었던 것 같다. 그들이 막상 욥을 만나보니 상상했던 것보다 훨씬 더 비참했다. 처음에는 얼굴도 알아볼 수 없을 지경이었다. 그들은 욥이 너무 끔찍하게 변해 있어 만나자 말자 일제히 소리를 지르며 울었다. 각자 자기의 겉옷을 찢고 티끌을 날려 머리에 뿌리며 슬퍼하였다. 그리고 칠 일 동안 욥의 곁에 망연자실 앉아있었다. 너무 상황이 참담하여 어떤 말로도 위로할 수 없었다(12,13절).

욥의 친구들은 먼 거리를 마다하지 않고 찾아올 만큼 욥을 아꼈다. 칠 일 동안 위로하면서 안락한 병실이나 편안한 방에 앉아서 지켜본 것이 아니었다. 잿더미가 쌓인 땅에 앉아있었다. 그들은 한 주간 동안 제대로 식사도 못했을 것이고 마음 편히 쉬지도 못했을 것이다. 그들이 한 일은 아무 말도 못하고 단지 욥 곁에 앉아있었던 것이다. 사실 너무 큰 충격과 고통을 겪게 되면 어떤 말로도 위로할 수 없다. 함께 있어 주는 것만으로도 위로가 된다.

"밤낮 칠 일 동안 그와 함께 땅에 앉았으나 욥의 고통이 심함을 보므로 그에게 한마디도 말하는 자가 없었더라"(13절).

아마 친구들이 욥의 속 마음을 들어주고 욥을 이해하려고 했다면 더욱 큰 위로가 되었을 것이다. 자녀들도 다 죽고 아내마저 자기를 죽으라고 했으니 욥은 위로 받을 데가 없었다. 그나마 친구들이 와 주었다는 것만으로도 감사할 일이었다. 그러나 친구들도 욥의 고통과 환난을 이해하지 못했다. 숨겨진 죄가 없다면 이러한 끔찍한 재앙은 일어날 수 없다고 생각하였다. 그들은 욥이 죄를 고백하고 하나님께 용서를 빌라고 충고하기 시작했다. 이제 친구를 위하여 할 수 있는 일이란 그것 뿐이라고 생각했다. 그러나 욥은 자기가 그런 큰 죄를 범하지 않았다고 말하면서 서로 논쟁을 이어 간다.

우리는 고통 당하는 자에게 위로자가 되어야 한다. 예수 그리스도는 우리의 고난을 체휼하시고 위로자가 되셨다. 죄 없으신 주님이 먼저 십자가의 고난을 당하시고 우리가 핍박과 고난을 당할 때 격려하시고 위로해 주신다.

친구나 가족이 고민에 사로잡혀 있을 때 함께 있어 주고 들어주는 사람이 되어야 한다. 상대방이 힘들어 하는 것을 들어주고 함께 공감해 주는 것만으로도 위로자가 될 수 있다.

욥을 향한 하나님의 믿음이 대단하므로

　우리에게 예상하지 못한 극한 시험과 환난이 오면 사탄이 준 시험인지 하나님이 주신 것인지 생각해 보아야 한다. 하나님이 주신 역경이라면 잘 인내하며 믿음으로 환난을 극복해야 한다. 그러면 우리의 신앙은 정금과 같이 연단되어 더욱 빛나게 될 것이다. 사탄이 준 시험이라고 해도 하나님을 믿고 이겨내면 하나님은 무척 기뻐하실 것이다. 영적 세계에서 사탄을 이기게 할 수는 없다. 우리는 하나님의 마음을 기쁘시게 해 드려야 한다.

　그러나 우리가 감당할 수 있는 고난에는 한계가 있다. 처음 고난이 왔을 때 욥은 하나님을 원망하지 않고 하나님께 영광과 찬송을 돌렸다. 그러나 고난은 더욱 심화 되고 더 이상 욥이 견딜 수 없는 한계에 도달했다. 욥은 자기의 의로움마저 친구들이 이해하지 못하고 자신을 죄인으로 취급하자, 자기의 생일을 저주하였다. 하나님이 자신을 과녁으로 삼아 활 쏘는 연습을 하고 있다고 말했다. 차라리 죽었으면 좋겠는데 죽을 수도 없게 하신다고 말했다.

　하나님이 욥을 사지에 몰아넣고 "하나님을 원망하나 안 하나"를 지켜보시면서 한 마디라도 하나님을 원망하고 욕했다면 사탄에게 내어주기 위하여 이 시험을 허락하신 것이 아니었다. 욥이 그 모든 시험과 역경을 이길 만큼 하나님을 잘 믿었다는 것이 아니라, 하나님이 욥을 굳게 믿으신 것이다. "욥은 어떤 상황에서도 내 이름을 높일 나의 사람"이라고 하나님이 믿어 주신 것이다.

　이 영적 게임은 처음부터 이겨놓은 게임이다. 하나님을 향한 욥의 믿음이 완전해서가 아니라, 욥을 향한 하나님의 믿음이 온전했던 것이다. 욥이 결국 이길 것이라는 하나님의 신뢰와 자신감이 욥으로 하여금 고난을 이길 수 있게 하였다.

하나님은 우리를 향하여 응원하신다. "나는 믿어 네가 반드시 이길 것이야. 내가 널 이기게 할 거야. 너를 축복할 자신이 있어"라고 자신감에 차 있는 하나님의 눈을 바라볼 때, 우리는 세상과 사탄과 죄에 대하여 두려워할 이유가 없는 것이다. 우리의 믿음은 부족하다. 고난이 한 번 오고 재차 삼차 오면 인내에 한계가 오고 더 이상 견디지 못해 자신이 태어난 날을 원망하게 되고 모든 것을 포기하려고 할 것이다. 어쩌면 신앙적으로 변절할 지도 모른다.

우리의 믿음은 부족하지만 우리를 향하신 하나님의 믿음이 온전하기 때문에 마침내 그 고난과 환난을 이기게 되는 것이다. 하나님을 믿는 욥은 인내의 한계를 지닌 인간이지만, 욥을 믿는 하나님은 한계를 초월하신 전능하신 분이시다. 하나님이 욥을 믿으셨기 때문에 욥이 고난을 이길 수 있었다. 인간의 고난은 하나님이 이기게 하실 때 이길 수 있는 것이다.

다윗은 아무리 대적들이 은밀하게 자기를 죽이려고 음모를 꾸며도 하나님이 건지시면 구원받는다고 고백하였다.

"주는 나의 반석과 산성이시니 그러므로 주의 이름을 생각하셔서 나를 인도하시고 지도하소서. 그들이 나를 위하여 비밀히 친 그물에서 빼내소서. 주는 나의 산성이시니이다"(시31:3,4).

"천만인이 나를 에워싸 진 친다 하여도 나는 두려워하지 아니하리이다 ... 구원은 여호와께 있사오니 주의 복을 주의 백성에게 내리소서"(시3:6-8).

Job Theology and Explanation

4
고난 중에도 소망은 있다

욥 3:1-26

¹그 후에 욥이 입을 열어 자기의 생일을 저주하니라 ²욥이 입을 열어 이르되 ³내가 난 날이 멸망하였더라면, 사내아이를 배었다 하던 그 밤도 그러하였더라면, ⁴그 날이 캄캄하였더라면, 하나님이 위에서 돌아보지 아니하셨더라면, 빛도 그 날을 비추지 않았더라면, ⁵어둠과 죽음의 그늘이 그 날을 자기의 것이라 주장하였더라면, 구름이 그 위에 덮였더라면, 흑암이 그 날을 덮었더라면, ⁶그 밤이 캄캄한 어둠에 잡혔더라면, 해의 날 수와 달의 수에 들지 않았더라면, ⁷그 밤에 자식을 배지 못하였더라면, 그 밤에 즐거운 소리가 나지 않았더라면, ⁸날을 저주하는 자들 곧 리워야단을 격동시키기에 익숙한 자들이 그 밤을 저주하였더라면, ⁹그 밤에 새벽 별들이 어두웠더라면, 그 밤이 광명을 바랄지라도 얻지 못하며 동틈을 보지 못하였더라면 좋았을 것을, ¹⁰이는 내 모태의 문을 닫지 아니하여 내 눈으로 환난을 보게 하였음이로구나 ¹¹어찌하여 내가 태에서 죽어 나오지 아니하였던가 어찌하여 내 어머니가 해산할 때에 내가 숨지지 아니하였던가 ¹²어찌하여 무릎이 나를 받았던가 어찌하여 내가 젖을 빨았던가 ¹³그렇지 아니하였던들 이제는 내가 평안히 누워서 자고 쉬었을 것이니 ¹⁴자기를 위하여 폐허를 일으킨 세상 임금들과 모사들과 함께 있었을 것이요 ¹⁵혹시 금을 가지며 은으로 집을 채운 고관들과 함께 있었을 것이며 ¹⁶또는 낙태되어 땅에 묻힌 아이처럼 나는 존재하지 않았겠고 빛을 보지 못한 아이들 같았을 것이라 ¹⁷거기서는 악한 자가 소요를 그치며 거기서는 피곤한 자가 쉼을 얻으며 ¹⁸거기서는 갇힌 자가 다 함께 평안히 있어 감독자의 호통 소리를 듣지 아니하며 ¹⁹거기서는 작은 자와 큰 자가 함께 있고 종이 상전에게서 놓이느니라 ²⁰어찌하여 고난당하는 자에게 빛을 주셨으며 마음이 아픈 자에게 생명을 주셨는고 ²¹이러한 자는 죽기를 바라도 오지 아니하니 땅을 파고 숨긴 보배를 찾음보다 죽음을 구하는 것을 더 하다가 ²²무덤을 찾아 얻으면 심히 기뻐하고 즐거워하나니 ²³하나님에게 둘러싸여 길이 아득한 사람에게 어찌하여 빛을 주셨는고 ²⁴나는 음식 앞에서도 탄식이 나며 내가 앓는 소리는 물이 쏟아지는 소리 같구나 ²⁵내가 두려워하는 그것이 내게 임하고 내가 무서워하는 그것이 내 몸에 미쳤구나 ²⁶나에게는 평온도 없고 안일도 없고 휴식도 없고 다만 불안만이 있구나

고난을 신앙으로 극복하라

누구나 살다보면 한두 번 큰 고난을 당한다. 극심한 고통을 당하게 되면 "차라리 태어나지 않았더라면 더 좋았을텐데" 하는 후회와 한탄을 하는 경우도 있다. 물론 인생에는 기쁨과 즐거움도 많다. 그러나 사람들은 기쁨과 즐거움은 쉽게 잊어버리고 오히려 고난은 뼈저리게 기억한다. 그러므로 고난과 고통의 문제를 극복하지 못하면 기쁨과 즐거움의 순간도 맞이할 수 없다.

성경에 나오는 신앙의 위인들에게도 모진 고난이 있었다. 요셉은 형들의 미움으로 애굽의 노예가 되었고, 안 주인 보디발 아내의 거짓말로 억울하게 만 2년 동안 감옥살이를 하였다. 모세는 미디안 광야에서 40년 동안 숨어 살았다. 다윗은 사울 왕의 시기로 죽을 고비를 여러 번 겪었고 수많은 전쟁을 치렀다. 그는 시편 23편에서 고백하기를 "사망의 음침한 골짜기"가 있었다고 했다.

베드로 사도는 복음을 전하다가 십자가에 거꾸로 달려 죽었다. 예수님은 그에게 말씀하시기를 "늙어서 네 팔을 벌리리니 네게 띠 띠우고 원하지 않는 곳으로 데려갈 것이라"고 십자가 고난을 예고하셨다(요21:18). 바울 사도는 복음을 전하다가 수 없는 고통을 당하였다. 그래서 그는 고백하기를 "너희가 내 괴로움에 참여하였으니 잘 하였다"고 했다(빌4:14). 그리고 매를 많이 맞아 "내 몸에 예수님의 흔적을 지녔다"고 했다.

신앙 위인들의 그러한 고난과 박해가 오히려 그들을 축복과 영광의 길로 인도하였다. 성도에게 고난과 영광은 하나로 연결된 것이다.

예수님의 십자가 고난 뒤에 부활의 영광이 있었다. 예수님의 짧은 생애는 인생의 고난과 슬픔과 죽음의 순간들을 적나라하게 보여주었다. 예수님은 십자가의 고난을 통과하시고 모든 삶을 무던히 인내하심으로 마침내 부활의 영광과 하나님의 뜻을 다 성취하셨다.

인간은 고난과 기쁨을 함께 수용해야 한다. 어느 것 하나만 선택할 수 없고, 어느 것 하나라도 피해갈 수 없다. 아기를 얻는 기쁨을 누리기 위해서는 아기를 낳는 해산의 고통을 당해야 한다. 하나만 선택하거나 둘 중 하나를 버릴 수 없는 것이다.

지금 웃고 있는 사람이라도 지난 인생사를 들어보면 여러 차례 큰 고난을 겪고 나왔다. 그리고 앞으로 또 다른 고난을 겪게 될 지도 모른다. 우리는 살아있기 때문에 피할 수 없는 무서운 고난을 직면할 때가 있다.

고난이 다 나쁜 것만은 아니다. 고난 때문에 인생은 단련되고 지혜를 얻기도 한다. 고난이 오히려 인생의 지름길로 인도하는 경우가 있다. 산중턱에 뚫린 터널 속으로 들어갈 때는 어두침침하지만 통과하고 나면 다시 밝은 햇살을 본다. 터널 때문에 시간이 단축되듯이 인생은 가끔 고난 때문에 지름길로 가기도 한다. 고난을 당한 사람은 조심하게 되고 절제하며 하나님 앞에서 겸손해진다. 자신의 연약함을 깨달았기 때문이다.

고난을 수용하라

고난을 당할 때 그리스도인은 큰 충격에 대하여 저항하며 믿음으로 수용하려고 한다. 그러나 시간이 지나면서 문제가 해결되지 않고 그 참상의 심각성이 깨달아지면 대단히 견디기 어렵다. 욥은 밤낮 칠 일 동안 친구들과 함께 있었지만 한마디도 말하지 않았다(2:13). 그러나 더 이상 자신이 당한 참상을 견딜 수 없어 둑이 터져 물이 쏟아지듯이 강력한 독백을 쏟아내었다.

"그 후에 욥이 입을 열어 자기의 생일을 저주하니라. 욥이 입을 열어 이르되"(1,2절).

우리가 고난 가운데 참고만 있는 것은 올바른 신앙이 아니다. 속에 있는 것을 하나님 앞에 솔직하게 탄원할 수 있어야 한다. 다윗 왕도 압살롬의 반란 전쟁에서 엄청난 정신적 고통을 받으면서 "여호와여 나의 대적이 어찌 그리 많습니까? 일어나 나를 치는 자가 왜 이리 많습니까?"(시 3:1)하고 탄원하였다. 그리고 여호와 하나님이 찾아와 도우신다면, 천만인이 자신을 에워싸 진 친다 하여도 두렵지 않다고 고백하였다(시3:6,7).

고난당하는 신앙인은 하나님께 부르짖고 탄원해야 한다. 참고만 있지 말고 하나님께 속 마음을 털어놓아야 한다. "하나님, 정말 억울합니다. 제발 좀 도와주소서" 하고 입을 열어 소리를 크게 질러야 한다. 부르짖고 기도할 때에 하나님께서 들으시고 해결해주신다.

고난을 스스로 원하는 자는 없다. 단지 고난이 올 때에 피하지 않고 수용하는 자는 하나님의 은혜를 체험하게 될 것이다. 세상의 모든 것이 그렇지만 고난 또한 잘 받아들이면 복이 되나 원망하거나 불평하게 되면 자신을 짓눌러 더 불행하게 만들기도 한다. 우리 앞에 어떤 상황이 펼쳐지느냐가 중요한 것이 아니라 어떻게 받아들이느냐가 중요하다.

로마의 철학자 '세네카'는 "불은 쇠를 단련시키고 고난은 인생을 단련시킨다"고 했다. 자기에게 닥친 고난을 하나님의 섭리로 겸허하게 받아들이면 그 고난은 복으로 바뀌지만, 고난에 대하여 원망하고 저주하면 오히려 더 큰 고통이 뒤를 잇게 된다. 만약 욥이 그의 아내의 말을 듣고 하나님을 원망하고 욕하며 자살했더라면 그는 더욱 비참한 사람이 되고 말았을 것이다.

많은 사람들이 불행을 만났을 때 육신과 정신의 고통에서 벗어나려고 술이나 마약이나 폭력으로 분노를 발산하려고 한다. 고난에 대한 원망과 불평과 저주는 자신과 가족들에게 더 큰 불행과 정신적 아픔을 안겨줄 뿐이다. 고난이 오면 마음 속에 있는 고통을 하나님께 쏟아놓으라. 하나님의 뜻을 찾고 기도하면서 겸허한 자세로 수용해야 한다.

생일을 한탄한 욥

이레를 말없이 고통스럽게 보낸 욥은 먼저 자신의 생일을 한탄하기 시작하였다(1-3절). 너무 극심한 고통에 시달리다 보니 차라리 태어나지 않았더라면 좋았을 뻔했다고 생각한 것이다.

예레미야 선지자도 자기가 태어난 날을 저주한 적이 있었다. 이스라엘의 선지자로서 자기 민족의 심판을 선언하는 것이 너무나 괴로웠다. 그래서 차라리 자기가 태어나지 않았더라면 좋았을 뻔했다고 고백하였다.

"내 생일이 저주를 받았더면, 나의 어머니가 나를 낳던 날이 복이 없었더면" (렘20:14).

"어찌하여 내가 태에서 나와서 고생과 슬픔을 보며 나의 날을 부끄러움으로 보내는고 하니라" (렘20:18).

예수님께서도 가룟 유다가 예수님을 배반하고 팔았을 때, "그 사람은 차라리 태어나지 않았더라면 그에게 좋을 뻔하였다"(마26:24)고 말씀하셨다. 3년씩이나 예수님을 따라다니며 훈련을 받았는데도 불구하고 예수님을 배신한 원수가 되었으니 주님의 마음이 얼마나 안타까웠으면 그리

말씀하셨을까?

오늘날 평생을 교회에 다니고도 예수님을 배반하고 순종하지 못한 자가 지옥 불에 떨어졌을 때, 그는 이를 갈면서 후회하기를 "차라리 내가 태어나지 않았으면 좋을 뻔하였다. 어머니의 태에서 죽었더라면 좋았을 것을"하고는 피맺힌 절규를 쏟아내지 않겠는가? 현세의 고통은 잠깐이다. 그러나 정죄받을 자의 내세의 고통은 영원하다. 우리가 하나님의 뜻을 거역하고 범죄하다가 지옥에 떨어지는 일은 결코 없어야 한다. 그 때는 자기의 출생을 아무리 저주하여도, 하나님의 도움을 아무리 요청하여도 헛일이 될 것이다. 후회와 탄원도 지상에서 해결을 보아야 한다.

하나님을 믿는 자들도 극심한 고통을 당하면 자기가 태어난 것을 한탄할 정도로 크게 상심할 수 있다. 욥은 자신이 당한 고통이 너무 심해서 과거의 유복한 때를 잊어버렸다. 고통은 즐거웠던 지난 시간들을 잊게 만든다.

"그 밤에 새벽 별들이 어두웠더라면, 그 밤이 광명을 바랄지라도 얻지 못하며 동틈을 보지 못하였더라면 좋았을 것을, 이는 내 모태의 문을 닫지 아니하여 내 눈으로 환난을 보게 하였음이로구나. 어찌하여 내가 태에서 죽어 나오지 아니하였던가 어찌하여 내 어머니가 해산할 때에 내가 숨지지 아니하였던가"(9-11절).

욥은 하나님도 원망할 수 없고 그렇다고 부모도 원망할 수 없어서, 고통의 세상에 태어난 자신을 원망하였다. 그는 자신이 밤에 태어났다고 생각하고 어두운 밤을 한탄하였다. 차라리 모태에서 죽어버렸더라면 좋았을 뻔했는데, 왜 내가 그 때 숨지지 않았던가. 왜 태어나 어머니의 젖을 빨았던가? 육신적인 아픔과 정신적 공허가 몰려올 때에 정말 미칠 것 같은 괴로움에 시달리면서 자신을 원망하고 저주하였다.

예수님도 극심한 십자가의 고통을 당하시면서 살이 찢어지고 목이 타는 지옥 불의 고통을 당하시면서 "나의 하나님, 나의 하나님! 어찌하여 저를 버리십니까!"라고 절규하셨다. 성부 하나님께 대한 원망이라기보다는 견딜 수 없는 고통에 대한 신음이었다. 하나님의 도움과 은혜를 바랄 수 없는 그 고통이 더 견딜 수 없는 괴로움이었다. 죄인은 하나님께 외면당하고 버림을 당하여 지옥의 고통을 벗어날 수 없다. 그 절망과 한탄의 소리를 예수님이 직접 하신 것이다.

욥의 고통의 절정은 지옥에서 헤어나올 수 없는 죄인들의 후회와 절규이다. 지옥 불 속에서 고통 받는 사람들은 자기를 왜 태어나게 했느냐고 하나님을 욕하고 저주할 것이다. 신앙의 사람 욥은 하나님과 부모를 원망하지 않으려고 자기의 태어남을 후회하였다.

우리는 견딜 수 없는 고통이 있을 때, 우리를 대신하여 지옥의 고통을 당하신 예수 그리스도를 기억해야 한다. 친히 십자가에 달려 고통당하신 예수님께 기도하고 맡겨야 한다. 주님의 도움으로 그 고난에서 벗어나도록 기도드려야 한다. 우리의 고난과 역경을 해결하실 수 있는 주님이 계시므로 우리의 고난에는 희망이 있다.

고난이 닥칠 때 어떻게 해야 하나

예기치 못했던 큰 고난과 고통이 닥치면 어떻게 해야 하는가? 고통은 현실이기 때문에 누구나 아파할 수밖에 없다. 그러나 고통 중에서도 신앙을 잃으면 안 된다. 하나님을 불신하거나 욕하거나, 부모나 남을 미워하고 원망하면 안 된다. 고통 중에서도 하나님을 의지하고 은혜와 도우심을 간절히 사모해야 한다. 고난 중에서 우리가 붙잡아야 할 분은 오직 하나님뿐이시다.

욥의 한탄과 절규에는 하나님을 의지하는 마음이 다분히 담겨있다(4, 23절). 극심한 고통의 끝은 죽음이다. 욥의 고통의 고백에는 죽음 후의 천상의 세계에 대한 동경이 나타나 있다. 고난 중에서도 우리는 천국을 소망해야 한다.

"거기서는 악한 자가 소요를 그치며, 거기서는 피곤한 자가 쉼을 얻으며, 거기서는 갇힌 자가 다 함께 평안히 있어 감독자의 호통 소리를 듣지 아니하며, 거기서는 작은 자와 큰 자가 함께 있고 종이 상전에게서 놓이느니라"(17-19절).

욥이 말하는 '거기'는 사후에 가는 천국을 의미한다. 거기서는 악한 자의 시끄러운 소리가 없을 것이고 피곤에 절은 자가 없이 안식이 있을 것이고, 갇혀서 억압받는 자나, 높은 자와 낮은 자의 차별이 없을 것이다. 천국의 소망이 없으면 인간의 고통은 절망이 된다. 그러나 천국의 소망이 있는 자는 고통 뒤에 오는 안식과 평화와 자유함이 있다. 고통이 아무리 길더라도 그것은 하나의 지나가는 관문에 불과한 것이다. 반드시 고통은 끝나게 될 것이고, 고난이 지나면 안식과 평화와 자유함이 도래하게 될 것이다.

욥은 보물을 도굴하는 자처럼 죽기를 사모하였다. 그러나 죽고 싶어도 마음대로 죽을 수 없었다. 고난과 환난 중에도 하나님은 우리의 생명을 붙잡고 계신다.

"땅을 파고 숨긴 보배를 찾음보다 죽음을 구하는 것을 더하다가 무덤을 찾아 얻으면 심히 기뻐하고 즐거워하나니 하나님에게 둘러 싸여 길이 아득한 사람에게 어찌하여 빛을 주셨는고"(21-23절).

이 구절의 시적 표현은 해석하기 좀 어렵지만 대단히 문학적으로 탁월한 표현이다. 욥은 죽고 싶어도 죽을 수 없는 형편이었다. 하나님이 자기의 생명을 철저하게 보호하고 있었기 때문이다. 하나님은 빛과 생명을 주신 목숨의 주인이시다. 욥은 고통의 정도가 도를 넘어 차라리 죽는 것이 편하다고 판단하였다.

무덤을 파서 보물을 얻으려는 도굴꾼이 마침내 보물을 발견했을 때 환호성을 지르며 기뻐하는 것처럼 그는 죽음을 사모하고 있다고 했다. 그러나 문제는 하나님의 빛이 자기를 둘러싸고 가두어버려서 길이 보이지 않는다는 것이다. 죽기 위하여 하나님의 손에서 도망치려고 해도 탈출구가 보이지 않는다는 것이다.

사실 그랬다. 하나님은 사탄의 손에 욥을 시험하도록 맡겼지만 욥의 생명만큼은 손대지 말라고 하셨다. 욥은 죽을만큼 고통스러웠지만 하나님이 자기를 사랑하시고 목숨을 지키고 계신다는 것을 직감적으로 알고 있었다. 고난당하는 욥의 영성은 더욱 깊어졌고 하나님의 사랑의 손길을 느끼고 있었다.

분명 하나님은 욥을 아끼시고 그 생명을 보호하고 계시면서도, 이상하게 욥이 너무 아파서 음식도 먹을 수 없고, 거대한 파도가 치듯 물이 쏟아지는 소리처럼 신음하며 앓고 있는데도 하나님은 그를 외면하고 계시는 것이었다.

> "나는 음식 앞에서도 탄식이 나며 내가 앓는 소리는 물이 쏟아지는 소리 같구나"(24절).

이 장면에서 예수님, 십자가에 달리셔서 숨도 제대로 쉬지 못하시고 신음하시는 예수님이 보이지 않는가? "내가 목마르다" 하시며 목에 불이 붙는 듯하여 절규하신 예수님, 누군가 신 포도주를 적신 해면을 장대에 매달아 예수님의 입에 댔다(요19:28,29). 성부 하나님은 분명히 성자 예수님을 지극히 아끼시고 사랑하셨지만, 그 고통의 신음 소리를 외면하셨다. 우리가 지은 모든 죄의 값을 주님이 대신 지불하게 하셨다.

고난 앞에서 당당하라

욥은 남과 달리 유복한 생활을 하면서 어쩌면 자기에게 갑작스러운 환난이 닥칠 수도 있다는 불안한 생각을 했던 것 같다. 그런데 바로 그 걱정하던 일이 현실이 되고 만 것이다.

> "내가 두려워하는 그것이 내게 임하고 내가 무서워하는 그것이 내 몸에 미쳤구나. 나에게는 평온도 없고 안일도 없고 휴식도 없고 다만 불안만이 있구나"(25,26절).

욥의 직관과 신앙이 극심한 고통 속에서도 그의 마음을 단단히 붙잡아 주고 있다. "그래 이런 날이 올 줄 알았어, 나에게도 세상 사람들처럼 올 것이 왔구나!" 하고 다소 고난을 수용하는 자세이다. 그래서 욥은 당혹하고 놀라서 하나님을 원망하거나 저주하는 말의 실수를 하지 않았다. 오히려 고난 중에서 하나님께 기도하고 부르짖을 수 있었다.

예수님이 이 세상에 오실 때, 그분은 십자가를 지실 것을 예견하셨다. 전혀 생각하지 못했던 사건이 일어난 것이 아니었다. 그러므로 십자가의 극심한 고통을 아셨지만 털 깎는 자 앞에서의 양과 같이 아무 원망 없이 그 고통을 수용하셨다. "내 뜻대로 마옵시고 아버지의 뜻대로 하옵소서"

라고 기도하였던 것이다.

　평소에 고난은 나와 전혀 상관이 없다고 생각해서는 안 된다. 줄곧 성공만 한 사람이라도 실패할 수도 있다는 것을 염두에 두어야 한다. 그리고 인생은 죄 중에 있으므로 언제나 환난과 고난이 갑자기 올 수도 있는 것이다. 고난이 왔을 때 "그래 올 것이 왔구나" 하고 담대히 고난을 상대해야지 두려워 떨고만 있으면 안 된다. 우리가 하나님을 믿고 의지한다면 아무리 큰 고난도 이겨낼 수 있다는 확신이 있어야 한다. 그런 마음의 자세를 가지면 고난이 신앙에 유익이 되기도 한다.

　고난을 통하여 자신이 하나님과 사람들 앞에서 지은 죄가 있는가 살피고 회개하게 된다. 그리고 자신의 연약함에 대하여 깨닫고 교만을 꺾고 겸손하게 된다. 그래서 고난은 우리의 영혼을 성결하게 하고 겸손하게 한다.

　그리고 남들이 당하는 고난도 이해하게 된다. 고난을 통과하고 극복한 후에는 고난당하는 이웃을 돕고 격려하는 마음을 가지게 된다. 병든 자들을 위하여 기도하고, 갇힌 자들을 위로하며, 가난한 자들을 위하여 도움의 손길을 펼치게 되는 것이다. 우리는 고난 가운데서도 하나님의 섭리와 은총을 구하는 기도의 사람이 되고, 우리가 태어난 것을 하나님께 감사해야 할 것이다.

Job Theology and Explanation

5
고난을 대하는 태도

욥 4:1-21

¹데만 사람 엘리바스가 대답하여 이르되 ²누가 네게 말하면 네가 싫증을 내겠느냐 누가 참고 말하지 아니하겠느냐 ³보라 전에 네가 여러 사람을 훈계하였고 손이 늘어진 자면 강하게 하였고 ⁴넘어지는 자를 말로 붙들어 주었고 무릎이 약한 자를 강하게 하였거늘 ⁵이제 이 일이 네게 이르매 네가 힘들어 하고 이 일이 네게 닥치매 네가 놀라는 구나 ⁶네 경외함이 네 자랑이 아니냐 네 소망이 네 온전한 길이 아니냐 ⁷생각하여 보라 죄 없이 망한 자가 누구인가 정직한 자의 끊어짐이 어디 있는가 ⁸내가 보건대 악을 밭 갈고 독을 뿌리는 자는 그대로 거두나니 ⁹다 하나님의 입 기운에 멸망하고 그의 콧김에 사라지느니라 ¹⁰사자의 우는 소리와 젊은 사자의 소리가 그치고 어린 사자의 이가 부러지며 ¹¹사자는 사냥한 것이 없어 죽어 가고 암사자의 새끼는 흩어지느니라 ¹²어떤 말씀이 내게 가만히 이르고 그 가느다란 소리가 내 귀에 들렸었나니 ¹³사람이 깊이 잠들 즈음 내가 그 밤에 본 환상으로 말미암아 생각이 번거로울 때에 ¹⁴두려움과 떨림이 내게 이르러서 모든 뼈마디가 흔들렸느니라 ¹⁵그 때에 영이 내 앞으로 지나매 내 몸에 털이 주뼛하였느니라 ¹⁶그 영이 서 있는데 나는 그 형상을 알아보지는 못하여도 오직 한 형상이 내 눈앞에 있었느니라 그 때에 내가 조용한 중에 한 목소리를 들으니 ¹⁷사람이 어찌 하나님보다 의롭겠느냐 사람이 어찌 그 창조하신 이보다 깨끗하겠느냐 ¹⁸하나님은 그의 종이라도 그대로 믿지 아니하시며 그의 천사라도 미련하다 하시나니 ¹⁹하물며 흙집에 살며 티끌로 터를 삼고 하루살이 앞에서라도 무너질 자이겠느냐 ²⁰아침과 저녁 사이에 부스러져 가루가 되며 영원히 사라지되 기억하는 자가 없으리라 ²¹장막 줄이 그들에게서 뽑히지 아니하겠느냐 그들은 지혜가 없어 죽느니라

엘리바스의 충고

우리가 누군가에게 충고하고 권면할 때가 있는데 쉬운 일은 아니다. 권면하는 자신이 도덕적인 결함이 없고 다른 이들에게 존경을 받고 있어야 하며, 또 상대방이 마음 상하지 않고 그 충고를 잘 수용할 수 있어야 한다. 욥의 세 친구 중 연장자인 엘리바스가 먼저 권면을 시작했다(욥15:10, 32:6).

3장에서 욥이 자신의 태어남을 한탄하는 말을 세 친구는 듣고만 있었다. 사실 극심한 고통 중에 빠진 욥에게 어떤 말로도 위로할 수 없었고, 또 권면하거나 충고할 상황도 아니었다. 자칫 잘못 말하면 고통 받고 있는 욥의 마음에 또 다른 상처를 입힐 수 있기 때문이다. 그러나 마냥 욥의 푸념을 듣고만 있을 수 없다고 판단한 엘리바스가 어렵게 말문을 열었다.

4장과 5장은 둘 다 엘리바스가 말한 내용으로 연결되어 있다. 우선 엘리바스가 욥에게 권면할 수 있는 권위를 자기의 영적 체험에 두고 있다. 환상 가운데 하나님의 음성을 들었던 체험을 말하면서 자기의 말에 권위를 부여하고 있다. 그래서 전체 4-5장의 중간에 환상 체험이 기록되어 있고(4:12-21), 4장과 5장에서 각각 죄에 대한 보응의 교리를 설명하면서(4:7-11, 5:1-7) 욥이 회개하고 하나님께로 돌아올 것을 권면하였다(5:8-16). 그리고 5장 후반부에 하나님께 회개하고 마음을 돌이킨다면 하나님께서 고통의 상황을 회복시키시고 구원와 복을 약속하실 것이라고 격려하였다(5:17-27).

엘리바스는 욥에게 말을 거는 것 자체도 고통스러울 수 있다는 것을 알고 있었다. 신학자 '클라인즈'는 "욥에게 한 마디만 하여도 그는 그 무게를 견디지 못할 것이라"고 하였다. 그러나 친구로서 아무 말도 하지 않을 수도 없었다. 그래서 무겁게 입을 열면서 싫어하지 말고 자기 말을 들어

달라고 부탁했다.

"누가 네게 말하면 네가 싫증을 내겠느냐, 누가 참고 말하지 아니하 겠느냐"(2절).

고대 언어의 시라서 번역이 매끄럽지는 못하다. 공동 번역에는 "누가 자네에게 말을 건네려 한다면, 자네는 귀찮게 여기겠지. 그렇다고 입을 다물고만 있을 수도 없는 일일세"라고 쉽게 번역하였다. 엘리바스 자신이 말할 때 짜증내지 말고 잘 들어 달라는 뜻이다. 그 상황에서는 아무 말도 할 수 없지만, 자기가 하고 싶어서 하는 충고가 아니라 친구를 위하여 어쩔 수 없이 입을 열었다고 하였다.

고난에는 하나님의 뜻이 있다

엘리바스는 환난 전의 욥의 덕스러운 삶을 회상하고 먼저 칭찬하였다. 가난하고 연약한 자들을 도왔던 욥의 도덕적인 삶을 칭찬하였다(3,4절). '손이 늘어진 자'는 병든 자나 연약한 자를 상징하고, '넘어지는 자'는 상심하여 절망과 좌절에 빠진 자를 의미하고, '무릎이 약한 자'는 무거운 짐을 지고 비틀거리며 고생하는 자를 뜻한다. 과거에 욥이 위로하고 격려해 주었던 사람들처럼 이제 욥이 그 처지가 되어 스스로 놀라고 있다고 했다.

"네 경외함이 네 자랑이 아니냐? 네 소망이 네 온전한 길이 아니냐?"(6절).

이 구절 역시 의역이 필요하다. 공동 번역에서는 "자신만만하던 자네의 경건은 어찌 되었는가?"라고 되어 있다. 본문을 문자적으로 그대로 해석해 본다면 "자네가 하나님을 마음으로 경외하고 다른 사람을 소망의 길로 바로 인도한다고 하지 않았는가?"라고 할 수 있겠다. 그리고 7절의 권면으로 내용이 전환되면서 '그러나' 하는 접속사가 생략되어 있다.

> "그러나 생각하여 보라 죄 없이 망한 자가 누구인가 정직한 자의 끊어짐이 어디 있는가? 내가 보건대 악을 밭 갈고 독을 뿌리는 자는 그대로 거두나니 다 하나님의 입 기운에 멸망하고 그의 콧김에 사라지느니라"(7-9절).

엘리바스의 죄에 대한 '보응의 교리'이다. 이 말씀은 욥을 포함해서 모든 사람들에게 보편적으로 적용되는 말씀이다. 죄를 짓고 벌을 받지 않을 사람이 어디에 있겠는가? 그러나 이 충고는 일반인들에게 원리적으로는 맞지만 욥에게 말하기는 적합하지 않다. 욥이 남들처럼 죄를 많이 지어 받은 저주가 아니기 때문이다. 욥처럼 예외로 의인이 받는 고난도 있기 때문이다. 기독교인들이 신앙을 지키기 위하여 순교하거나, 죄 없으신 예수님이 십자가를 지신 것은 일반 도덕론으로 설명할 수 없다.

우리의 삶은 뿌린 대로 거둔다. "악을 밭 갈고 독을 뿌렸으면 고통과 저주를 거둘 수밖에 없을" 것이다. 죄를 범한 자는 사자처럼 강한 자라도 하나님이 '후우' 하고 불면 멸망하고 말 것이다(10,11절). 첫 인간 아담 부부의 교만과 불순종은 원죄를 낳았다. 죄로 인하여 인간에게 고난과 죽음이 왔다. 그러므로 고난을 받고 회개하고 죄를 깨닫게 될 때에 회복의 역사도 일어난다. 그래서 인생으로 태어난 모든 사람들은 고난을 당하게 되고, 오히려 그 고난을 통하여 하나님의 은혜를 체험하게 된다.

역사학자 '아놀드 토인비'(Arnold Toynbee)는 '역사의 연구'에서 인류가 발전할 수 있었던 동인은 거친 환경과 가혹한 고난이 있었기 때문이라고 했다.

다윗도 시119:71에서 "고난 당한 것이 내게 유익이라 이로 말미암아 내가 주의 율례들을 배우게 되었다"고 고백하였다. 다윗의 인생은 고난의 연속이었다. 사울 왕에게 쫓겨다니며 오랜 시간 광야에서 떠돌이 생활을 하였다. 여러 전쟁을 치렀으며 가까운 부하와 아들에게까지 배신을 당하여 도망을 치기도 했다.

그런 고난의 시간을 통하여 다윗의 신앙과 인격은 정금처럼 단련이 되어 그 삶이 더욱 빛이 났다. 하나님의 뜻을 더욱 선명하게 보게 되었고, 어떤 상황에서도 감사하는 삶을 살게 되었다. 그래서 독일의 철학자 '니콜라이 하르트만'은 "고난은 가치다"라고 말했다.

죄를 지은 인간에게 고난과 죽음은 피해 갈 수 없는 장해가 되었지만, 죄를 깨닫고 고난을 잘 견디는 자는 그 고난이 또한 영혼의 유익이 되는 것이다. 믿음의 눈으로 보면 신자에게 닥치는 고난까지도 하나님의 은총이다. 그래서 바울 사도는 "하나님을 사랑하는 자는 모든 것이 합력하여 선을 이룬다"고 말씀하셨다(롬8:28).

인생을 살다보면 고난이나 평안은 내가 결정하는 것이 아니다. 비록 고난이 오더라도 어떤 태도로 대하느냐가 중요하다. 욥처럼 겸손하게 하나님의 뜻을 찾으면 그 고난이 영적인 유익이 될 것이다. 그러나 복과 평안이 오더라도 교만한 마음으로 자기를 자랑하게 되면, 오히려 그 평안과 복이 그의 영혼에 해를 끼치게 될 것이다. 고난 앞에서 자신의 죄를 찾아 회개하고 하나님의 뜻을 묵상한다면, 신자의 고난은 반드시 하나님의 은총이 될 것이다.

엘리바스가 들은 영적 음성

엘리바스가 욥에게 이렇게 충고할 수 있는 것은 그의 영적 체험에서 깨달은 바가 있었기 때문이다. 그가 어느 날 환상 중에 어떤 말씀을 들었다. 두렵고 떨렸는데 한 형상이 나타나서 그에게 말씀하셨다.

> "사람이 어찌 하나님보다 의롭겠느냐? 사람이 어찌 그 창조하신 이
> 보다 깨끗하겠느냐? 하나님은 그의 종이라도 그대로 믿지 아니하시
> 며 그의 천사라도 미련하다 하시나니 하물며 흙 집에 살며 티끌로 터
> 를 삼고 하루살이 앞에서라도 무너질 자이겠느냐"(17-19절).

엘리바스는 창조주 하나님을 믿었고, 신비한 영적인 체험을 한 것으로 짐작해 볼 때 상당히 믿음이 성숙한 인물이었을 것이다. 욥과 절친한 사이였던 것을 보면 엘리바스 역시 믿음의 사람인 것은 분명하다.

욥이 아무리 의롭다한들 어찌 하나님보다 의롭겠으며, 욥이 정직한다 한들 어찌 하나님보다 깨끗하겠는가? 하나님은 창조주이시고 전지전능하여 조금도 부족함이 없으시다. 그러나 욥을 비롯한 모든 인간은 흙으로 만들어진 피조물에 불과하다. 유한하고 연약한 인간이 어찌 하나님의 뜻을 다 이해할 수 있을 것인가?

인간은 흙에서 와서 흙으로 돌아가는 티끌과 같은 존재이다. 엘리바스는 "아침과 저녁 사이에 부스러져 가루가 되며 영원히 사라지되 기억하는 자가 없으리라. 장막 줄이 그들에게서 뽑히지 아니하겠느냐 그들은 지혜가 없이 죽느니라"고 하였다.

우리가 인간의 허무하고 아무 것도 아닌 존재를 속히 깨달았다면 영원하시고 전능하신 하나님을 믿고 의지하지 않을 수 없다. 장례식의 마지

막, 화장터에서 분진으로 나오는 인간을 보면 어찌 하나님 앞에서 의롭다고 강하다고 말할 수 있을 것인가? 우리는 겸허하게 하나님 앞에 낮아져야 하고, 하나님의 은혜를 회개하면서 빌어야 한다. 고난을 통하여 인간이 다다를 수 있는 것은 하나님의 용서와 은혜이다.

Job Theology and Explanation

6
인내로 극복하라

욥 5:1-27

5장 ¹너는 부르짖어 보라 네게 응답할 자가 있겠느냐 거룩한 자 중에 네가 누구에게로 향하겠느냐 ²분노가 미련한 자를 죽이고 시기가 어리석은 자를 멸하느니라 ³내가 미련한 자가 뿌리 내리는 것을 보고 그의 집을 당장에 저주하였노라 ⁴그의 자식들은 구원에서 멀고 성문에서 억눌리나 구하는 자가 없으며 ⁵그가 추수한 것은 주린 자가 먹되 덫에 걸린 것도 빼앗으며 올무가 그의 재산을 향하여 입을 벌리느니라 ⁶재난은 티끌에서 일어나는 것이 아니며 고생은 흙에서 나는 것이 아니니라 ⁷사람은 고생을 위하여 났으니 불꽃이 위로 날아가는 것 같으니라 ⁸나라면 하나님을 찾겠고 내 일을 하나님께 의탁하리라 ⁹하나님은 헤아릴 수 없이 큰일을 행하시며 기이한 일을 셀 수 없이 행하시나니 ¹⁰비를 땅에 내리시고 물을 밭에 보내시며 ¹¹낮은 자를 높이 드시고 애곡하는 자를 일으키사 구원에 이르게 하시느니라 ¹²하나님은 교활한 자의 계교를 꺾으사 그들의 손이 성공하지 못하게 하시며 ¹³지혜로운 자가 자기의 계략에 빠지게 하시며 간교한 자의 계략을 무너뜨리시므로 ¹⁴그들은 낮에도 어둠을 만나고 대낮에도 더듬기를 밤과 같이 하느니라 ¹⁵하나님은 가난한 자를 강한 자의 칼과 그 입에서, 또한 그들의 손에서 구출하여 주시나니 ¹⁶그러므로 가난한 자가 희망이 있고 악행이 스스로 입을 다무느니라 ¹⁷볼지어다 하나님께 징계 받는 자에게는 복이 있나니 그런즉 너는 전능자의 징계를 업신여기지 말지니라 ¹⁸하나님은 아프게 하시다가 싸매시며 상하게 하시다가 그의 손으로 고치시나니 ¹⁹여섯 가지 환난에서 너를 구원하시며 일곱 가지 환난이라도 그 재앙이 네게 미치지 않게 하시며 ²⁰기근 때에 죽음에서, 전쟁 때에 칼 위협에서 너를 구원하실 터인즉 ²¹네가 혀의 채찍을 피하여 숨을 수가 있고 멸망이 올 때에도 두려워하지 아니할 것이라 ²²너는 멸망과 기근을 비웃으며 들짐승을 두려워하지 말라 ²³들에 있는 돌이 너와 언약을 맺겠고 들짐승이 너와 화목하게 살 것이니라 ²⁴네가 네 장막의 평안함을 알고 네 우리를 살펴도 잃은 것이 없을 것이며 ²⁵네 자손이 많아지며 네 후손이 땅에 풀과 같이 될 줄을 네가 알 것이라 ²⁶네가 장수하다가 무덤에 이르리니 마치 곡식 단을 제 때에 들어 올림 같으니라 ²⁷볼지어다 우리가 연구한 바가 이와 같으니 너는 들어 보라 그러면 네가 알리라

욥은 고난을 통해 하나님을 만나다

우리에게 고난이 없으면 좋겠지만, 삶이란 우리의 바람대로 순탄하게만 흐르지 않는다. 때로 하나님께선 우리를 가장 낮은 곳에 머물게 하신다. 처참하고 괴로운 시간이었으나 나중에 깨닫고 나면 그 순간이야말로 인생의 가장 소중한 시간이었음을 알게 된다. 엎어져 보지 않았던 사람은 땅 바닥에 쓰인 하나님의 뜻을 볼 수 없다. 자빠져 벌렁 누워보지 못한 사람은 하늘에 쓰인 글씨를 볼 수 없다. 하나님은 더 깊은 인생의 깨우침과 구원에 이르기 위하여 위기와 고난의 시간을 부여하신다.

그러나 하나님의 사람은 넘어질듯 해도 곧 균형을 잡고 다시 일어난다. 마지막 바닥을 치려는 순간, 하나님의 손길이 그를 붙잡아 다시 일으키신다. 믿음의 사람은 아무리 큰 고난을 당해도 욥과 같이 다시 일어나는 복원력이 있다.

이 본문은 욥의 친구인 데만 사람 '엘리바스'의 말이다. 그는 젊잖게 타이르듯 욥이 회개할 것을 권면하였다. 불꽃이 위로 올라가는 것처럼 인생으로 태어나면 고난을 당하는 것이 당연하다고 했다.

"재난은 티끌에서 일어나는 것이 아니며 고생은 흙에서 나는 것이 아니니라. 사람은 고생을 위하여 났으니 불꽃이 위로 날아 가는 것 같으니라"(6,7절).

물론 모든 사람들이 고난을 당하기도 한다. 그러나 욥의 고난은 인간이 견디기에 불가할 정도이다. 아들 일곱, 딸 셋의 10남매를 하루 아침에 잃었다. 생일 축하를 하기 위하여 모인 자리에서 지붕이 무너져 모두 한 날 한 시에 죽고 말았다. 얼마나 황망하고 기막힌 일인가? 얼마나 억울하고 답답한 일인가? 거기에다 가진 재산을 다 잃었다. 양이 7천, 낙타가 3천, 소가 5백 겨리, 암나귀가 5백 마리, 수 많은 종들까지 죽었다(욥1:3). 당시 동방의 거부였던 욥이 다 약탈당하고 한 순간에 망하고 말았다. 남은 것이라고는 몸 밖에 없는데 그 몸마저 심한 피부병에 걸려 기왓장으로 몸을 긁고 고통을 당했다. 그 기막히고 참담한 환난을 당한 욥의 처는 차라리 하나님을 저주하고 죽으라고 말하고 떠나버렸다.

욥은 사랑하는 가족을 전부 잃었고, 소유했던 재산을 다 잃었으며, 그리고 건강마저 잃었다. 그에게 남은 것이라고는 숨 쉬고 있는 목숨뿐이었다.

오늘 우리는 이 중에 하나만 잃어도 어쩌면 죽으려고 했을 것이다. 하나님을 믿는 신앙을 버렸을지도 모른다. 그런데 욥은 어떻게 했는가? 그의 고백은 상상할 수 없는 말이었다.

"이르되 내가 모태에서 알몸으로 나왔사온즉 또한 알몸이 그리로 돌아가올지라 주신 이도 여호와시요 거두신 이도 여호와시오니 여호와의 이름이 찬송을 받으실지니이다" (1:21).

"내가 가는 길을 그가 아시나니 그가 나를 단련하신 후에는 내가 순금같이 되어 나오리라" (23:10).

고난이 극에 달하면서 욥은 마침내 하나님을 만나게 되었다. 그에게 닥친 엄청난 고난은 결국 하나님을 영적으로 체험하는 자리에까지 이르게 되었다.

"내가 주께 대하여 귀로 듣기만 하였사오나 이제는 눈으로 주를 뵈옵나이다" (42:5).

욥은 동방의 의인이었고 사람들이 평가할 때에 신앙도 훌륭했다. 그러나 그는 하나님에 대하여 귀로 듣기만 했던 신앙이었다. 하나님을 눈으로 뵈옵는 변화된 심오한 신앙이 아니었던 것이다. 참으로 고난은 욥에게 영적으로 유익하였다. 다윗도 그의 시에서 "고난 당한 것이 내게 유익이었다. 그로 인하여 주의 율례를 배웠다"(시119:71)고 고백했는데, 욥 역시 모진 고난으로 인하여 하나님을 직접 만나는 영적 은혜를 체험하게 되었던 것이다.

주님의 십자가 고난

고난과 역경이 올 때에 신앙을 상실하거나 낙심하여 이혼이나 자살하는 사람들이 있다. 그러나 욥처럼 고난을 바로 해석하고 오히려 하나님과 더 가까워지는 성도가 있다. 우리는 고난이 올 때에 인내하면서 끝까지 견디어내야 한다. 신앙으로 극복하는 자는 고난이 우리를 하나님께로 더욱 가까이 인도해 갈 것이다.

"보라 인내하는 자를 우리가 복되다 하나니 너희가 욥의 인내를 들었고 주께서 주신 결말을 보았거니와 주는 가장 자비하시고 긍휼히 여기는 이시니라"(약5:11).

"끝까지 견디는 자는 구원을 얻으리라"(마24:13).

참기 어려운 고난이 왔을 때 십자가에 달리셨던 예수님을 기억하라. 주님은 이 세상에 오셔서 십자가에 죽으시기까지 모든 고난을 다 당하셨다.

마치 욥이 인간으로 당할 수 있는 모든 고난을 다 당한 것처럼 예수님은 우리를 구원하기 위하여 인생의 모든 고난을 다 당하셨다. 그런 점에서 욥은 예수님의 그림자이다. 주님은 한 평생 인간의 고난을 대신하시고, 마침내 십자가에 달려 저주와 형벌을 대신 받으셨으니 욥이 내어놓지 못했던 생명마저 우리를 위하여 내주셨다.

욥은 모든 고난을 다 당하고도 목숨은 부지하였지만, 예수님은 보혈을 흘리시고 목숨마저 우리에게 내주셨다. 고난이 올 때에 예수님이 먼저 고난 받으신 것을 기억하고, 인내하면서 극복해야 한다.

고난이 오면 기도하고 감사 찬송하라

지금 우리에게 어떤 고난과 역경이 있는가? 자신의 잘못이 아닌, 타인으로 말미암아 애매한 고난을 받을 수도 있고, 자기의 죄 때문에 당하는 고난도 있을 수 있고, 때로는 욥처럼 이해할 수 없는 엄청난 충격의 고난을 당할 수도 있다. 우리는 이런 고난이 올 때 어떻게 대처해야 하는가?

야고보 사도는 고난이 올 때에 기도하고 감사하고 찬송할 것을 권면하셨다.

> "너희 중에 고난 당하는 자가 있느냐 그는 기도할 것이요 즐거워하는 자가 있느냐 그는 찬송할지니라"(약5:13).

왜 기도해야 하는가? 우리 힘만으로는 견딜 수 없기 때문이다. 우리가 욥이 당한 그 한 가지만이라도 고난을 당하면 우리는 견디지 못할 것이다. 만약 전 재산을 다 상실했다면 스스로 이겨낼 자가 얼마나 되겠는가?

만약 아내와 자녀들이 다 떠나버렸다면 절망하지 않을 남편이 몇이나 되겠는가? 만약 중병에 걸렸는데 고칠 수 있는 약도 수술도 불가하다면 낙망하지 않을 사람이 몇이나 되겠는가? 우리는 육신을 지닌 연약한 존재이다. 큰 고난이 오면 스스로 이겨낼 수 없다. 하나님의 도우심과 은혜가 없으면 안 된다. 그러므로 기도해야 한다.

여러분에게 고난과 역경이 오면 하나님께 간절히 부르짖고 기도하라. 고난을 받아들이고 견디고 극복할 수 있도록 기도하라. 어떤 고난은 피해 갈 수 없다. 고난을 받으므로 영적 깨달음과 축복이 있다. 그러므로 고난을 피하게 해 달라고 기도하기보다는 고난을 이길 수 있도록 기도해야 한다. 엘리바스는 고난을 당한 욥에게 하나님을 찾고 의지하라고 권면하였다.

"나라면 하나님을 찾겠고 내 일을 하나님께 의탁하리라. 하나님은 헤아릴 수 없이 큰 일을 행하시며 기이한 일을 셀 수 없이 행하시나니"(8,9절).

우리는 고난이 오면 기도할 뿐만 아니라 감사하고 찬양해야 한다. 하나님이 우리의 고난을 이기게 하실 것을 믿는다면 감사하고 찬양하지 않을 수 없다.

우리는 예수님의 십자가를 따르면 복음과 함께 고난받기를 자청해야 한다. 그리스도를 위한 고난이라면 그 고난에 참여하는 것을 즐거워해야 한다.

"오히려 너희가 그리스도의 고난에 참여하는 것으로 즐거워하라 이는 그의 영광을 나타내실 때에 너희로 즐거워하고 기뻐하게 하려 함이라"(벧전4:13).

하나님은 우리가 고난 당하면서 기도하면 반드시 도와주실 것이기 때문에 고난 중에서도 기뻐하라고 말씀하셨다.

"주께서 나의 슬픔이 변하여 내게 춤이 되게 하시며 나의 베옷을 벗기고 기쁨으로 띠 띠우셨나이다"(시30:11).

아브라함에게 전쟁의 고난과 아들 '이삭'을 모리아 제단에 번제로 바쳐야 하는 고난이 있었다. 요셉에게는 정직하게 행하였지만 억울하게 감옥에 만 이 년이나 갇혀있었다. 다윗에게는 밧세바를 범하고 가정에 온갖 환난과 특히 사랑하는 아들 압살롬의 반란으로 심적 고난을 크게 받았다. 베드로를 위시한 제자들은 감옥에 들어가고 박해를 받으며 결국 순교하기까지 모진 고난을 받았다. 그러나 신앙의 사람들은 그 고난이 신앙에서 기인했든지 자기의 죄에서 기인했든지 고난으로 인하여 더욱 신앙 인격이 성숙해지고 하나님을 더 가까이 만나게 되었다.

"고난 당하기 전에는 내가 그릇 행하였더니 이제는 주의 말씀을 지키나이다"(시119:67).

고난과 역경이 우리를 바른 신앙의 길로 가게 한다. 믿음의 사람은 축복도 감사하고, 고난은 더욱 감사해야 한다. 고난은 위장된 축복이요 평안이다. 하나님이 크게 사용하실 때에는 고난을 통과하게 하신다. 더욱 말씀대로 바로 살도록 하기 위하여 고난을 주신다. 고난이 올 때에 그리스도의 십자가를 생각하고 우리를 위하여 고난 받으신 예수님을 기억해야 한다. 예수님은 우리의 고난을 해결해 주시기 위하여 모든 고난을 다 받으셨다.

"그가 찔림은 우리의 허물 때문이요 그가 상함은 우리의 죄악 때문이라. 그가 징계를 받으므로 우리는 평화를 누리고 그가 채찍에 맞으므로 우리는 나음을 받았도다"(사53:5).

하나님께 징계 받는 자에게 복이 있다

'엘리바스'는 본문에서 고난의 긍정적 측면을 강조하고 있다.
"볼지어다 하나님께 징계 받는 자에게는 복이 있나니 그런즉 너는 전능자의 징계를 업신여기지 말지니라"(17절).
우리가 하나님의 말씀대로 바로 산다면 우리가 받는 고난은 오히려 하나님을 가까이에서 체험하는 기회가 될 것이다.

"하나님은 아프게 하시다가 싸매시며 상하게 하시다가 그의 손으로 고치시나니 여섯 가지 환난에서 너를 구원하시며 일곱 가지 환난이라도 그 재앙이 네게 미치지 않게 하시며, 기근 때에 죽음에서, 전쟁 때에 칼의 위협에서 너를 구원하실 터인즉"(18-20절).

엘리바스가 나름대로 인생 이치를 연구하여 깨달은 바는(27절) 하나님께 징계를 받고 회개하는 자는 궁극적으로 복을 받더라는 것이다.

"네가 네 장막의 평안함을 알고 네 우리를 살펴도 잃은 것이 없을 것이며 네 자손이 많아지며 네 후손이 땅의 풀과 같이 될 줄을 네가 알 것이라. 네가 장수하다가 무덤에 이르리니 마치 곡식단을 제 때에 들어올림 같으니라"(24-26절).

범죄한 자가 징계를 회피하지 않고 잘 받으면 오히려 복이 된다. 에덴에서 불순종의 죄를 범했던 하와는 해산의 고통과 남편에게 복종하는 어려움을 겪게 되고, 아담은 가족을 부양하기 위하여 땀 흘려 노동하는 징계를 받았다. 이것은 죄에 대한 저주였다. 그러나 징계와 저주를 두려워하지 않고 인내하면서 하나님의 뜻에 순응했을 때에, 그 고난의 결과는 더 성숙한 신앙 인격으로 나아갈 수 있었다.

Job Theology and Explanation

7
고난을 이기는 힘

욥 6:1-30

1욥이 대답하여 이르되 2나의 괴로움을 달아 보며 나의 파멸을 저울 위에 모두 놓을 수 있다면 3바다의 모래보다도 무거울 것이라 그러므로 나의 말이 경솔하였구나 4전능자의 화살이 내게 박히매 나의 영이 그 독을 마셨나니 하나님의 두려움이 나를 엄습하여 치는구나 5들 나귀가 풀이 있으면 어찌 울겠으며 소가 꼴이 있으면 어찌 울겠느냐 6싱거운 것이 소금 없이 먹히겠느냐 닭의 알 흰자위가 맛이 있겠느냐 7내 마음이 이런 것을 만지기도 싫어하나니 꺼리는 음식물 같이 여기느니라 8나의 간구를 누가 들어 줄 것이며 나의 소원을 하나님이 허락하시랴 9이는 곧 나를 멸하시기를 기뻐하사 하나님이 그의 손을 들어 나를 끊어버리실 것이라 10그러할지라도 내가 오히려 위로를 받고 그칠 줄 모르는 고통 가운데에서도 기뻐하는 것은 내가 거룩하신 이의 말씀을 거역하지 아니하였음이라 11내가 무슨 기력이 있기에 기다리겠느냐 내 마지막이 어떠하겠기에 그저 참겠느냐 12나의 기력이 어찌 돌의 기력이겠느냐 나의 살이 어찌 놋쇠겠느냐 13나의 도움이 내 속에 없지 아니하냐 나의 능력이 내게서 쫓겨나지 아니하였느냐 14낙심한 자가 비록 전능자를 경외하기를 저버릴지라도 그의 친구로부터 동정을 받느니라 15내 형제들은 개울과 같이 변덕스럽고 그들은 개울의 물살 같이 지나가누나 16얼음이 녹으면 물이 검어지며 눈이 그 속에 감추어질지라도 17따뜻하면 마르고 더우면 그 자리에서 아주 없어지나니 18대상들은 그들의 길을 벗어나서 삭막한 들에 들어가 멸망하느니라 19데마의 떼들이 그것을 바라보고 스바의 행인들도 그것을 사모하다가 20거기 와서는 바라던 것을 부끄러워하고 낙심하느니라 21이제 너희는 아무 것도 아니로구나 너희가 두려운 일을 본즉 겁내는구나 22내가 언제 너희에게 무엇을 달라고 말했더냐 나를 위하여 너희 재물을 선물로 달라고 하더냐 23내가 언제 말하기를 원수의 손에서 나를 구원하라 하더냐 폭군의 손에서 나를 구원하라 하더냐 24내게 가르쳐서 내 허물된 것을 깨닫게 하라 내가 잠잠하리라 25옳은 말이 어찌 그리 고통스러운고, 너희의 책망은 무엇을 책망함이냐 26너희가 남의 말을 꾸짖을 생각을 하나 실망한 자의 말은 바람에 날아가느니라 27너희는 고아를 제비 뽑으며 너희 친구를 팔아넘기는구나 28이제 원하건대 너희는 내게로 얼굴을 돌리라 내가 너희를 대면하여 결코 거짓말하지 아니하리라 29너희는 돌이켜 행악자가 되지 말라 아직도 나의 의가 건재하니 돌아오라 30내 혀에 어찌 불의한 것이 있으랴 내 미각이 어찌 속임을 분간하지 못하랴

고난 때문에 시험에 들지 말라

'엘리바스'는 하나님 앞에서 거짓과 불의한 것을 회개하라고 욥에게 충고하였다. 그 말에 대하여 욥은 정직하게 살았노라고 자신의 진심을 토로했다. 욥은 권면하는 친구들에게 자신의 고통과 아픔을 호소하면서 더 이상 자기를 괴롭게 하지 말라고 했다.

> "나의 괴로움을 달아 보며 나의 파멸을 저울 위에 모두 놓을 수 있다면 바다의 모래보다도 무거울 것이라"(2,3절).

'바다의 모래'로 비유한 것은 자신의 고통이 헤아릴 수 없을 정도로 괴롭고 무겁다는 뜻이다. 우리는 그보다 훨씬 더 작은 고난과 역경에도 견디지 못하고 불평하고 원망하곤 한다. 욥은 한탄과 원망을 늘어놓고도 "나의 말이 경솔하였다"고 곧바로 후회하고 자책하였다(3절). 아무리 선하고 의로운 자라도 극심한 고난에 처하게 되면 당황하게 되고 자책하거나 원망하게 마련이다. 인간의 고난은 같이 당해보지 않고는 어느 누구도 이길 수 있다고 장담하지 못한다. 신령한 은혜를 받았던 자들도 막상 큰 고난과 핍박이 오면 이겨내기가 어렵다.

불의 선지자 '엘리야'는 갈멜산에서 바알 선지자 450인과의 투쟁에서 승리하여 하늘에서 불을 내려오게 하였다. 그러나 그는 왕비 이세벨의 추격으로 광야로 피신하여 쓰러졌다. 그리고 로뎀나무 아래 앉아서 "여호와여 지금 내 생명을 취하소서" 하고는 죽기를 구하였다(왕상19:4).

고려신학대학원의 전신인 고려신학교를 설립한 한상동 목사는 일제강점기에 신사참배의 주동으로 감옥에 갇혀 참기 어려운 고문과 추위에 떨면서, "하나님, 이제는 제발 제 목숨을 거두어 가소서"라고 죽기를 간구하였다.

어떤 젊은 목사가 암수술을 받고 일 년 이상 요양을 했다. 목회사역을 잘 감당하지 못하고 섬기는 교회에 늘 미안하게 생각하였다. 결국에는 사택을 비워주고 교회를 떠나게 되었다. 목사 부인은 당장 가족들을 부양해야 하는 딱한 처지에 놓이게 되었다. 그는 "왜 자기에게 이런 큰 고통이 닥쳤는지 이해할 수 없다"고 했다.

우리 주위에 갑자기 큰 교통사고나 화재 사고를 당한 자들이나 중한 병으로 고통을 받는 자들이 자기에게 닥친 고난을 이해하지 못하는 사람들이 많다. 인간은 한 없이 연약하다. 욥이나 엘리야 같은 믿음의 용장들도 막상 큰 고난이 닥치면 하나님께 죽기를 간청하게 된다. 그러므로 항상 깨어 기도하고 시험에 빠지지 않도록 해야 한다. 우리 영혼의 연약함을 알고 하나님을 강하게 의지해야 한다.

하나님을 굳게 의지하라

성도가 당하는 고난에는 의미가 있다. 하나님께서 큰 사명을 맡기실 때에 미리 시련과 역경을 통하여 연단을 시키실 경우가 있다.

> "내 형제들아 너희가 여러 가지 시험을 당하거든 온전히 기쁘게 여기라. 이는 너희 믿음의 시련이 인내를 만들어 내는 줄 너희가 앎이라. 인내를 온전히 이루라. 이는 너희로 온전하고 구비하여 조금도 부족함이 없게 하려 함이라"(약1:2-4).

고난의 이유는 오직 하나님만이 아신다. 의인이 받는 고난은 하나님께서 힘 주시고 은혜를 베푸신다. 그러므로 고난이 극심할수록 하나님께 더욱 간절히 기도하면서 도움과 위로를 요청해야 한다. 고난을 이길 수 있는 힘은 오직 하나님으로부터 나온다.

욥은 자신이 받는 고난이 하나님으로부터 기인한 것을 시인하였다. 그래서 친구들이 책망하고 나무라자 자기는 충분히 괴로우니 그만들 하라고 말했다.

> "들나귀가 풀이 있으면 어찌 울겠으며 소가 꼴이 있으면 어찌 울겠느냐"(5절).

> "나의 간구를 누가 들어 줄 것이며 나의 소원을 하나님이 허락하시랴. 이는 곧 나를 멸하시기를 기뻐하사 하나님이 그의 손을 들어 나를 끊어버리실 것이라"(8,9절).

욥은 자신도 왜 이런 극심한 고난을 당하는 지 모르고 있는데, 친구들마저 자기를 정죄하니 더욱 괴로웠다. 그들이 알아주지 않을지라도 자신은 정직한 삶을 살았노라고 하소연하였다.

> "그러할지라도 내가 오히려 위로를 받고 그칠 줄 모르는 고통 가운데서도 기뻐하는 것은 내가 거룩하신 이의 말씀을 거역하지 아니하였음이라"(10절).

범죄하고 고난을 당하면 정말 비참할텐데, 이해할 수는 없지만 그래도 하나님 앞에서 정직하게 살았기 때문에 고난 중에서도 위로가 되고 고통 가운데서도 기뻐한다고 하였다. 이것이 의로운 자들이 당하는 다른 차원의 고난이다.

초대교회의 사도들과 성도들은 모진 박해를 받았다. 예수님이 십자가 고난을 받은 이후에 스데반이나 야고보 사도를 비롯하여 여러 순교자가 나왔다. 사도 바울이 받은 고난이 또 얼마나 많았던가? 억울하게 애매히 받는 박해와 고난을 어떻게 이해해야 하는가? 그들은 의를 위하여 핍박을 받으면서도 기뻐하였다. 바울과 실라는 매를 맞고 빌립보 감옥에 갇혔어도 찬송을 불렀다. 매를 맞고 죽을 고비를 여러 번 넘긴 흔적들이 오히려 전도자의 영광이 되었다.

그러므로 고난받는 자들을 향하여 무턱대고 정죄하거나 책망하지 말아야 한다. 사람들은 가끔 불행을 당한 자를 충분히 이해하지 못하고 정죄하거나 책망하는 어리석음을 범하기도 한다.

> "옳은 말이 어찌 그리 고통스러운고, 너희의 책망은 무엇을 책망함이냐? 너희가 남의 말을 꾸짖을 생각을 하나 실망한 자의 말은 바람에 날아가느니라"(25,26절).

막상 불행을 당한 자는 다른 사람이 책망하지 않아도 스스로 자책하며 자기를 원망한다. 그의 잘못을 따지고 책망하려고 하지 말고, 불행 당한 자를 이해해 주고 위로해 주어야 한다.

위로와 격려의 사람이 되라

욥은 친구들에게 재물이나 원수의 손에서 구원해 줄 것을 바라지 않는다고 하였다. 단지 자신을 진심으로 이해해 주고 위로해 주기를 원했다.

"내가 언제 너희에게 무엇을 달라고 말했더냐? 나를 위하여 너희 재물을 선물로 달라고 하더냐? 내가 언제 말하기를 원수의 손에서 나를 구원하라 하더냐? 폭군의 손에서 나를 구원하라 하더냐?"(22,23절).

욥은 자신이 돌이나 놋쇠처럼 강하지 못하니 친구들이 예사로 충고하는 말이라도 자신은 절망에 빠질 수 있음을 말했다. 개울의 물이 '졸졸졸' 소리를 내며 지나갈 뿐이듯, 곁에 있는 사람들이 한 소리씩 하고 지나치는 말이라도 고난을 당하여 마음에 상처를 입은 사람은 그 말들이 가시가 되어 괴롭게 한다고 하였다.

"나의 기력이 어찌 돌의 기력이겠느냐 나의 살이 어찌 놋쇠겠느냐"(12절).

"낙심한 자가 비록 전능자를 경외하기를 저버릴지라도 그의 친구로부터 동정을 받느니라. 내 형제들은 개울과 같이 변덕스럽고 그들은 개울의 물살 같이 지나가누나"(14,15절).

우리는 남을 정죄하고 책망하기보다 격려하고 위로하는 사람이 되어야 한다. 인간은 누구나 약점이 있고 완전하지 못하다. 그리고 어느 날 갑자기 고난과 역경을 당할 수 있다. 오늘 나에게 안정과 유복함이 있을지라도, 내일 어떤 고난이 올지 모르는 것이 인생이다. 항상 겸손하고 남을 긍휼히 여기는 위로와 용기를 주는 사람이 되어야 한다.

성령 하나님은 위로자시다. 우리가 고통하고 슬퍼할 때에 찾아오셔서 격려와 위로를 아끼지 않으신다. 그래서 '보혜사' 성령님으로 부른다. 우리 가까이 오셔서 보살피시고 위로하시는 하나님이시다.

엘리야 선지자가 죽기를 구하였을 때, 하나님은 천사를 보내시어 그를 위로하게 하셨다.

"로뎀 나무 아래에 누워 자더니 천사가 그를 어루만지며 그에게 이르되 일어나서 먹으라 하는지라 .... 여호와의 천사가 또 다시 와서 어루만지며 이르되 일어나 먹으라 네가 갈 길을 다 가지 못할까 하노라 하는지라. 이에 일어나 먹고 마시고 그 음식물의 힘을 의지하여 사십 주 사십 야를 가서 하나님의 산 호렙에 이르니라"(왕상19:5-8).

하나님께서 엘리야를 위로해 주시니 선지자는 새로운 희망과 용기를 얻어 사십 일이 걸리는 호렙산까지 무사히 당도할 수 있었다. 그리고 거기서 하나님의 세미한 음성을 듣게 되었다(왕상19:12).

사도행전 27장에는 폭풍을 만나 파선의 위기에 놓인 바울 사도에게 천사가 나타났다. 그리고 희망의 소식을 전했다.

"바울아 두려워하지 말라. 네가 가이사 앞에 서야 하겠고 또 하나님께서 너와 함께 항해하는 자를 다 네게 주셨다 하였으니 그러므로 여러분이여 안심하라. 나는 내게 말씀하신 그대로 되리라고 하나님을 믿노라"(행27:24,25).

보혜사 성령님은 우리가 근심과 슬픔과 고난 중에 있을 때에 가까이 찾아오셔서 위로하시고 용기를 주시는 분이시다(요14:26,27). 우리 또한 이웃에게 위로와 격려를 아끼지 않는 사람이 되어야 한다. 그리고 혹 고난과 역경 중에 빠졌을 때에도 낙심하지 않고, 전능하신 하나님을 굳게 의지해야 한다.

Job Theology and Explanation

8
고난의 언덕

욥 7:1-21

¹이 땅에 사는 인생에게 힘든 노동이 있지 아니하겠느냐 그의 날이 품꾼의 날과 같지 아니하겠느냐 ²종은 저녁 그늘을 몹시 바라고 품꾼은 그의 삯을 기다리나니 ³이와 같이 내가 여러 달째 고통을 받으니 고달픈 밤이 내게 작정되었구나 ⁴내가 누울 때면 말하기를 언제나 일어날까, 언제나 밤이 갈까 하며 새벽까지 이리 뒤척, 저리 뒤척 하는구나 ⁵내 살에는 구더기와 흙덩이가 의복처럼 입혀졌고 내 피부는 굳어졌다가 터지는구나 ⁶나의 날은 베틀의 북보다 빠르니 희망 없이 보내는구나 ⁷내 생명이 한낱 바람 같음을 생각하옵소서 나의 눈이 다시는 행복을 보지 못하리이다 ⁸나를 본 자의 눈이 다시는 나를 보지 못할 것이고 주의 눈이 나를 향하실지라도 내가 있지 아니하리이다 ⁹구름이 사라져 없어짐같이 스올로 내려가는 자는 다시 올라오지 못할 것이오니 ¹⁰그는 다시 자기 집으로 돌아가지 못하겠고 자기 처소도 다시 그를 알지 못하리이다 ¹¹그런즉 내가 내 입을 금하지 아니하고 내 영혼의 아픔 때문에 말하며 내 마음의 괴로움 때문에 불평하리이다 ¹²내가 바다니이까 바다 괴물이니이까 주께서 어찌하여 나를 지키시나이까 ¹³혹시 내가 말하기를 내 잠자리가 나를 위로하고 내 침상이 내 수심을 풀리라 할 때에 ¹⁴주께서 꿈으로 나를 놀라게 하시고 환상으로 나를 두렵게 하시나이다 ¹⁵이러므로 내 마음이 뼈를 깎는 고통을 겪으니 차라리 숨이 막히는 것과 죽는 것을 택하리이다 ¹⁶내가 생명을 싫어하고 영원히 살기를 원하지 아니하오니 나를 놓으소서 내 날은 헛것이니이다 ¹⁷사람이 무엇이기에 주께서 그를 크게 만드사 그에게 마음을 두시고 ¹⁸아침마다 권징하시며 순간마다 단련하시나이까 ¹⁹주께서 내게서 눈을 돌이키지 아니하시며 내가 침을 삼킬 동안도 나를 놓지 아니하시기를 어느 때까지 하시리이까 ²⁰사람을 감찰하시는 이여 내가 범죄하였던들 주께 무슨 해가 되오리까 어찌하여 나를 당신의 과녁으로 삼으셔서 내게 무거운 짐이 되게 하셨나이까 ²¹주께서 어찌하여 내 허물을 사하여 주지 아니하시며 내 죄악을 제거하여 버리지 아니하시나이까 내가 이제 흙에 누우리니 주께서 나를 애써 찾으실지라도 내가 남아있지 아니하리이다

고난의 시간에 자기의 연약함을 발견하라

인생을 때로 올림픽 경기의 마라톤에 비유하기도 한다. 마라톤은 처음에 너무 빨리 달리면 1등하기가 어렵다. 힘을 비축해 가면서 꾸준히 달리는 선수에게 영광의 면류관이 주어진다. 인생도 한꺼번에 모든 것을 성취할 수 없다. 꾸준히 준비하고 노력하는 자가 성공을 하게 된다. 그리고 마라톤은 경주 도중에 반드시 고난의 언덕을 만난다. 이 언덕을 순탄하게 넘지 못하면 선두권에서 영영 멀어진다고 한다.

인생 경주에도 고난의 언덕이 있는데 그 과정을 잘 극복해야 한다. 고난을 믿음으로 잘 통과하면 하나님의 은혜와 인도하심이 있다. 고난의 언덕에서 좌절하고 포기하면 영광의 면류관을 얻지 못하나 낙심하지 않고 믿음으로 이겨내면 영광의 면류관을 얻는다.

욥의 고난은 참으로 견디기 어려운 인생 역경이었다. 그러나 그는 하나님을 믿었고 자신의 극심한 고통을 호소하였다. 믿고 기도할 수 있었다는 것이 그가 승리할 수 있는 비결이었다. 전쟁하는 병사는 그 전쟁이 속히 그치기를 바라고, 고된 일을 하는 품꾼과 종들은 하루 해가 속히 저물기를 바란다. 그와 같이 욥은 자신의 끈질긴 고난이 속히 그치기를 하나님께 간절히 기도하였다.

여러 달째 계속 되는 고통에 욥은 견딜 수 없었다(1-3절). 몸을 도무지 가누지 못할 비참한 상태에 빠졌고, 특히 괴로운 밤을 보내는 것이 힘겨웠다.

"내 살에는 구더기와 흙 덩이가 의복처럼 입혀졌고, 내 피부는 굳어졌다가 터지는구나. 나의 날은 베틀의 북보다 빠르니 희망 없이 보내는구나. 내 생명이 한낱 바람 같음을 생각하옵소서. 나의 눈이 다시는 행복을 보지 못하리이다"(5-7절).

욥은 피부의 통증과 정신적 충격으로 인하여 밤에 잠을 이룰 수 없었다. 저녁이 되면 "언제 이 밤이 다 지나갈까" 하고 걱정이 태산 같았다. 우리는 새벽까지 이리 뒤척 저리 뒤척하면서 숙면을 취하지 못하고 고통하는 욥의 신음 소리를 듣는 듯하다. 심하게 아플 때는 이러다가 죽지 않을까 두려워지고, 속히 아침이 동터오기를 간절히 바란다.

욥은 정신적으로 너무나 나약해졌다. 고통 중에 덧없이 보내는 시간을 한탄하였다. 자신의 인생은 사라져 없어지는 구름과 같으며(9절), 겨우 숨 한 번 쉬고 나면 끊어질 것 같은 연약한 생명이라고 고백하였다.

인간은 하나님의 형상으로 지음받은 위대한 존재이지만, 동시에 구름이나 아침 이슬과 같이 연약한 존재이다. 영원하신 하나님 앞에서 볼 때에 인간의 일생은 밤의 한 경점과 같이 짧고, 풀의 꽃과 같이 잠시 피었다가 지는 보잘 것 없는 존재이다.

"주의 목전에는 천 년이 지나간 어제 같으며 밤의 한 순간 같을 뿐임이니이다. 주께서 그들을 홍수처럼 쓸어가시나이다. 그들은 잠깐 자는 것 같으며 아침에 돋는 풀 같으니이다"(시90:4,5).

하나님께 도움과 구원을 요청하라

욥의 고통은 밤에도 쉬지 않았다(13절). 정신적 충격으로 꿈과 환상 중에서도 깜짝 깜짝 놀라서 일어났다. 그는 뼈를 깎는 고통을 겪으니 차라리 숨이 막혀 죽는 것이 낫다고 말했다.

"내가 생명을 싫어하고 영원히 살기를 원하지 아니하오니 나를 놓으소서. 내 날은 헛 것이니이다"(16절).

얼마나 고통이 과중했으면 정신적으로 도무지 버티지 못하고 죽기를 바랐을까! 정신적 충격과 육신적 아픔이 결합하여 밤에도 잠을 잘 수 없을 정도로 고통스럽고 괴로웠다. 더 이상 살고 싶지 않았다. 신앙인으로도 도무지 견딜 수 없었다. 그가 인내할 수 있었던 것은 오직 하나님이 주시는 내적 은혜와 위로였다.

고난의 언덕을 무거운 수레를 끌고 올라가려고 할 때에, 하나님께서 뒤에서 밀어주심을 믿으라. 포기하거나 주저앉지 말고 하나님을 굳게 의지하라. 힘에 겨운 언덕을 오르면 언젠가는 짐이 가벼워지는 내리막 길도 나타날 것이다. 어두운 밤을 통과하면 밝은 아침이 온다. 한 동안 비가 내리고 나면 날이 개이고 초목에 움이 돋아난다. 인생도 고난의 언덕을 넘으면 하나님의 은총의 햇빛이 비치게 될 것이다.

"그는 돋는 해의 아침 빛 같고 구름 없는 아침 같고, 비 내린 후의 광선으로 땅에서 움이 돋는 새 풀 같으니라 하시도다"(삼하23:4).

성경의 신앙 인물들, 야곱이나 요셉이나 바울 같은 하나님의 종들에게 고난의 때가 있었다. 그러나 그 고난의 때를 믿음으로 극복하였을 때 그들이 겪었던 고난이 영광과 복을 만드는 하나님의 은밀한 손길이었다. 우리의 영혼을 침범한 모든 캄캄한 흑암을 주님의 거룩한 빛으로 몰아내기 바란다. 근심과 염려와 아픔의 먹구름을 주님의 권능으로 몰아내기 바란다.

욥은 계속하여 자신의 생명을 더 이상 붙잡고 있지 말고 놓아달라고 간곡히 요청하였다(19절). 그러나 하나님은 욥의 생명줄을 굳게 붙잡고 계셨다. 하나님은 구원 계획이 다 끝나지 않은 이상 굳게 붙잡고 계신다. 우리의 고통 가운데서도 하나님은 일하시고, 숨 막히는 아픔 가운데서도 하나님은 생명을 붙잡고 계신다. 하나님은 우리에게 고난의 언덕을 주어서 더 큰 진리를 깨닫게 하신다. 고난으로 신앙 인격이 성숙하게 하시고, 그 결말에 놀라운 은혜와 평강을 주신다.

"보옵소서 내게 큰 고통을 더하신 것은 내게 평안을 주려 하심이라. 주께서 내 영혼을 사랑하사 멸망의 구덩이에서 건지셨고 내 모든 죄를 주의 등 뒤에 던지셨나이다"(사38:17).

욥은 하나님께 사죄를 구하면서 속히 은혜받기를 원했다. 무조건 자기가 의롭다고 주장하지 않았다. 자신이 깨닫지 못할 뿐이지 자기에게 죄가 있기 때문에 그런 징계가 온 것이라고 생각했다(욥9:2,3).

"주께서 어찌하여 내 허물을 사하여 주지 아니하시며 내 죄악을 제거하여 버리지 아니하시나이까 내가 이제 흙에 누우리니 주께서 나를 애써 찾으실지라도 내가 남아 있지 아니하리이다"(21절).

인간은 세상의 시험과 고난 앞에서 연약한 존재이다. 욥은 자신의 생명이 "한낱 바람과 같고, 구름이 사라져 지나가는 것과 같다"고 하였다. 그래서 생명의 주인이신 하나님께 죄와 허물을 사하여 주시기를 바라고, 주님께 도움과 구원을 요청하였다.

열두 해 동안 혈루증으로 앓던 여자가 있었다(마9:20). 예수님 뒤로 가서 겉옷을 만졌다. 자신의 혈루증을 고하기가 민망하였다. 그리고 유대인들은 그런 병을 부정하게 생각하였다. 그래서 믿음을 가지고 예수님의 옷을 만진 것이다.

"이는 제 마음에 그 겉옷만 만져도 구원을 받겠다 함이라. 예수께서 돌이켜 그를 보시며 이르시되 딸아 안심하라. 네 믿음이 너를 구원하였다 하시니 여자가 그 즉시 구원을 받으니라"(마9:21,22).

주님은 오랜 질병으로 시달렸던 그 여자에게 믿음이 있음을 아셨다. 그래서 네 믿음이 너를 구원하였다고 말씀하셨다. 욥은 극한 고난 중에도 하나님이 죄와 허물을 사하시는 권능을 가지셨다는 것을 믿었다. 우리는 고난이 심할수록 믿음이 더욱 강해야 한다. 고난이 가시덤불이 되어 오히려 신앙의 싹을 틔우지 못하는 사람이 있는가 하면, 고난이 심할수록 오히려 하나님을 강하게 의지하는 사람이 있다. 우리는 후자가 되어야 한다. 고난으로 말미암아 신앙적 인격이 더욱 성장하고 하나님께 도움과 구원을 요청하는 자가 되어야 한다.

Job Theology and Explanation

9
나중은 심히 창대하리라

욥 8:1-22

¹수아 사람 빌닷이 대답하여 이르되 ²네가 어느 때까지 이런 말을 하겠으며 어느 때까지 네 입의 말이 거센 바람과 같겠는가 ³하나님이 어찌 정의를 굽게 하시겠으며 전능하신 이가 어찌 공의를 굽게 하시겠는가 ⁴네 자녀들이 주께 죄를 지었으므로 주께서 그들을 그 죄에 버려두셨나니 ⁵네가 만일 하나님을 찾으며 전능하신 이에게 간구하고 ⁶또 청결하고 정직하면 반드시 너를 돌보시고 네 의로운 처소를 평안하게 하실 것이라 ⁷네 시작은 미약하였으나 네 나중은 심히 창대하리라 ⁸청하건대 너는 옛 시대 사람에게 물으며 조상들이 터득한 일을 배울지어다 ⁹(우리는 어제부터 있었을 뿐이라 우리는 아는 것이 없으며 세상에 있는 날이 그림자와 같으니라) ¹⁰그들이 네게 가르쳐 이르지 아니하겠느냐 그 마음에서 나는 말을 하지 아니하겠느냐 ¹¹왕골이 진펄이 아닌데서 크게 자라겠으며 갈대가 물 없는 데서 크게 자라겠느냐 ¹²이런 것은 새 순이 돋아 아직 뜯을 때가 되기 전에 다른 풀보다 일찍이 마르느니라 ¹³하나님을 잊어버리는 자의 길은 다 이와 같고 저속한 자의 희망은 무너지리니 ¹⁴그가 믿는 것이 끊어지고 그가 의지하는 것이 거미줄 같은즉 ¹⁵그 집을 의지할지라도 집이 서지 못하고 굳게 붙잡아 주어도 집이 보존되지 못하리라 ¹⁶그는 햇빛을 받고 물이 올라 그 가지가 동산에 뻗으며 ¹⁷그 뿌리가 돌무더기에 서리어서 돌 가운데로 들어갔을지라도 ¹⁸그 곳에서 뽑히면 그 자리도 모르는 체하고 이르기를 내가 너를 보지 못하였다 하리니 ¹⁹그 길의 기쁨은 이와 같고 그 후에 다른 것이 흙에서 나리라 ²⁰하나님은 순전한 사람을 버리지 아니하시고 악한 자를 붙들어 주지 아니하시므로 ²¹웃음을 네 입에, 즐거운 소리를 네 입술에 채우시리니 ²²너를 미워하는 자는 부끄러움을 당할 것이라 악인의 장막은 없어지리라

고난에 대한 바른 해석

수아 사람 빌닷이 욥에게 충고하였다. 빌닷은 욥과 그의 아들들이 죄가 있어 고난을 당했다고 생각하여 이런 충고를 하였다. 그러나 한편 욥이 시간이 지난 후에 빌닷의 말을 묵상하니, 그 교훈은 순전한 그에게 소망의 말씀이었다.

빌닷은 하나님의 공의로운 심판이 욥과 그의 자녀들에게 임했다고 생각했다. 한 순간에 열 명의 자녀들이 다 죽었고 집안이 망하였기 때문에 일반인들은 죄로 인한 저주라고 쉽게 생각할 수 있는 것이다.

> "하나님이 어찌 정의를 굽게 하시겠으며 전능하신 이가 어찌 공의를 굽게 하시겠는가? 네 자녀들이 주께 죄를 지었으므로 주께서 그들을 그 죄에 버려두셨나니"(3,4절).

빌닷의 교훈은 일반적인 진리다. 불의하고 악을 행하였을 때 하나님의 징계가 따르는 것은 당연하다. 그러나 모든 인간의 고난을 하나님의 심판과 저주로 몰아붙이는 것은 위험한 발상이다. 때로는 하나님의 섭리 가운데 신앙의 단련을 위하여 주시는 고난도 있기 때문이다.

요셉의 경우를 보아도 그가 형들보다 죄가 많아서 애굽의 노예로 팔려가 고생한 것이 아니었다. 그가 범죄했기 때문에 애굽 친위대장 '보디발'의 노여움을 사서 감옥에 만 2년 동안 갇혀있었던 것이 아니었다. 세계적인 지도자를 삼기 위한 하나님의 섭리와 신앙 연단을 위한 훈련이었다.

다윗이 초기에 사울 왕에게 쫓겨다니며 방황하였던 시절의 고난도 다윗이 범죄했기 때문이 아니라 이스라엘의 왕을 삼으시기 위한 하나님의 섭리와 훈련이었다.

사람이 당하는 고난을 일방적으로 하나님의 심판과 형벌로 해석하는 것은 무리가 있다. 물론 인간의 고난을 근원적으로 따진다면 원죄를 범한 인간이 짊어져야 하는 십자가인 것은 사실이다. 그러나 의로운 자가 받는 고난을 타인보다 더 큰 죄를 지었기 때문이라고 해석한다면 그것은 틀린 것이다. 하나님의 공의를 주장하며 욥을 충고한 빌닷은 실상 욥보다 더 경건하지 못했다(욥42:7). 행실과 인격이 부족한 사람들이 가끔 다른 사람들을 정당한 논리로 책망하는 실수를 범하기도 한다.

빌닷의 교훈은 일반적으로 적용될 진리이다. 죄를 지으면 벌을 받고, 하나님을 찾는 순전한 사람은 비록 시작은 미약하나 나중에는 창대한 복을 받는다. 8장의 두 큰 기둥은 하나님을 찾고 정직하고 의롭게 살려고 하는 사람과(5-7절) 하나님을 잊고 불의하게 사는 사람을(13-15절) 대조적으로 말하고 있다.

하나님을 찾는 사람

비록 인간에게 고난과 역경이 있을지라도 쉬지 말고 기도하고 하나님을 부지런히 찾아야 한다. 전능하신 하나님께 간구하는 자에게는 항상 형통한 길이 열리게 될 것이다.

"네가 만일 하나님을 찾으며 전능하신 이에게 간구하고, 또 청결하고 정직하면 반드시 너를 돌보시고 네 의로운 처소를 평안하게 하실 것이라. 네 시작은 미약하였으나 네 나중은 심히 창대하리라"(5-7절).

빌닷은 마음의 청결과 정직을 강조하였다. 영적인 창대한 복은 마음의 청결함과 정직에서 출발한다. 우리가 무엇을 하든지 마음과 말과 행동이 깨끗하고 정직해야 한다. 하나님은 정직하고 선한 일을 행하는 자에게 관심을 가지시고 은혜와 복을 주시기 원하신다(신6:18,19). 세상에서는 부정직한 자들이 남을 속이고 사기 쳐서 일시적으로 잘 되는 것처럼 보이나, 하나님은 궁극적으로는 윤리적으로 깨끗하고 정직한 자가 형통한 은혜를 입게 하신다.

하나님은 정직하고 의로운 사람의 집안을 평안하게 인도하신다. 비록 시작은 미약하여도 나중이 창대하도록 복을 주신다.

아브라함이 하나님 보시기에 정직하고 순전한 사람이었다. 하나님은 그의 일생에 관심을 가지시고 사랑하시고 보호하셨다. 그리고 그에게 창대한 복을 주셨다.

"내가 너로 큰 민족을 이루고 네게 복을 주어 네 이름을 창대하게 하리니 너는 복이 될지라. 너를 축복하는 자에게는 내가 복을 내리고 너를 저주하는 자에게는 내가 저주하리니 땅의 모든 족속이 너로 말미암아 복을 얻을 것이라 하신지라"(창12:2,3).

하나님은 자기가 사랑하는 자를 심히 창대하게 하신다. 사업을 하다라도 목회를 하다라도 직장에 다니더라도 크게 뻗어나고 형통하기를 원하신다. 성도가 목표를 가지고 기도하면서 도전하면 하나님은 무한히 복을 주신다. 다른 사람을 살리는 축복의 통로가 되게 하신다. 요셉의 나무가 담장을 넘어가듯이 이웃과 외국으로 그 영향력이 뻗어나가게 하신다.

우리 교회 정원에 금낭화나 비비추와 같은 야생화들과 두릅을 비롯한 유익한 식물들을 심고 가꾼다. 화초나 유익한 식물들이 자라는 것을 보면 땅 속에서 그 뿌리가 뻗어 계속 번식해 나가는 것을 본다. 거기다가 정원을 가꾸는 사람이 옮겨 심고 가꾸고 꾸미면 더 아름다운 정원이 만들어진다. 하나님은 우리 인생의 정원에 꽃과 나무를 심고 뿌리가 늘리 뻗게 하시고 아름답게 가꾸시는 분이다.

우리의 시작은 미약하여도 하나님이 사랑하시고 관심을 가지시고 도우시면 나중에는 심히 창대한 복을 받는다. 무엇보다도 하나님을 부지런히 찾는 신앙의 사람이 되어야 하고, 마음이 청결하고 말과 행동이 정직한 사람이 되어야 한다. 세상 사람들이 볼 때에는 그런 사람들이 수단과 꾀가 없어 보이지만, 하나님은 그런 사람을 주목하신다.

하나님을 잊어버리는 사람

빌닷은 그 반대로 하나님을 잊어버리고 자기의 수단과 방법에 의해서 살아가는 불신앙의 사람들에 대해서 어떻게 하는지도 말했다. 하나님을 잊고 자기의 욕심대로 사는 것은 위험천만한 일이다. 인생의 생사화복은 하나님이 주관하시므로 하나님이 없는 인간은 상상할 수 없이 위험하고 불안한 삶이다. 하나님을 등지고 살면 인생의 끝은 허무하고 종국에는 멸망의 길을 간다.

하나님을 잊어버리고 자기의 욕심을 따라 사는 것은 풀의 꽃이 잠시 동안 피지만 곧 마르는 것과 다를 바 없다. 습지에 있는 왕골이 진펄의 도움으로 자라며, 갈대가 물의 도움으로 자란다. 이와 같이 인생은 하나님의 은혜로 사는 것이다. 물이 없으면 왕골과 갈대가 마르는 것처럼, 인생이 수고를 많이 하여도 하나님을 잊어버리면 모든 것이 허무하게 끝을 맺고 희망이 무너지게 될 것이다(11-13절).

하나님을 믿지 않으면 자신과 돈과 세상의 힘을 의지하게 된다. 그러나 사람은 유한하고 의지하던 것들은 언젠가는 시들고 말라서 낙엽과 같이 떨어지고 말 것이다. 늙고 병들면 아무리 돈이 많아도 소용이 없게 되는 날이 온다. 믿었던 자신의 몸이 늙고 병들며, 믿었던 물질이 아무 소용이 없게 될 때에 인생은 소망이 없어진다. 빌닷은 인간이 믿었던 모든 것이 거미줄처럼 끊어질 때가 온다고 하였다.

"하나님을 잊어버리는 자의 길은 다 이와 같고 저속한 자의 희망은 무너지리니 그가 믿는 것이 끊어지고 그가 의지하는 것이 거미줄 같은즉 그 집을 의지할지라도 집이 서지 못하고 굳게 붙잡아 주어도 집이 보존되지 못하리라"(13-15절).

하나님을 잊어버리고 기도하지 않고 정직하지 못한 사람은 뿌리가 뽑힌 나무의 신세가 된다(16-18절). 흔적도 없이 사라지게 될 것이고, 하나님은 그의 존재를 모른다고 하실 것이다. 세상 사람들도 그런 사람은 쉽게 잊어버리게 될 것이고, 그가 누리던 자리와 물질은 다른 사람이 누리게 될 것이다(19절).

하나님은 순전한 사람에게 어떻게 하시는가

빌닷은 결론적으로 하나님을 찾는 정직하고 순전한 사람과 그렇지 못한 사람이 어떻게 되는가를 말하고 있다.

"하나님은 순전한 사람을 버리지 아니하시고 악한 자를 붙들어 주지 아니하시므로 웃음을 네 입에, 즐거운 소리를 네 입술에 채우시리니 너를 미워하는 자는 부끄러움을 당할 것이라. 악인의 장막은 없어지리라"(20-22절).

하나님께 부지런히 기도하고 마음이 청결하며 정직하게 사는 자에게는 비록 시작이 미약하여도 하나님께서 버리지 아니하시고 끝까지 사랑하신다. 하나님을 피난처와 등대의 빛으로 삼는 자는 희망이 있다. 어떤 고난과 역경이 닥쳐도 인내하며 극복할 힘을 주신다. 하나님의 내적인 기쁨과 위로가 있기 때문에, 고난 중에서도 소망을 가지고 인내할 수 있는 것이다.

"소망의 하나님이 모든 기쁨과 평강을 믿음 안에서 너희에게 충만하게 하사 성령의 능력으로 소망이 넘치게 하시기를 원하노라"(롬 15:13).

하나님을 의지하며 정직하게 사는 사람은 시냇가에 심은 나무와 같이 사시사철 마르지 않고 열매를 맺게 될 것이다.

"그는 시냇가에 심은 나무가 철을 따라 열매를 맺으며 그 잎사귀가 마르지 아니함 같으니 그가 하는 모든 일이 다 형통하리로다. 악인들은 그렇지 아니함이여 오직 바람에 나는 겨와 같도다"(시1:3,4).

시인 다윗이 의인과 악인을 대조할 때에 싱싱한 나무의 열매와 바람에 날려가는 겨로 비교하였다. 하나님을 믿고 순종의 삶을 사는 자가 '충실한 열매'라면, 하나님을 잊고 사는 자들은 '바람에 날려가는 겨'에 지나지 않는다.

하나님을 굳게 의지하고 정직하게 살면 하나님께서 복의 근원이 되게
하실 것이며, 심히 창대하게 하실 것이다.

"너는 일어나 그 땅을 종과 횡으로 두루 다녀 보라. 내가 그것을 네게
주리라"(창13:17).

"요셉은 무성한 가지 곧 샘 곁의 무성한 가지라 그 가지가 담을 넘었
도다"(창49:22).

욥은 고난 중에서도 하나님을 잊지 않고 마음을 청결하고 정직하게 하
여 자신을 바로 지키려고 기도하였다. 하나님을 간절히 찾는 자에게 하나
님의 심히 창대한 복이 있을 것이다.

Job Theology and Explanation

10
고난에 하나님의 뜻이 있다

욥 9:1-35

¹욥이 대답하여 이르되 ²진실로 내가 이 일이 그런 줄을 알거니와 인생이 어찌 하나님 앞에 의로우랴 ³사람이 하나님께 변론하기를 좋아할지라도 천 마디에 한 마디도 대답하지 못하리라 ⁴그는 마음이 지혜로우시고 힘이 강하시니 그를 거슬러 스스로 완악하게 행하고도 형통한 자가 누구이랴 ⁵그가 진노하심으로 산을 무너뜨리시며 옮기실지라도 산이 깨닫지 못하며 ⁶그가 땅을 그 자리에서 움직이시니 그 기둥들이 흔들리도다 ⁷그가 해를 명령하여 뜨지 못하게 하시며 별들을 가두시도다 ⁸그가 홀로 하늘을 펴시며 바다 물결을 밟으시며 ⁹북두성과 삼성과 묘성과 남방의 밀실을 만드셨으며 ¹⁰측량할 수 없는 큰일을, 셀 수 없는 기이한 일을 행하시느니라 ¹¹그가 내 앞으로 지나시나 내가 보지 못하며 그가 내 앞에서 움직이시나 내가 깨닫지 못하느니라 ¹²하나님이 빼앗으시면 누가 막을 수 있으며 무엇을 하시나이까 하고 누가 물을 수 있으랴 ¹³하나님이 진노를 돌이키지 아니하시나니 라합을 돕는 자들이 그 밑에 굴복하겠거든 ¹⁴하물며 내가 감히 대답하겠으며 그 앞에서 무슨 말을 택하랴 ¹⁵가령 내가 의로울지라도 대답하지 못하겠고 나를 심판하실 그에게 간구할 뿐이며 ¹⁶가령 내가 그를 부르므로 그가 내게 대답하셨을지라도 내 음성을 들으셨다고는 내가 믿지 아니하리라 ¹⁷그가 폭풍으로 나를 치시고 까닭 없이 내 상처를 깊게 하시며 ¹⁸나를 숨 쉬지 못하게 하시며 괴로움을 내게 채우시는구나 ¹⁹힘으로 말하면 그가 강하시고 심판으로 말하면 누가 그를 소환하겠느냐 ²⁰가령 내가 의로울지라도 내 입이 나를 정죄하리니 가령 내가 온전할지라도 나를 정죄하시리라 ²¹나는 온전하다마는 내가 나를 돌아보지 아니하고 내 생명을 천히 여기는구나 ²²일이 다 같은 것이라 그러므로 나는 말하기를 하나님이 온전한 자나 악한 자나 멸망시키신다 하나니 ²³갑자기 재앙이 닥쳐 죽을지라도 무죄한 자의 절망도 그가 비웃으시리라 ²⁴세상이 악인의 손에 넘어갔고 재판관의 얼굴도 가려졌나니 그렇게 되게 한 이가 그가 아니시면 누구냐 ²⁵나의 날이 경주자보다 빨리 사라져 버리니 복을 볼 수 없구나 ²⁶그 지나가는 것이 빠른 배 같고 먹이에 날아 내리는 독수리와도 같구나 ²⁷가령 내가 말하기를 내 불평을 잊고 얼굴빛을 고쳐 즐거운 모양을 하자 할지라도 ²⁸내 모든 고통을 두려워하오니 주께서 나를 죄 없다고 여기지 않으실 줄을 아나이다

욥은 의롭지 않음을 고백하다

고난 중에도 우리는 하나님의 뜻을 찾아야 한다. 이해할 수 없는 고난일수록 하나님의 숨은 뜻이 있다. 빌닷이 죄를 회개하고 정직하고 마음이 청결한 삶을 살도록 충고하였다. 욥은 빌닷의 충고를 수긍하였다. 자신이 하나님 앞에서 의로울 수 없다고 고백하였다. 만약 하나님과 변론을 한다면 천 마디 말씀하셔도 한 마디도 제대로 대답하지 못할 것이라고 했다. 욥은 자신이 죄 없는 사람이라고 주장하지는 않았다. 저주를 받아야 할만큼 죄를 짓지는 않았지만, 그래도 자신이 하나님 앞에서 의롭다고 내세울 것이 없다는 것도 알았다. 단지 그 엄청난 고난을 이해할 수 없을 뿐이었다.

"진실로 내가 이 일이 그런 줄을 알거니와 인생이 어찌 하나님 앞에 의로우랴? 사람이 하나님께 변론하기를 좋아할지라도 천 마디에 한 마디도 대답하지 못하리라"(2,3절).

바울 사도는 로마서 3:20에서 "의인은 없나니 하나도 없다"고 말씀하셨다. 아무리 경건하게 산다고 해도 인간은 근본적으로 원죄를 타고 났으며, 완전하신 하나님 앞에 서면 많은 흠과 허물이 드러날 수밖에 없다. 하나님은 자기 백성을 의롭다고 칭하신다. 그러나 은혜를 입은 우리가 하나님 앞에서 "나는 의인이다"라고 당당하게 말할 수는 없다.

예수님을 구주로 영접한 성도들은 하나님의 은혜를 입고 의인이 되었다. 그러나 욥처럼 하나님 앞에 서면 언제나 허물 투성이 죄인임을 고백하게 될 것이다. 자신의 연약함과 죄를 고백하는 겸손한 마음을 지닐 때, 하나님은 우리를 의롭다고 인정하실 것이다. 예수님의 보혈로 대속을 받았기 때문에 의롭다고 해 주시는 것이지, 그렇지 않고 우리의 죄를 낱낱이 캐내신다면 우리는 입이 백 개라도 할 말이 없을 것이다.

우리가 비록 고난을 당한다 할지라도 하나님을 원망하거나 불평할 수 없는 것은 하나님 앞에서는 우리가 죄인이고 완전할 수 없기 때문이다. 그 고난이 왜 왔는지 이해되지 않아도 분명히 하나님의 섭리가 있다는 것을 믿어야 한다.

창조주 하나님께 항변하지 말라

하나님은 인간이 측량할 수 없는 기이한 일을 행하시는 전지전능하신 분이시다. 온 우주만물을 창조하신 위대한 하나님 앞에서 "왜 이렇게 하셨나요"라고 따질 수 없다. 우리가 하나님의 섭리를 다 이해하지 못하기 때문이다.

> "그가 홀로 하늘을 펴시며 바다 물결을 밟으시며 북두성과 삼성과 묘성과 남방의 밀실을 만드셨으며 측량할 수 없는 큰 일을, 셀 수 없는 기이한 일을 행하시느니라"(8-10절).

하나님은 대우주를 창조하신 분이시다. 수 천 억의 별들을 만드시고 끝없는 우주를 펼쳐놓으셨다. 욥은 하나님이 광활한 우주 공간을 펼치시고 바다를 밟고 계신다고 표현하였다. 별들의 무리를 만드셨고 남방의 밀실을 만드셔서 차가운 눈이 내리게 하신다. 하나님의 위대하시고 완전하신 지혜를 생각할 때에 우리는 겸허하게 낮아지지 않을 수 없다. 하나님의 오묘하고 깊은 섭리에 대하여 논쟁을 하거나 반발하거나 항변할 자격이 없다.

"하나님이 빼앗으시면 누가 막을 수 있으며 무엇을 하시나이까 하고 누가 물을 수 있으랴"(12절).

비록 욥처럼 까닭 없이 재난을 당하고 마음에 큰 상처를 입고, 숨도 제대로 쉬지 못할 만큼 고통스럽다 하더라도 감히 하나님이 하시는 일에 대하여 따지거나 논쟁할 수 없다.

"그가 폭풍으로 나를 치시고 까닭 없이 내 상처를 깊게 하시며, 나를 숨 쉬지 못하게 하시며 괴로움을 내게 채우시는구나. 힘으로 말하면 그가 강하시고 심판으로 말하면 누가 그를 소환하겠느냐? 가령 내가 의로울지라도 내 입이 나를 정죄하리니 가령 내가 온전할지라도 나를 정죄하시리라"(17-20절).

비록 욥처럼 의롭게 산 사람일지라도 하나님이 주시는 까닭 없는 고난 앞에서 스스로 자신이 죄가 있다고 정죄하게 될 것이다. 우리는 고난이 올 때에 하나님 앞에 여러 질문을 던진다. "경건하게 살았는데 왜 시련이 오는지, 신앙생활을 잘 한 것 같은데 왜 중병에 걸렸는지, 정직하게 바로 살았는데 왜 경제적으로 어려움이 왔는지" 하나님께 항변한다.

욥은 정말 경건하게 살았다. 자녀들이 생일을 당하면 혹시라도 죄를 범하였을까 하고 각자의 죄씻음을 위하여 번제를 드렸다. 그리고 이웃에게 선을 베풀었기 때문에 언제나 존경과 칭찬을 받았다. 자신은 그렇게 엄청난 벌을 받아야 할 만큼 죄를 짓지 않았다고 은연 중에 호소하고 있다. 그러나 자신이 전적으로 의롭다고 주장하지도 않았다. 단지 그 엄청난 재난이 이해되지 않을 뿐이었다.

고난을 하나님의 뜻에 맡겨라

　분명한 것은 우리가 하나님의 섭리를 다 깨닫지 못한다는 것이다. 그러므로 함부로 하나님을 판단할 수 없다. 사실 욥의 고난은 하나님이 그를 너무 사랑하시고 신뢰하셨기 때문에 마귀의 생각이 그릇된 것임을 증명하기 위하여 주어진 것이다. 하나님은 인생 고난을 통하여 "순금처럼 단련된 믿음의 소유자"가 되기 바라셨다. 진실로 그 자신이 죄인인 것을 깨닫고 하나님을 영적으로 체험하기 원하셨다.

　고난과 역경은 선한 자나 악한 자나 누구에게도 올 수 있다. 하나님 앞에서 범죄하고 받는 고난과 역경은 없어야 한다. 범죄하여 받는 고난은 철저히 통회자복하고 회개해야 한다. 그러나 욥처럼 양심적으로 두드러진 죄가 없는데도 불구하고 이해할 수 없는 고난이 오면, 하나님을 원망하거나 부모나 이웃을 원망하지 않고, 그 고난이 하나님의 섭리 속에서 일어난 일임을 알고 겸손하게 고난을 수용하고 하나님의 뜻을 깨닫도록 기도해야 한다.

　요셉은 자신이 받는 고난을 이해하지 못했지만 하나님을 원망하지 않고 묵묵히 고난에 대하여 인내하였다. 세월이 지나고 보니 백성의 밑바닥에서 종살이 한 것이 가난하고 억눌린 백성들을 이해하고 다스리는데 도움이 되었다. 그가 백성을 살리는 정치인이 된 것은 그가 죽을 고비를 넘기고 노예로 살면서 억눌리고 억울한 삶을 경험했기 때문이다. 하나님이 그에게 애굽으로 노예로 팔려가게 하신 이유를 알았다. 이스라엘 백성을 구원하기 위하여 자신을 앞서 애굽에 보낸 것이었다.

　바울 사도는 능력 있는 전도자였다. 병든 자를 위하여 기도할 때에 병을 낫게 하였으며, '유두고'와 같은 죽은 청년을 살리기도 하였다(행20:10,11). 이렇게 남들의 병은 고치면서 정작 자기의 가시 같은 고질병은 고치지 못했다. 자기의 병을 고쳐달라고 세 번이나 간절히 기도하였다. 그러나 하나님께서는 "내 은혜가 네게 족하다. 내 능력이 약한 데서 온전하여진다"고 말씀하시고 고쳐주지 않으셨다(고후12:8,9). 바울의 질병은 그를 더욱 겸손하게 낮추시려는 하나님의 뜻이었다. 워낙에 놀라운 기적들을 일으켰기에 사람들이 바울을 신성시하였다. 자칫 잘못하면 그는 교만해질 수 있었다. 오히려 그가 자기의 병을 고침 받지 못하고 약해지므로 신앙적으로 더 하나님을 강하게 의지할 수 있었다.

욥처럼 우리에게 이해할 수 없는 고난과 역경이 닥친다하더라도 하나님께 항변하거나 따지지 말고 기도하면서 그 고난에 무슨 섭리가 있는지 살펴야 한다.

> "하나님은 나처럼 사람이 아니신즉 내가 그에게 대답할 수 없으며 함께 들어가 재판을 할 수도 없고, 우리 사이에 손을 얹을 판결자도 없구나. 주께서 그의 막대기를 내게서 떠나게 하시고 그의 위엄이 나를 두렵게 하지 아니하시기를 원하노라"(32-34절).

우리는 단지 하나님의 채찍이 떠날 수 있도록 기도할 뿐이다. 고난이 오면 고난을 받을 수밖에 없다. 그 고난에 우리가 알지 못하는 하나님의 섭리가 포함되어 있다.

Job Theology and Explanation

11
고난 해결의 실마리

욥 10:1-22

1내 영혼이 살기에 곤비하니 내 불평을 토로하고 내 마음이 괴로운 대로 말하리라 2내가 하나님께 아뢰오리니 나를 정죄하지 마시옵고 무슨 까닭으로 나와 더불어 변론하시는지 내게 알게 하옵소서 3주께서 주의 손으로 지으신 것을 학대하시며 멸시하시고 악인의 꾀에 빛을 비추시기를 선히 여기시나이까 4주께도 육신의 눈이 있나이까 주께서 사람처럼 보시나이까 5주의 날이 어찌 사람의 날과 같으며 주의 해가 어찌 인생의 해와 같기로 6나의 허물을 찾으시며 나의 죄를 들추어내시나이까 7주께서는 내가 악하지 않은 줄을 아시나이다 주의 손에서 나를 벗어나게 할 자도 없나이다 8주의 손으로 나를 빚으셨으며 만드셨는데 이제 나를 멸하시나이다 9기억하옵소서 주께서 내 몸 지으시기를 흙을 뭉치듯 하셨거늘 다시 나를 티끌로 돌려보내려 하시나이까 10주께서 나를 젖과 같이 쏟으셨으며 엉긴 젖처럼 엉기게 하지 아니하셨나이까 11피부와 살을 내게 입히시며 뼈와 힘줄로 나를 엮으시고 12생명과 은혜를 내게 주시고 나를 보살피심으로 내 영을 지키셨나이다 13그런데 주께서 이것들을 마음에 품으셨나이다 이 뜻이 주께 있는 줄을 내가 아나이다 14내가 범죄하면 주께서 나를 죄인으로 인정하시고 내 죄악을 사하지 아니하시나이다 15내가 악하면 화가 있을 것이오며 내가 의로울지라도 머리를 들지 못하는 것은 내 속에 부끄러움이 가득하고 내 환난을 내 눈이 보기 때문이니이다 16내가 머리를 높이 들면 주께서 젊은 사자처럼 나를 사냥하시며 내게 주의 놀라움을 다시 나타내시나이다 17주께서 자주자주 증거 하는 자를 바꾸어 나를 치시며 나를 향하여 진노를 더하시니 군대가 번갈아서 치는 것 같으니이다 18주께서 나를 태에서 나오게 하셨음은 어찌함이니이까 그렇지 아니하셨더라면 내가 기운이 끊어져 아무 눈에도 보이지 아니하였을 것이라 19있어도 없던 것같이 되어서 태에서 바로 무덤으로 옮겨졌으리이다 20내 날은 적지 아니하니이까 그런즉 그치시고 나를 버려두사 잠시나마 평안하게 하시되 21내가 돌아오지 못할 땅 곧 어둡고 죽음의 그늘진 땅으로 가기 전에 그리하옵소서 22땅은 어두워서 흑암 같고 죽음의 그늘이 져서 아무 구별이 없고 광명도 흑암 같으니이다

하나님께 부르짖으라

너무 괴로울 때에는 차라리 누군가에게 하소연하고 불평을 토로하면 좀 속이 시원해진다. 욥은 무슨 까닭으로 그와 같은 극심한 고난을 당해야 하는지 속이 답답하다 못해 까맣게 타 버린 것 같았다. 그래서 하나님께 하소연이라도 해야 살겠다고 말했다.

"내 영혼이 살기에 곤비하니 내 불평을 토로하고 내 마음이 괴로운 대로 말하리라. 내가 하나님께 아뢰오리니 나를 정죄하지 마시옵고 무슨 까닭으로 나와 더불어 변론하시는지 내게 알게 하옵소서"(1,2절).

욥은 자기를 창조하신 하나님께 다시 자신을 "티끌로 돌려보내려 합니까" 하고 하소연하였다. 하나님은 자신이 그만큼 저주 받을 정도로 악하지 않다는 것을 아시면서 왜 인간이 상상도 할 수 없는 극심한 고난을 주셨는지 물었다(7-9절). 욥의 이런 하소연은 평소에 하나님과 친밀했다는 증거다. 누구보다도 욥에 대하여 잘 알고 계신 하나님께 자기의 분노와 괴로움을 털어놓았다.

고난의 해결 실마리는 하나님과의 친밀함에 있다. 그는 평소에 기도를 많이 하였고 하나님에 대한 묵상을 많이 한 사람이다. 억울함의 분노와 괴로움의 감정이 원망과 욕을 하거나 폭력적이거나 자해로 표출될 수도 있다. 그러나 환난에 대한 반응이 형통할 때의 신앙 습관으로 나타났다. 하나님에 대하여 평소의 친밀함이 고난 중에도 그대로 나타났다. 단지 탄식과 하소연으로 바뀐 것 뿐이었다. 욥은 여전히 같은 하나님께 기도하고 있었다. 고난이 과중되었기 때문에 그의 기도는 애통하며 부르짖는 기도로 바뀌었다.

해결의 서광이 비치는 것은 욥이 자신의 절망적인 상황을 하나님께 직접 고하고 있다는 것이다. 하나님과 다른 사람들을 원망하거나 저주하지 않고 하나님께 자신의 괴로운 심정을 토로하고 있다는 것이다. 이것이 구원의 실마리이다. 누구든지 하나님을 바라보고 애타게 부르짖으면 구원의 길이 열린다.

"너는 내게 부르짖으라. 내가 네게 응답하겠고 네가 알지 못하는 크고 은밀한 일을 네게 보이리라"(렘33:3).

"구하라 그리하면 너희에게 주실 것이요. 찾으라 그리하면 찾아낼 것이요. 문을 두드리라 그리하면 너희에게 열릴 것이니"(마7:7).

비록 처절한 하소연이라도 하나님을 찾고 간절히 부르짖으면 하나님을 만나게 되고, 하나님을 만나게 되면 문제는 해결되는 것이다.

"나를 사랑하는 자들이 나의 사랑을 입으며 나를 간절히 찾는 자가 나를 만날 것이니라"(잠8:17).

"너희가 내게 부르짖으며 내게 와서 기도하면 내가 너희들의 기도를 들을 것이요. 너희가 온 마음으로 나를 구하면 나를 찾을 것이요 나를 만나리라"(렘29:12,13).

우리가 눈물로 부르짖고 하나님을 찾으면 하나님께서 그를 외면하지 않으신다. 포로로 붙잡혀간 이스라엘 백성들이 괴로움으로 떨면서 통곡할 때에 하나님은 눈물을 거두라고 말씀하셨다.

"네 울음 소리와 네 눈물을 멈추어라. 네 일에 삯을 받을 것인즉 그들이 그의 대적의 땅에서 돌아오리라 여호와의 말씀이니라. 너의 장래에 소망이 있을 것이라"(렘31:16,17).

하나님은 눈물과 고통의 기도를 외면하지 않으신다. 다윗은 시편에서 "하나님이여 상하고 통회하는 마음을 주께서 멸시하지 않습니다"라고 고백하였다(시51:17).

성경에서 욥처럼 까닭 없이 억울하게 환난을 당한 자를 찾아보라면 구약에서는 예레미야 선지자나 포도원 농부 나봇이고, 신약에는 바울과 요한과 같은 예수님의 제자들이었을 것이다. 예레미야의 별명은 '눈물의 선지자'였다. 하나님의 심판인 바벨론 전쟁을 앞두고 하나님의 말씀을 전했다가 얼마나 억울하게 옥살이를 하였는가?(렘37:16,20) 죽을 위기에 빠진 그와 이스라엘 민족을 위하여 얼마나 더운 눈물을 쏟아냈는가? 예레미야 선지자의 부르짖음에는 희망이 있었다. 70년이 지나면 여호와 하나님께서 이스라엘을 회복하게 하시고, 바벨론으로부터 고향으로 귀환하게 될 것을 예언하였다.

인내와 기도와 찬송을 하라

고난 중에도 하나님께 친밀하게 기도할 수 있다면 그 사람의 고난은 반드시 해결이 될 것이다. 평소에 하나님과 영적 소통이 잘 되고 서로의 마음을 잘 알고 있었다면, 하나님께서 자기 자녀를 그냥 고난 가운데 내버려 두시지 않을 것이다.

우리가 하나님에 대한 영적 지식이 없으면 망하지만(호4:6), 하나님을 깊이 사랑하고 그 하나님의 마음을 잘 알고 있으면 반드시 문제가 해결된다. 욥은 하나님이 어떤 분이신지 알고 있었다. "주께서는 내가 악하지 않은 줄을 아시나이다"(7절). "이 뜻이 주께 있는 줄을 내가 아나이다"(13절).

아무리 극한 고난에서도 하나님과 친밀한 사람은 반드시 도움을 입을 수 있다. 문제의 해결은 하나님을 잘 아는 마음에 있다.

고난은 인간을 탈진하게 만들고 자포자기 하게 만들기도 하지만(18,19절), 하나님과 친밀한 자는 오히려 영적 관계가 더욱 돈독해진다. 고난을 잘 극복하고 인내하면 순금처럼 단련되고 빛난 믿음을 소유하게 된다.

"내가 가는 길을 그가 아시나니 그가 나를 단련하신 후에는 내가 순금 같이 되어 나오리라"(욥23:10).

야고보 사도는 하나님을 믿고 인내하면 그 결말이 복되다고 하셨다. 오래 참고 인내하였던 욥에게 하나님은 큰 은혜와 긍휼을 베푸셨다. 인내하는 자에게는 때가 되면 하나님께서 문제를 해결하시고 큰 은총을 베푸신다.

"보라 인내하는 자를 우리가 복되다 하나니 너희가 욥의 인내를 들었고 주께서 주신 결말을 보았거니와 주는 가장 자비하시고 긍휼히 여기시는 이시니라"(약5:11).

"우리가 선을 행하되 낙심하지 말지니 포기하지 아니하면 때가 이르매 거두리라"(갈6:9).

고난 중에서도 하나님께 부르짖고 기도하며 평소와 다를 바 없이 하나님과 친밀한 관계를 유지하면서 인내하라. 그리하면 반드시 하나님이 그 고난을 구름 거두듯이 지나게 하시고, 때가 되면 좋은 결말을 주실 것이다.

고난의 해결 실마리는 하나님과의 영적 관계를 더욱 돈독하게 하는 것이다. 평소에는 조용히 기도했으면 고난 중에는 부르짖고 눈물로 기도하라. 하나님을 믿고 끝까지 인내하라. 고난 중에도 감사와 찬송을 불러라. 우리가 하나님의 마음을 기쁘시게 하고 감동하게 하면 반드시 고난의 문제는 해결된다(시69:30,31). 야고보 사도는 고난 당하는 자들에게 특별히 인내와(약1:2-4) 기도와 찬송을 강조하였다(약5:13).

Job Theology and Explanation

12
소발의 비판

욥 11:1-20

¹나아마 사람 소발이 대답하여 이르되 ²말이 많으니 어찌 대답이 없으랴 말이 많은 사람이 어찌 의롭다 함을 얻겠느냐 ³네 자랑하는 말이 어떻게 사람으로 잠잠하게 하겠으며 네가 비웃으면 어찌 너를 부끄럽게 할 사람이 없겠느냐 ⁴네 말에 의하면 내 도는 정결하고 나는 주께서 보시기에 깨끗하다 하는구나 ⁵하나님은 말씀을 내시며 너를 향하여 입을 여시고 ⁶지혜의 오묘함으로 네게 보이시기를 원하노니 이는 그의 지식이 광대하심이라 하나님께서 너로 하여금 너의 죄를 잊게 하여 주셨음을 알라 ⁷네가 하나님의 오묘함을 어찌 능히 측량하며 전능자를 어찌 능히 완전히 알겠느냐 ⁸하늘보다 높으시니 네가 무엇을 하겠으며 스올보다 깊으시니 네가 어찌 알겠느냐 ⁹그의 크심은 땅보다 길고 바다보다 넓으니라 ¹⁰하나님이 두루 다니시며 사람을 잡아 가두시고 재판을 여시면 누가 능히 막을소냐 ¹¹하나님은 허망한 사람을 아시나니 악한 일은 상관하지 않으시는듯하나 다 보시느니라 ¹²허망한 사람은 지각이 없나니 그의 출생함이 들나귀 새끼 같으니라 ¹³만일 네가 마음을 바로 정하고 주를 향하여 손을 들 때에 ¹⁴네 손에 죄악이 있거든 멀리 버리라 불의가 네 장막에 있지 못하게 하라 ¹⁵그리하면 네가 반드시 흠 없는 얼굴을 들게 되고 굳게 서서 두려움이 없으리니 ¹⁶곧 네 환난을 잊을 것이라 네가 기억할지라도 물이 흘러감 같을 것이며 ¹⁷네 생명의 날이 대낮보다 밝으리니 어둠이 있다 할지라도 아침과 같이 될 것이요 ¹⁸네가 희망이 있으므로 안전할 것이며 두루 살펴보고 평안히 쉬리라 ¹⁹네가 누워도 두렵게 할 자가 없겠고 많은 사람이 네게 은혜를 구하리라 ²⁰그러나 악한 자들은 눈이 어두워서 도망할 곳을 찾지 못하리니 그들의 희망은 숨을 거두는 것이니라

위로자가 되자

"비판을 받지 않으려면 남을 비판하지 말라"고 성경은 말씀하고 있다

(마7:1,2). 욥처럼 곤궁에 빠진 자를 비판하는 것은 합당하지 못하다. 그러나 소발의 교훈은 일반적으로 모든 사람들에게 적용되는 말씀이다. 소발이 맨 나중에 말할 것으로 미루어 보아 욥의 세 친구 중 가장 나이가 적었을 것으로 짐작한다. 엘리바스와 빌닷에 이어 소발까지 신랄하게 욥을 비판하였다. 욥이 계속하여 자신의 의를 주장한다고 생각했기 때문이다.

"말이 많으니 어찌 대답이 없으랴 말이 많은 사람이 어찌 의롭다 함을 얻겠느냐? 네 자랑하는 말이 어떻게 사람으로 잠잠하게 하겠으며 네가 비웃으면 어찌 너를 부끄럽게 할 사람이 없겠느냐. 네 말에 의하면 내 도는 정결하고 나는 주께서 보시기에 깨끗하다 하는구나" (2-4절).

소발은 욥에게 '말이 많은 사람' 이라고 했다. 전 성경에는 '입이 부푼 사람' 으로 번역되어 있었다. 허성갑 목사의 히브리어 직역 성경에는 2절을 "말 많은 사람이 대답이 없겠느냐? 입술을 놀리는 사람이 의롭겠느냐?"고 번역하였다. "입술을 놀리는 사람" 이란 의미는 허풍이 있어 말만 빼어나게 잘 하는 사람을 뜻한다. 소발이 볼 때에는 욥이 철저하게 자신의 죄를 감추고 말만 잘 하는 위선자라고 생각했던 것 같다.

비록 욥이 위선자이고 자기를 변명만 하고 있다고 해도 친구로서 격렬하게 비판하는 것은 지나친 일이다. 욥은 병으로 신음하며 잿더미에 앉아있는 비참한 지경에 빠져있기 때문이다. 절망에 빠진 욥에게 용기를 주지 못하고 함부로 말한 것은 진정으로 친구를 격려하고 위로하는 태도라고 볼 수 없다.

우리도 가끔 어려움에 봉착한 친구나 동료들에게 위로는 하지 못하고 비판만 할 때가 있다. 힘든 일을 하고 있는 복음사역자에게 위로나 도움은 주지 못하고, 오히려 비난하고 공격할 때가 있다. 고난 중에 있는 친구나 동료나 가족들에게 우리는 비판하기보다는 격려와 위로를 아끼지 않아야 한다. 비판은 나중에 그가 여유를 찾았을 때 해도 늦지 않다.

"즐거워하는 자들과 함께 즐거워하고 우는 자들과 함께 울라. 서로 마음을 같이하며 높은 데 마음을 두지 말고 도리어 낮은 데 처하며 스스로 지혜 있는 체 하지 말라"(롬12:15,16).

소발은 욥에게 하나님에 대하여 몰라도 너무 모른다고 질타했다(6-12절). 그는 욥이 하나님의 지혜의 높이와 깊이와 넓이를 측량할 수 있느냐고 물었다.

"네가 하나님의 오묘함을 어찌 능히 측량하며 전능자를 어찌 능히 완전히 알겠느냐? 하늘보다 높으시니 네가 무엇을 하겠으며 스올보다 깊으시니 네가 어찌 알겠느냐"(7,8절).

자신을 모르고 남을 비판하고 판단하는 것은 어리석은 일이다. 소발은 "허망한 사람은 지각이 없나니 그의 출생함이 들나귀 새끼 같다"고 모욕적인 말도 함부로 했다. 욥의 마음에 상처가 되었을 것이다.

우리는 고난 중에 있는 자나 연약한 자에게 위로자가 되어야 한다. 희망과 용기와 격려의 말을 해서 사람을 살리는 일을 해야 한다.

정명훈씨가 세계적인 음악가가 된 배후에 어머니의 격려와 칭찬이 있었다고 한다. 어느 날 신문 기자가 "어떻게 당신은 세계적인 음악가가 될 수 있었는가?"라고 물었다. 그가 대답하기를 "어머니의 격려 때문입니다. 어머니는 제가 어릴 때 피아노를 칠 때마다 '너는 어쩜 그렇게 잘 치니'라고 말씀하셨거든요"라고 말했다. 어머니의 칭찬과 격려가 아들을 성공하게 만들었던 것이다. 말은 씨가 된다. 우리가 상대방에게 비난과 부정적인 말을 하면 그 사람의 마음에 상처가 되고, 격려와 위로의 말을 하면 마음에 치유와 용기를 주게 된다.

하나님을 바로 알고 믿자

소발은 욥을 비판하면서 상처주는 말도 했지만, 그가 회개한다면 하나님의 은총을 받게 된다고도 말했다. 마음을 바로 정하고 하나님께 기도하면서 죄악을 멀리 버리라고 권면했다(14절). 그러면 하나님 앞에서 흠 없는 얼굴을 들게 될 것이고, 환난이 물 흘러가듯 지나갈 것이라고 했다. 또한 생명의 날이 대낮처럼 밝을 것이라고 했으며, 장래에 희망이 있어 평안히 쉼을 누릴 것이라고 했다(15-18절).

전능하신 하나님을 바로 알고 그분을 진실하게 믿고 따를 때, 세상은 밝아지고 형통한 삶을 영위하게 될 것이다. 그러나 하나님을 알지 못하고 진실하게 살지 못하면 멸망의 길로 치닫게 될 것이다(19,20절).

호세아 선지자도 이스라엘 백성들이 하나님을 영적으로 깊이 사랑하고 알지 못했음으로 망하게 되었다고 예언하였다(호4:6). 시편의 기자도 여호와의 율법을 즐거워하고 주야로 묵상하는 자는 복 있는 사람이고, 하나님을 알지 못하는 사람은 망한다고 하였다. 하나님을 영적으로 사랑하는 자가 '충실한 열매'라면, 하나님을 알지 못하는 사람은 '바람에 날려가는 겨'라고 하였다(시1:3,4).

하나님을 바로 알고 믿으면 생명의 길로 가게 되고, 하나님을 알지 못하여 타락하게 되면 멸망의 길로 가게 된다. 우리는 하나님을 바로 아는 신앙을 가져야 한다.

Job Theology and Explanation

13
전능하신 하나님

욥 12:1-25

1욥이 대답하여 이르되 2너희만 참으로 백성이로구나 너희가 죽으면 지혜도 죽겠구나 3나도 너희 같이 생각이 있어 너희만 못하지 아니하니 그 같은 일을 누가 알지 못하겠느냐 4하나님께 불러 아뢰어 들으심을 입은 내가 이웃에게 웃음거리가 되었으니 의롭고 온전한 자가 조롱거리가 되었구나 5평안한 자의 마음은 재앙을 멸시하나 재앙이 실족하는 자를 기다리는구나 6강도의 장막은 형통하고 하나님을 진노하게 하는 자는 평안하니 하나님이 그의 손에 후히 주심이니라 7이제 모든 짐승에게 물어 보라 그것들이 네게 가르치리라 공중의 새에게 물어 보라 그것들이 또한 네게 말하리라 8땅에게 말하라 네게 가르치리라 바다의 고기도 네게 설명하리라 9이것들 중에 어느 것이 여호와의 손이 이를 행하신 줄을 알지 못하랴 10모든 생물의 생명과 모든 사람의 육신의 목숨이 다 그의 손에 있느니라 11입이 음식의 맛을 구별함같이 귀가 말을 분간하지 아니하느냐 12늙은 자에게는 지혜가 있고 장수하는 자에게는 명철이 있느니라 13지혜와 권능이 하나님께 있고 계략과 명철도 그에게 속하였나니 14그가 헐으신즉 다시 세울 수 없고 사람을 가두신 즉 놓아주지 못하느니라 15그가 물을 막으신즉 곧 마르고 물을 보내신즉 곧 땅을 뒤집나니 16능력과 지혜가 그에게 있고 속은 자와 속이는 자가 다 그에게 속하였으므로 17모사를 벌거벗겨 끌어가시며 재판장을 어리석은 자가 되게 하시며 18왕들이 맨 것을 풀어 그들의 허리를 동이시며 19제사장들을 벌거벗겨 끌어가시고 권력이 있는 자를 넘어뜨리시며 20충성된 사람들의 말을 물리치시며 늙은 자들의 판단을 빼앗으시며 21귀인들에게 멸시를 쏟으시며 강한 자의 띠를 푸시며 22어두운 가운데에서 은밀한 것을 드러내시며 죽음의 그늘을 광명한데로 나오게 하시며 23민족들을 커지게도 하시고 다시 멸하기도 하시며 민족들을 널리 퍼지게도 하시고 다시 끌려가게도 하시며 24만민의 우두머리들의 총명을 빼앗으시고 그들을 길 없는 거친 들에서 방황하게 하시며 25빛 없이 캄캄한 데를 더듬게 하시며 취한 사람같이 비틀거리게 하시느니라

소발의 지탄에 대한 욥의 반박

소발의 신랄한 비판에 욥은 상당히 마음이 상했다. 그래서 한 마디 맞받아 쳤다.

"나도 너희 같이 생각이 있어 너희만 못하지 아니하니 그같은 일을 누가 알지 못하겠느냐"(3절).

아무리 순진하고 착한 사람도 찌르고 공격하면 화를 낸다. 소발은 욥에게 모욕적인 언사를 서슴없이 했다. 욥이 참고 가만히 듣고만 있을 수 없었다. 우리는 가끔 가족끼리나 성도간에 비판과 폭언을 할 때가 있다. 가깝다 보니 상대방의 약점도 잘 알고 잘못된 점도 신랄하게 비판하게 된다. 그러나 가까운 사이일수록 말을 조심하고 예의를 지켜야 한다.

사람이 편안할 때에는 환난 당한 사람의 심정을 잘 이해하지 못한다. 그래서 역경을 당한 사람에게 책망과 충고를 쉽게 한다. 환난 당한 자만 죄가 있는 것이 아니다. 누구나 부족하고 허물이 있다. 형제가 고난당할 때에는 마치 자신이 당하는 것처럼 생각하고 말해야 한다.

욥은 만물이 다 알고 있는 하나님의 지혜와 생명에 대하여 더 이상 말할 필요가 없다고 반박했다.

"이것들 중에 어느 것이 여호와의 손이 이를 행하신 줄을 알지 못하랴. 모든 생물의 생명과 모든 사람의 육신의 목숨이 다 그의 손에 있느니라"(9,10절).

하나님을 아는 사람

욥은 누구보다도 하나님의 은혜를 크게 입은 사람이다. 평상시에 늘 제사를 드리면서 하나님과 가까이 하려고 노력했던 인물이다. 그러한 자에게 하나님을 모른다고 질책했으니 화가 날만도 하다. 물론 우리 인간이 하나님을 안다고 해도 극히 피상적인 부분밖에 알지 못한다. 하나님께서 계시해 주시고 은혜를 베풀어 주실 때만 하나님의 살아계심을 깨닫는다.

입이 음식의 맛을 알고 귀가 말을 알아듣는 것처럼, 신자는 하나님의 사랑을 늘 깨달아야 한다. 사람이 나이가 들면 세상살이의 지혜가 생기고 명철이 생긴다. 신자가 하나님을 알고 섬기는 것은 너무나 당연한 것이다.

> "늙은 자에게는 지혜가 있고 장수하는 자에게는 명철이 있느니라" (12절).

욥이 하나님을 사랑하고 아는 것은 자연스럽게 몸에 배여 있었다. 예배와 기도를 통하여 하나님을 잘 안다고 생각하였다. 그러나 나중에 그가 회개하면서 "그동안 하나님을 귀로만 들었지만 이제는 하나님을 눈으로 봅니다"라고 고백한 것으로 보아, 욥은 습관과 지식으로 하나님을 안다고 생각했던 것이다. 성령님의 내재적 체험이 없었던 것이다. 회개하고 영안이 열려 하나님을 바라보니 그 하나님 존전에서 자신은 감히 입을 열어 말을 할 수 없는 죄인인 것을 깨달았다.

우리는 하나님과 영적 소통을 이루어야 한다. 주님이 내 안에, 내가 주님 안에 들어가는 성령 체험이 있어야 진실로 하나님을 안다고 말할 수 있을 것이다.

절대주권을 가지신 하나님

　인간이 아무리 지혜롭다고 해도 하나님의 깊은 섭리를 다 알지 못한다. 하나님은 사람이 깨달을 수 없는 심오한 계획을 가지고 계신다. 욥의 경우도 이해할 수 없는 재앙이었지만, 그 이면에 하나님이 마귀에게 욥을 시험하도록 허락한 일이 있었다. 욥이 하나님을 사랑하고 신뢰하는 힘이 얼마나 대단한지 마귀에게 직접 보여주고 계셨다. 막상 그 고통을 당하는 욥은 견딜 수 없이 괴로웠지만, 하나님은 욥의 신앙을 단련하여 순금 같은 신앙인이 되게 하셨고 욥을 더욱 높이셨다. 하나님은 그만큼 욥을 신뢰했던 것이다. 만약 욥이 나약해져서 하나님을 원망하고 욕했더라면 하나님과 욥도 모두 실패했을 것이다.
　예수 그리스도의 십자가 고난은 하나님이 우리를 사랑하셔서 대신 하게 하셨던 것이다. 만약 예수님이 그 고난을 끝까지 참지 못하셨더라면 선택된 온 인류를 구원하시려던 하나님과 성도들은 함께 실패자가 되었을 것이다. 욥이 고난을 끝까지 견뎠으므로 하나님과 욥이 함께 승리하였고, 예수님이 십자가의 고난을 끝까지 견디시고 죽으셨기에 하나님과 성도들 모두 사탄의 계교를 이기고 영적으로 승리한 것이다.
　고난을 당하는 성도는 하나님과 동업자인 셈이다. 우리가 고난을 견디고 영적으로 승리하면 하나님의 영광을 나타내게 된다. 그러나 우리가 고난에 패배하고 시험에 빠지게 되면 하나님을 실망시키게 될 것이다.
　우리는 어떠한 고난이 와도 하나님께 원망하지 않아야 한다. 그 고난 뒤에 하나님의 영광이 나타나고 회복의 역사가 일어남을 믿고 낙심하거나 절망하지 말아야 한다.

"우리가 선을 행하되 낙심하지 말지니 포기하지 아니하면 때가 이르매 거두리라"(갈6:9).

우리는 전능하신 하나님의 섭리 안에서 믿고 따를 뿐이다. 때로 이해할 수 없는 고난이 와도 하나님의 오묘하신 뜻을 기다려야 한다.

인간은 전능하신 하나님 앞에서 항상 겸허해야 한다. 하나님은 생사화복을 쥐고 계신다. 겸손한 자에게는 은혜를 베푸시지만 교만한 자는 대적하신다. 요셉처럼 비천한 자리에서도 높이시는 하나님이시다. 고난의 환경에서도 하나님을 바라보며 소망을 잃지 말아야 한다. 끝까지 하나님을 사랑하고 신뢰하면 인정받는 날이 온다.

"민족들을 커지게도 하시고 다시 멸하기도 하시며 민족들을 널리 퍼지게도 하시고 다시 끌려가게도 하시며"(23절).

개인이나 민족이나 하나님의 뜻에 따라 높이기도 하시고 낮추기도 하신다. 종이 주인이 되게도 하시고, 왕이라도 전쟁 포로로 잡혀가 종이 되게 하신다.

조만식 청년은 평안북도에서 출생하였고 그 집안이 가난하여 남의 집 머슴살이를 했다. 그러나 자신의 처지를 비관하거나 부끄러워하지 않았다. 매일 주인의 오강을 비우고 깨끗하게 닦아놓곤 했다. 주인이 그 성실함과 총명함을 귀하게 여겨 평양숭실학교에 넣어 공부를 시켰고 그는 우수한 성적으로 졸업을 했다. 그리고 고향 오산학교의 선생님이 되었다. 그는 나라를 사랑하고 민족을 깨우는 독립운동가로 이름을 남겼다.

하나님은 절대 주권을 쥐고 계신 분이시다. 욥은 사람이 마땅히 하나님의 주권에 복종하고 그 섭리에 따라야 한다고 믿었다.

Job Theology and Explanation

14
하나님의 얼굴을 바라보라

욥 13:1-28

¹나의 눈이 이것을 다 보았고 나의 귀가 이것을 듣고 깨달았느니라 ²너희 아는 것을 나도 아노니 너희만 못하지 않으니라 ³참으로 나는 전능자에게 말씀하려 하며 하나님과 변론하려 하노라 ⁴너희는 거짓말을 지어내는 자요 다 쓸모없는 의원이니라 ⁵너희가 참으로 잠잠하면 그것이 너희의 지혜일 것이니라 ⁶너희는 나의 변론을 들으며 내 입술의 변명을 들어 보라 ⁷너희가 하나님을 위하여 불의를 말하려느냐 그를 위하여 속임을 말하려느냐 ⁸너희가 하나님의 낯을 따르려느냐 그를 위하여 변론하려느냐 ⁹하나님이 너희를 감찰하시면 좋겠느냐 너희가 사람을 속임 같이 그를 속이려느냐 ¹⁰만일 너희가 몰래 낯을 따를진대 그가 반드시 책망하시리니 ¹¹그의 존귀가 너희를 두렵게 하지 않겠으며 그의 두려움이 너희 위에 임하지 아니하겠느냐 ¹²너희의 격언은 재 같은 속담이요 너희가 방어하는 것은 토성이니라 ¹³너희는 잠잠하고 나를 버려두어 말하게 하라 무슨 일이 닥치든지 내가 당하리라 ¹⁴내가 어찌하여 내 살을 내 이로 물고 내 생명을 내 손에 두겠느냐 ¹⁵그가 나를 죽이시리니 내가 희망이 없노라 그러나 그의 앞에서 내 행위를 아뢰리라 ¹⁶경건하지 않은 자는 그 앞에 이르지 못하나니 이것이 나의 구원이 되리라 ¹⁷너희들은 내 말을 분명히 들으라 내 말을 들으라 내가 너희 귀에 알려 줄 것이 있느니라 ¹⁸보라 내가 내 사정을 진술하였거니와 내가 정의롭다 함을 얻을 줄 아노라 ¹⁹나와 변론할 자가 누구이랴 그러면 내가 잠잠하고 기운이 끊어지리라 ²⁰오직 내게 이 두 가지 일을 행하지 마옵소서 그리하시면 내가 주의 얼굴을 피하여 숨지 아니하오리니 ²¹곧 주의 손을 내게 대지 마시오며 주의 위엄으로 나를 두렵게 하지 마실 것이니이다 ²²그리하시고 주는 나를 부르소서 내가 대답하리이다 혹 내가 말씀하게 하옵시고 주는 내게 대답하옵소서 ²³나의 죄악이 얼마나 많으니이까 나의 허물과 죄를 내게 알게 하옵소서 ²⁴주께서 어찌하여 얼굴을 가리시고 나를 주의 원수로 여기시나이까 ²⁵주께서 어찌하여 날리는 낙엽을 놀라게 하시며 마른 검불을 뒤쫓으시나이까 ²⁶주께서 나를 대적하사 괴로운 일들을 기록하시며 내가 젊었을 때에 지은 죄를 내가 받게 하시오며 ²⁷내 발을 차꼬에 채우시며 내 모든 길을 살피사 내 발자취를 점검하시나이다 ²⁸나는 썩은 물건의 낡아짐 같으며 좀먹은 의복 같으니이다

부끄러움이 없는 삶

누구든지 하나님 앞에서 자신을 숨길 수 없다. 욥은 언제나 하나님의 거룩하신 얼굴을 의식하면서 살았다. 친구들이 자기를 큰 죄인으로 몰아 붙일 때에도 그는 하나님 앞에서 자신의 순수함을 변호하였다. 친구들은 하나님의 판단이 아니라 자기들의 좁은 소견으로 욥을 비판하였다. 물론 그들 나름대로 일반적인 진리로 충고했다. 욥은 지나치게 자신을 죄인으로 몰아붙이는 친구들에게 한 마디 쏘아붙였다. "너희가 아는 것을 나도 안다. 너희만 못한 내가 아니다"(1,2절). 욥은 그 동안 억누르고 있던 울분이 터져나왔다.

욥은 친구들의 판단과 충고에도 조금도 흔들리지 않고 하나님의 뜻에 자신을 맡겼다(3절). 우리는 살아가면서 다른 사람들을 많이 의식한다. 하나님보다도 동료나 가족들이 어떻게 보는가에 신경을 곤두세운다. 그러나 정작 우리가 신경을 써야 할 분은 하나님이시다. 하나님이 나를 향하여 선하다 하시면 선한 것이고, 하나님께서 악하다 하시면 악한 것이다. 항상 우리의 시선은 하나님의 얼굴을 향하여야 한다.

가끔은 영적인 비밀을 모르는 자들이 영혼을 상하게 하고 피곤하게 할 때가 있다. 오히려 침묵을 지키고 있는 것이 더욱 도움이 될 수 있다. 아는 척, 선한 척 남을 비판할 때에 욥처럼 영적인 괴로움을 당할 수 있다.

"너희는 거짓말을 지어내는 자요 다 쓸모 없는 의원이니라. 너희가 참으로 잠잠하면 그것이 너희의 지혜일 것이니라"(4,5절).

우리는 남을 비판하기보다 그의 괴로운 속 사정을 잘 들어주어야 한다. 상대방의 마음과 하나가 되지 않으면 그를 진정으로 위로하거나 교훈할 수 없다. 욥은 친구들에게 자기의 변명을 들어보라고 했다(6절). 만약 욥이 하나님 앞에서 진실하지 못하고 타락한 생활을 하다가 재앙을 당하였다면, 자신을 비판하는 친구들에게 당당히 맞설 수 없었을 것이다. 그러나 욥은 하나님 앞에서 진실 되게 살았기 때문에 사람들에게 비난과 책망을 받는 것이 견딜 수 없이 마음의 상처가 되었다(9-11절).

죽일지라도 믿으라

욥은 큰 환난 가운데서도 정신을 가다듬고 하나님의 거룩하신 얼굴을 바라보았다. 하나님이 반드시 자신을 구원해 주실 줄 믿었다.

> "그가 나를 죽이시리니 내가 희망이 없노라. 그러나 그의 앞에서 내 행위를 아뢰리라. 경건하지 않은 자는 그 앞에 이르지 못하나니 이것이 나의 구원이 되리라"(15,16절).

맛소라 성경은 '없노라' 는 말을 '그를' 이라고 읽어야 한다고 난외에 밝히고 있다. 만약에 그렇게 해석한다면 내용을 긍정적으로 이해해야 한다. "하나님께서 죽을 지경에 떨어뜨린다 하더라도 욥은 결코 하나님을 부인하지 않고 그 하나님께 소망을 둔다" 는 뜻이다.

박윤선 박사는 이 구절을 "그가 나를 죽이실지라도 내가 그를 믿으리라"로 개역하였다. 그러나 본문 그대로 해석하여도 의미가 완전히 달라지는 것은 아닐 것이다. 하나님이 그를 죽을 지경에 빠뜨린다면 사실 욥 자신은 희망이 없다. 그럼에도 불구하고 하나님 앞에서 자기의 행위를 악하지 않다고 아뢰게 될 것이다. 경건하지 않는 자는 감히 하나님 앞에 이르지 못하겠지만, 자신은 하나님 앞에서 구원을 받게 될 것이라고 말했다. "희망이 없다"는 말을 굳이 긍정적으로 해석하지 않아도 본문을 이해하는데 큰 지장은 없다. 욥은 자신이 행한 일에 대하여 숨길 것이 없다고 말했다.

고난 중에도 하나님을 바라보라

평안하고 풍족할 때는 누가 참 신자인지 구별하기 어렵다. 참 신자를 가려내는 기준은 고난이라는 용광로이다. 금광석이 그 뜨거움의 고난을 받으면서 불순물과 정금으로 나누어지는 것이다.

하나님은 인간 중심의 삶을 깨뜨리기 원하신다. 때로 고난을 통하여 인간의 지혜와 능력을 의지하지 않고 하나님을 의지하도록 한다. 하나님은 거룩한 자녀일지라도 마귀에게 고난을 주도록 허락하실 때가 있다. 고난을 통하여 자신이 깨어지고 오직 하나님만 의지하는 신자가 될 때에 하나님은 그 영혼을 귀하게 보시고 복음의 도구로 사용하신다.

야곱은 꿈과 야망의 사람이었다. 그러나 하나님은 철저히 그를 깨뜨리셨다. 형 '에서'를 피하여 광야로 나왔으며, 외삼촌의 집에서 고생을 많이 했다. 그리고 형이 자기 가족들을 죽일까봐 얍복강 가에서 기도하다가 하나님의 사자와 씨름하면서 도움을 요청하였다. 허벅지 관절이 어긋나 다리를 절게 되었다(창32:25). 자신의 야망과 의지가 철저히 부숴지고 하나님만 바라보게 되었다.

"그러므로 야곱이 그 곳 이름을 브니엘이라 하였으니 그가 이르기를 내가 하나님과 대면하여 보았으나 내 생명이 보존되었다 함이더라.

그가 브니엘을 지날 때에 해가 돋았고 그의 허벅다리로 말미암아 절었더라"(창32:30,31).

'브니엘'은 하나님의 얼굴이다. 야곱은 자신이 철저히 낮아지고 깨어지면서 마침내 하나님의 얼굴을 뵙게 되고 해가 돋는 것처럼 인생의 변화를 경험하게 되었다.

위대한 음악가 헨델은 예기치 않는 질병으로 반신불수가 되었다. 질병을 치료하기 위하여 많은 돈을 빌렸는데 갚지 못했다. 그 일로 그는 감옥에 갇히기까지 했다. 그러한 절망적인 고난 가운데서도 헨델은 하나님을 바라보았다. 하나님의 구원의 은혜를 갈망하였다. 그는 감옥 속에서 악보를 펴놓고 창작에 몰두했다. 그리고 최고의 걸작품인 '할렐루야'를 작곡했다.

'실락원'을 쓴 '밀턴'은 심각한 시각장애인이었다. 시력을 모두 잃은 상태에서 5년 동안 수고하여 실락원이란 작품을 남겼다. 시인 송명희 씨의 경우도 뇌성마비로 온 몸을 자유롭게 움직일 수 없지만 그는 육신의 고통 가운데서 하나님을 바라보고 시적인 영감을 얻어 하나님께 감사 찬양하였다. 1986년에 발표한 그녀의 시에 "하나님뿐"이라는 시가 있다.

"세상에 소망이 없으니, 나의 소망은 하나님뿐 / 세상에 바랄 것 없나니, 나의 모든 것 하나님뿐 / 세상에 위로가 없으니, 나의 위로는 하나님뿐 / 세상에 기쁨이 없어도, 나의 기쁨은 하나님뿐"

믿음의 사람들은 환난과 고난이 올지라도 인내하며 하나님을 소망해야 한다. 다윗은 대적들이 비방하고 죽을 고비를 여러 번 겪었지만 하나님을 바라보고 기도하면서 믿음으로 극복하였다.

"내 영혼아 네가 어찌하여 낙심하며 어찌하여 내 속에서 불안해 하는가 너는 하나님께 소망을 두라. 그가 나타나 도우심으로 말미암아 내가 여전히 찬송하리로다"(시42:5).

욥처럼 죽을 지경에 빠졌다 하더라도 하나님의 얼굴을 바라보고 믿고 소망함으로 고난에서 승리해야 한다.

Job Theology and Explanation

15
인생무상과 희망

욥 14:1-22

¹여인에게서 태어난 사람은 생애가 짧고 걱정이 가득하며 ²그는 꽃과 같이 자라나서 시들며 그림자 같이 지나가며 머물지 아니하거늘 ³이와 같은 자를 주께서 눈 여겨 보시나이까 나를 주 앞으로 이끌어서 재판하시나이까 ⁴누가 깨끗한 것을 더러운 것 가운데에서 낼 수 있으리이까 하나도 없나이다 ⁵그의 날을 정하셨고 그의 달수도 주께 있으므로 그의 규례를 정하여 넘어가지 못하게 하셨사온즉 ⁶그에게서 눈을 돌이켜 그가 품꾼 같이 그의 날을 마칠 때까지 그를 홀로 있게 하옵소서 ⁷나무는 희망이 있나니 찍힐지라도 다시 움이 나서 연한 가지가 끊이지 아니하며 ⁸그 뿌리가 땅에서 늙고 줄기가 흙에서 죽을지라도 ⁹물 기운에 움이 돋고 가지가 뻗어서 새로 심은 것과 같거니와 ¹⁰장정이라도 죽으면 소멸되나니 인생이 숨을 거두면 그가 어디 있느냐 ¹¹물이 바다에서 줄어들고 강물이 잦아서 마름 같이 ¹²사람이 누우면 다시 일어나지 못하고 하늘이 없어지기까지 눈을 뜨지 못하며 잠을 깨지 못하느니라 ¹³주는 나를 스올에 감추시며 주의 진노를 돌이키실 때까지 나를 숨기시고 나를 위하여 규례를 정하시고 나를 기억하옵소서 ¹³장정이라도 죽으면 어찌 다시 살리이까 나는 나의 모든 고난의 날 동안을 참으면서 풀려나기를 기다리겠나이다 ¹⁵주께서는 나를 부르시겠고 나는 대답하였겠나이다 주께서는 주의 손으로 지으신 것을 기다리시겠나이다 ¹⁶그러하온데 이제 주께서 나의 걸음을 세시오니 나의 죄를 감찰하시지 아니하시나이까 ¹⁷주는 내 허물을 주머니에 봉하시고 내 죄악을 싸매시나이다 ¹⁸무너지는 산은 반드시 흩어지고 바위는 그 자리에서 옮겨가고 ¹⁹물은 돌을 닳게 하고 넘치는 물은 땅의 티끌을 씻어 버리나이다 이와 같이 주께서는 사람의 희망을 끊으시나이다 ²⁰주께서 사람을 영원히 이기셔서 떠나게 하시며 그의 얼굴빛을 변하게 하시고 쫓아 보내시오니 ²¹그의 아들들이 존귀하게 되어도 그가 알지 못하며 그들이 비천하게 되어도 그가 깨닫지 못하나이다 ²²다만 그의 살이 아프고 그의 영혼이 애곡할 뿐이니이다

허무한 인생

인생은 풀의 꽃과 같이 잠시 피었다가 시들며 그림자 같이 지나간다. 인간은 허무한 존재이다. 그러나 인간에게는 희망과 영생에 이르는 길이 있다. 그것은 영원하시고 전지전능하신 하나님을 믿고 의지하는 것이다.

14장은 '나아마' 사람 소발의 말에 대한 욥의 대답이다. 소발은 하나님이 욥에게 말씀하시고 지혜를 주셔서 전능하신 하나님을 깨닫게 해 달라고 청원하였다(욥11:5-7). 그리고 하나님께 회개하고 기도하는 자에게 희망이 있으며, 하나님께 불순종하는 악한 자는 도망할 곳도 찾지 못하고 두려워 방황하는 희망 없는 자라고 하였다(11:18-20). 욥 역시도 소발의 말에 대하여 수긍하면서 하나님을 의지하지 않는다면 인생은 희망이 없고 허무한 존재인 것을 시인하였다. 그러나 욥 자신은 하나님을 의지하기 때문에 하나님의 도움을 받아 반드시 새 희망이 움트게 될 것을 암시하였다.

본장은 친구들에 대한 세 번째 답변으로 문학적으로 가장 아름답게 묘사되어 있다. 나무는 움이 돋고 가지가 뻗어 자라다가 찍힐지라도 물 기운이 돌면 다시 생명이 시작되지만, 인생은 한 번 숨을 거두면 다시 시작할 수 없는 존재로 묘사하고(7-10절), 바다와 강의 물이 말라가는 모습으로(11절), 그리고 산과 바위가 차츰 무너지고 흩어지는 모습으로 묘사하고 있다(18절).

모든 인간은 출생부터 죽음을 향하여 출발한다. 인생의 날은 짧고 고난은 길다. 풀의 꽃과 같이 잠시 후에는 마르는 허무한 존재이다.

"여인에게서 태어난 사람은 생애가 짧고 걱정이 가득하며, 그는 꽃과 같이 자라나서 시들며 그림자 같이 지나가며 머물지 아니하거늘"(1,2절).

욥은 짧고 허무한 인생을 꽃과 그림자에 비유하고 있다. 꽃은 잠깐 동안 아름답게 피었다가 곧 마르고 시든다. 모세나 시편의 시인들도 인생은 마치 아침에 피었다가 저녁이면 시드는 풀의 꽃과 같다고 하였다(시90:6, 103:15,16). 신약의 베드로 사도 역시 인간의 육체가 풀의 꽃과 같다고 하였고, 야고보 사도는 인생을 아침 안개로 비유하였다(약4:14, 벧전1:24). 그림자 역시 낮에는 뚜렷하게 보이다가 해가 저물면 흔적도 없이 사라진다(욥8:9, 시102:11, 전6:12). 인생은 이렇게 무력하고 별 것 아닌 존재인데도 불구하고 하나님은 면밀하게 살피시고 감시하신다.

"이와 같은 자를 주께서 눈여겨 보시나이까 나를 주 앞으로 이끌어 서 재판하시나이까"(3절).

그냥 무시하셔도 될 인간을 눈여겨 보시고 감시하시다가, 범죄하게 되면 마침내 심판하시는 하나님에 대하여 못내 서운해 하는 감정이 담겨있다. 하나님은 인간의 수명을 정하시고 그가 죽는 날까지 지켜보신다. 시들고 마는 인생, 그림자 같은 인생을 간섭하지 말고 그냥 내버려 두실 수는 없는가를 호소하였다(5,6절). 깨끗한 것을 더러운 것 가운데서 낼 수 없는 것 같이 이미 원죄로 더러워진 인간은 하나님이 원하시는 선하고 깨끗한 것을 도출해 낼 수 없는 존재인 것을 뻔히 아시면서, 인간의 허물과 죄를 눈여겨 보고 계시는 하나님이 심히 부담스럽고 두려운 것이 사실이다. 하나님이 좀 못 본 채 외면해 주시고 그냥 버려두면 그나마 행복하게 살 것 같은데, 너무 지나치게 감시하시니 그 하나님의 눈길 앞에서 피할 수 있는 사람이 없다는 고백이다(6절).

죽음을 통한 부활

욥은 인생무상을 말하면서도 죽은 후에 다시 부활하는 희망을 가지고 있다. 나무는 찍힐지라도 물 기운이 돌 때에 다시 움이 돋고 가지가 뻗으며 새로 심은 것처럼 희망이 있다. 그러나 인간은 한 번 숨을 거두면 그렇지 못하다고 고백하였다(9,10절). 가뭄에 고인 물과 강물이 잦아들어 마름과 같이 사람이 죽으면 다시 일어나지 못한다고 하였다(11,12절).

욥은 사람이 한 번 죽으면 다시 살아날 수 없다는 것을 알고 있다. 그러나 하나님의 은총이 있으면 사후에 새 생명을 얻어 다시 부활할 것을 믿었다.

> "내가 알기에는 나의 대속자가 살아 계시니 마침내 그가 땅 위에 서실 것이라. 내 가죽이 벗김을 당한 뒤에도 내가 육체 밖에서 하나님을 보리라"(욥19:25,26).

욥은 죽음의 뒤에 찾아오는 새로운 생명에 대하여 희망을 가지고 있었다. 죽었던 나무에 움이 다시 돋아나듯이 자신이 다시 산다는 것을 꿈꾸고 있었다. 오히려 '스올'은 하나님의 분노가 지나갈 때까지 자신의 영혼을 감출 수 있는 은밀한 곳이 될 것이라고 생각했다. 고통을 견디다 못해 죽게 되면 하나님이 다시 그의 생명을 부활시킬 것이 아닌가? 그러면 하나님과 욥의 관계가 다시 회복될 것이고, 자신의 죽음은 천국으로 가는 통로가 될 것이다. 사후에 다시 하나님께서 자기의 이름을 불러주실 것이고, 고통이 없는 곳에서 눈을 뜨게 될 것이다.

> "주께서는 나를 부르시겠고 나는 대답하겠나이다. 주께서는 주의 손

으로 지으신 것을 기다리시겠나이다. 그러하온데 이제 주께서 나의 걸음을 세시오니 나의 죄를 감찰하지 아니하시나이까"(15,16절).

하나님이 다시 부르실 때에는 무슨 죄가 있는가 주시하지 않으시고, 어린 아기가 아장거리는 걸음을 사랑스러운 눈길로 바라보시는 것처럼 챙기실 것이다. 더 이상 욥의 죄에 대하여 감시하시거나 추궁하지 않으실 것이다. 그의 모든 죄를 주머니에 넣어 봉하실 것이고, 말갛게 씻어 깨끗하게 하실 것이다.

"주는 내 허물을 주머니에 봉하시고 내 죄악을 싸매시나이다"(17절).

"하나님이여 주의 인자를 따라 내게 은혜를 베푸시며 주의 많은 긍휼을 따라 내 죄악을 지워 주소서. 나의 죄악을 말갛게 씻으시며 나의 죄를 깨끗이 제하소서"(시51:1,2).

"동이 서에서 먼 것 같이 우리의 죄과를 우리에게서 멀리 옮기셨으며"(시103:12).

고난 중에도 하나님께 소망을 두라

인생은 비록 짧고 고난의 세월도 있지만, 믿음의 사람들은 하나님의 은혜와 사랑으로 살아가고 있다. 욥은 하나님께서 지나치게 자신의 죄와 허물을 살피시고 심문한다고 생각했다(16,17절). 물론 우리가 하나님 앞에서 바르게 살려고 애를 써야겠지만, 온전한 인생은 아무도 없으니 항상 하나님의 용서와 긍휼을 구하면서 살아야 한다.

욥은 절망 가운데서도 하나님의 은총의 손길을 계속 기대하고 있었다(13절). 하나님은 믿음의 사람을 결코 잊지 않으신다. 아무리 힘들고 어려워도 하나님의 은총을 바라보는 사람이 되어야 한다. 고난의 기간은 그리 길지 않을 것이다. 잠시 후에는 하나님의 기쁨과 평강이 깃들게 될 것이다.

"그의 노염은 잠깐이요 그의 은총은 평생이로다. 저녁에는 울음이 깃들일지라도 아침에는 기쁨이 오리로다"(시30:5).

"여호와여 들으시고 내게 은혜를 베푸소서. 여호와여 나를 돕는 자가 되소서 하였나이다. 주께서 나의 슬픔이 변하여 내게 춤이 되게 하시며, 나의 베옷을 벗기고 기쁨으로 띠 띠우셨나이다"(시30:10,11).

다윗은 사울 왕에게 추격을 당하고 죽을 고비를 여러 번 넘겼다. 동굴에서 잠을 자고, 가족들이 살해를 당할까봐 외국에 피신시키기도 했다. 그러한 고난의 시간이 꽤 길었지만 하나님은 고난 가운데서도 그와 함께 하시고 많은 은혜를 체험하게 하셨다. 다윗이 지나고 보니 그 고난은 잠깐이었고 하나님의 은총은 평생 지속되었음을 깨달았다. 그의 슬픔이 변하여 기쁨의 춤이 되고, 인생의 쓴 고난이 하나님의 은총과 복이 되었다. 그는 촌부의 아들로서 이스라엘의 왕이 되었고, 적들과 전쟁할 때에 승승장구할 수 있도록 하나님께서 도와주셨다.

고난의 시간도 믿음의 사람에게는 시간이 지나고 보면 유익하다. 하나님을 사랑하는 자는 모든 것이 합력하여 선을 이룬다. 고난을 잘 참고 인내하면 하나님께서 큰 은혜와 복을 주신다.

사람이 죽으면 생명처럼 아끼던 아들들이 존귀하게 되어도 알지 못하고 그들이 비천하게 되어도 인지하지 못한다. 고통 가운데 죽어 그의 영혼이 애곡할 뿐이지만, 믿음의 사람은 그래도 하나님의 은총을 입게 될 것이다. 욥은 인생무상을 고백하면서도 그 허무함 속에서 하나님의 부르심을 열망하고 있다. 죽으면 들어가는 '스올'이 하나님의 분노를 피하는 도피처가 될 것이다. 그러나 사후에 하나님을 만나 영원한 평화를 누리게 될 것이다.

인생은 폭우에 여지없이 무너져 내리는 산과 바위와 같이 어처구니 없는 일을 당할 수도 있다(18,19절). 그러나 하나님을 깊이 신뢰하고 의지하는 자는 새로운 희망으로 나아가게 된다. 당당하게 서 있던 산과 바위가 무너져 내린다 해도, 홍수가 나서 땅에 있던 것들을 다 쓸어간다고 해도, 하나님은 그 무너진 흙더미에서 다시 풀이 자라고 나무가 자라게 하실 것이다. 인생은 허무하고 고난의 짐이 무거울지라도 하나님을 굳게 의지할 때에 희망을 가지게 된다. 고난을 잘 참고 인내하면 마침내 하나님께서 부르시고 자기의 자녀를 돌보실 것이다.

"주께서는 나를 부르시겠고 나는 대답하겠나이다. 주께서는 주의 손으로 지으신 것을 기다리시겠나이다"(욥14:15).

Job Theology and Explanation

16
같은 저울로 달라

욥 15:1-35

¹데만 사람 엘리바스가 대답하여 이르되 ²지혜로운 자가 어찌 헛된 지식으로 대답하겠느냐 어찌 동풍을 그의 복부에 채우겠느냐 ³어찌 도움이 되지 아니하는 이야기, 무익한 말로 변론하겠느냐 ⁴참으로 네가 하나님 경외하는 일을 그만두어 하나님 앞에 묵도하기를 그치게 하는구나 ⁵네 죄악이 네 입을 가르치나니 네가 간사한 자의 혀를 좋아하는구나 ⁶너를 정죄한 것은 내가 아니요 네 입이라 네 입술이 네게 불리하게 증언하느니라 ⁷네가 제일 먼저 난 사람이냐 산들이 있기 전에 네가 출생하였느냐 ⁸하나님의 오묘하심을 네가 들었느냐 지혜를 홀로 가졌느냐 ⁹네가 아는 것을 우리가 알지 못하는 것이 무엇이냐 네가 깨달은 것을 우리가 소유하지 못한 것이 무엇이냐 ¹⁰우리 중에는 머리가 흰 사람도 있고 연로한 사람도 있고 네 아버지보다 나이가 많은 사람도 있느니라 ¹¹하나님의 위로와 은밀하게 하시는 말씀이 네게 작은 것이냐 ¹²어찌하여 네 마음에 불만스러워하며 네 눈을 번뜩거리며 ¹³네 영이 하나님께 분노를 터뜨리며 네 입을 놀리느냐 ¹⁴사람이 어찌 깨끗하겠느냐 여인에게서 난 자가 어찌 의롭겠느냐 ¹⁵하나님은 거룩한 자들을 믿지 아니하시나니 하늘이라도 그가 보시기에 부정하거든 ¹⁶하물며 악을 저지르기를 물 마심 같이 하는 가증하고 부패한 사람을 용납하시겠느냐 ¹⁷내가 네게 보이리니 내게서 들으라 내가 본 것을 설명하리라 ¹⁸이는 곧 지혜로운 자들이 전하여 준 것이니 그들의 조상에게서 숨기지 아니하였느니라 ¹⁹이 땅은 그들에게만 주셨으므로 외인은 그들 중에 왕래하지 못하였느니라 ²⁰그 말에 이르기를 악인은 그의 일평생에 고통을 당하며 포악자의 햇수는 정해졌으므로 ²¹그의 귀에는 무서운 소리가 들리고 그가 평안할 때에 멸망시키는 자가 그에게 이르리니 ²²그가 어두운 데서 나오기를 바라지 못하고 칼날이 숨어서 기다리느니라 ²³그는 헤매며 음식을 구하여 이르기를 어디 있느냐 하며 흑암의 날이 가까운 줄을 스스로 아느니라 ²⁴환난과 역경이 그를 두렵게 하며 싸움을 준비한 왕처럼 그를 쳐서 이기리라 ²⁵이는 그의 손을 들어 하나님을 대적하며 교만하여 전능자에게 힘을 과시하였음이니라 ²⁶그는 목을 세우고 방패를 들고 하나님께 달려드니 ²⁷그의 얼굴에는 살이 찌고 허리에는 기름이 엉기었고 ²⁸그는 황폐한 성읍, 사람이 살지 아니하는 집, 돌무더기가 될 곳에 거주하였음이라

비판을 받지 않으려면 비판하지 말라

어떤 사람이 당한 큰 환난과 고통이 그의 죄에 비례한다고 생각하지 말라. 그 사람이 고난받는 것만큼 그의 죄도 그만큼 크다고 단정지을 수 없다. 욥은 자신이 남보다 특별히 죄를 많이 지어서 그러한 고통을 당하는 것이 아니라고 말했다. 또 친구들은 그렇게 변명하는 욥을 책망하며 죄를 깨닫지 못하는 어리석은 자라고 비난하였다.

"네 죄악이 네 입을 가르치나니 네가 간사한 자의 혀를 좋아하는구나. 너를 정죄한 것은 내가 아니요 네 입이라 네 입술이 네게 불리하게 증언하느니라"(5,6절).

'엘리바스'는 욥이 스스로 자신을 깨끗하게 여기고 있다고 생각했다. 세상에 태어난 자 중에 하나님 앞에서 의롭고 깨끗한 자는 없다고 하였다. 거룩한 천사들이나 하늘이라도 깨끗하지 못한데 하물며 인간이 하나님 앞에서 의로울 수 없다고 하였다. 이 말은 진리다.

사도 바울도 "의인은 없나니 한 사람도 없다"고 하였다. 그렇게 본다면 고난을 당하지 않은 엘리바스 역시 죄인이고, 고난을 받고 있는 욥 또한 죄인이 아니겠는가? 엘리바스는 욥보다 연장자인 것 같다(10절). 그래서 욥이 자신의 의로움에 대하여 굽히지 않는 말에 대하여 호되게 책망을 하고 있다.

"어찌하여 네 마음에 불만스러워하며 네 눈을 번뜩거리며 네 영이 하나님께 분노를 터뜨리며 네 입을 놀리느냐. 사람이 어찌 깨끗하겠느냐 여인에게서 난 자가 어찌 의롭겠느냐. 하나님은 거룩한 자들을 믿지 아니하시나니 하늘이라도 그가 보시기에 부정하거든, 하물며 악을 저지르기를 물 마심 같이 하는 가증하고 부패한 사람을 용납하시겠느냐"(12-16절).

엘리바스의 말은 틀리지 않았다. 욥은 감히 하나님 앞에서 자신의 의와 정직함에 대하여 당당하게 말할 수 없는 죄인이다. 그렇다고 해서 엘리바스가 욥을 정죄하고 책망한 것이 정당하다고 말하기는 곤란하다. 엘리바스는 욥에 비해서 더 부족한 인물이기 때문이다. 사람들은 자신을 살피지 못하고 남만 정죄하는 습관이 있다.

엘리바스는 욥이 고통 받는 끔찍한 현장만 보고서 그가 엄청난 죄를 저질렀을 것이라고 오해하였다. 엘리바스가 처음 말할 때는 예의와 공손함을 갖추고 있었다. 그러나 욥이 여전히 하나님 앞에서 그의 의를 주장하고 하나님께 항의할 뿐만 아니라, 자기의 권면과 충고를 잘 받아들이지 않는 욥이 괘씸하기까지 했다. 그래서 하나님 경외하기를 포기하는 말을 한다고 했으며(4절), 하나님의 말씀을 무시한다고 말했다(11절). 심지어 "그는 목을 세우고 방패를 들고 하나님께 달려든다"(26절)고 말했다.

욥에게 실망하고 화가 난 엘리바스는 그가 지독한 죄인이라고 몰아세웠다. 욥이 자기보다 연륜이나 나이가 부족한 것을 강조하면서 노인의 지혜와 권면을 무시한다고 격앙된 목소리로 질책하였다(9,10절).

남을 비판하거나 정죄하는 것은 정말 신중해야 한다. 자기를 평가할 때는 충분히 이해하고 관대하다. "정말 그럴 수밖에 없었다. 어쩔 수 없는 상황이었다"라고 하면서 스스로 충분히 이해해 준다. 그러나 남을 비판할 때는 "어떻게 그럴 수 있어. 정말 이해할 수 없어"라고 말한다.

같은 저울로 남을 평가하라

'토마스 아킴퍼스'는 "자신을 달 때 쓰는 것과 똑 같은 저울로 이웃을 다는 일이 얼마나 드문가"라고 말했다. 사람들은 자기에게는 관대하고 남에게는 비정하고 과격할 때가 있다. 남을 판단할 때 적어도 자기에게 관대한 것 같이 이해하려고 해야 한다. 자기를 달았던 같은 저울로 타인도 달아야 한다. 자기의 죄는 가볍게 생각하고, 타인의 죄는 무겁게 생각해서는 안 된다. 예수님은 비판을 받지 않으려면 비판하지 말라고 하셨다. 자신을 돌아보지 않고 남만 정죄하는 것은 악한 마음이다.

"비판을 받지 아니하려거든 비판하지 말라. 너희가 비판하는 그 비판으로 너희가 비판을 받을 것이요 너희가 헤아리는 그 헤아림으로 너희가 헤아림을 받을 것이니라. 어찌하여 형제의 눈 속에 있는 티는 보고 네 눈 속에 있는 들보는 깨닫지 못하느냐"(마7:1-3).

우리는 먼저 자신을 살피고 자기의 죄를 회개하는 겸허한 사람이 되어야 한다. 자신의 허물과 죄를 더 크게 생각할 때에, 타인의 잘못이 이해되고 남의 죄에 대하여 관대하게 평가하게 될 것이다.

"형제들아 사람이 만일 무슨 범죄한 일이 드러나거든 신령한 너희는 온유한 심령으로 그러한 자를 바로잡고 너 자신을 살펴보아 너도 시험을 받을까 두려워하라"(갈6:1).

다른 사람을 비판하거나 권면할 때에 그가 받는 고통의 경중에 따라 그의 죄를 평가해서는 안 된다.

누가복음 13장에 실로암의 망대가 무너져서 18명이 치어 죽은 불행한 사건이 있었다. 예수님은 그 사람들이 예루살렘에 사는 다른 사람들보다 더 죄가 많다고 생각하지 말라고 하셨다(눅13:4,5). 어떤 사람들의 고통과 불행은 우리 모두가 죄를 회개하는 기회로 삼아야 한다. 다른 사람의 고통을 보면서 자기의 죄를 기억하는 회개의 사람이 되어야 한다. 부득이 남에게 권면하거나 충고할 때에는 신중하고 유순하게 해야 한다. 쓸 데 없는 잔소리를 많이 늘어놓아서는 안 된다. 말을 많이 하다 보면 실수도 많이 하게 된다.

> "말이 많으면 허물을 면하기 어려우나 그 입술을 제어하는 자는 지혜가 있느니라" (잠10:19).

성경은 남에게 말할 때에 소금을 치듯 하라고 교훈하고 있다(골4:6). 배추에 소금을 치면 숨이 죽는다. 겸손하고 유순하게 말하라는 것이다. 자기의 강한 자존심과 감정이 살아있는 채로 함부로 말하지 말라는 것이다. 너무 과격하거나 직설적으로 공격하게 되면 상대방의 마음이 상할 수도 있다. 어리석은 자들은 상대방의 마음을 배려하지 않고 가시처럼 찌르거나 직격탄처럼 쏘아붙인다. 모기에게 물리면 피부가 가렵고 볼록하게 부어오르는 것처럼, 상대방의 감정을 상하게 하는 말은 금방 마음에 상처를 입히고 화를 돋군다.

다윗은 말을 조심하기 위하여 자신의 입에 파수꾼을 세워달라고 기도하였다.

> "여호와여 내 입에 파수꾼을 세우시고 내 입술의 문을 지키소서" (시 141:3).

성도들은 사람들에게 말할 때에 생명의 언어를 사용해야 한다. 죽은 자는 몸이 차나 살아 있는 자는 몸이 따뜻하다. 생명의 언어는 차갑거나 냉정하지 않다. 생명의 언어는 따뜻하고 친절하다. 생명의 언어는 남을 무시하거나 정죄하지 않는다. 생명의 언어는 남을 존경하고 희망적으로 말한다.

"누추함과 어리석은 말이나 희롱의 말이 마땅치 아니하니 오히려 감사하는 말을 하라"(엡5:4).

성도들의 입술에서 거짓말이나 악한 말이나 욕설이 나와서는 안 된다. 남을 정죄하고 함부로 비판하거나 모함해서도 안 된다. 항상 진실하고 정직한 말, 그리고 선한 생명의 말을 해야 한다. 그 사람의 말을 들으면 그 마음에 무엇이 담겨있는지 짐작할 수 있다. 선한 마음에서 선한 말이 나오고, 악한 마음에서 악한 말이 나온다. 항상 마음에 쌓여 있는 것이 말로 표현이 된다.

죄의 결과를 두려워하라

15장은 자기의 죄를 회개하지 않고 하나님께 대항하는 교만한 자가 받을 재앙에 대하여 서술되어 있다. 선도 열매가 있지만 악도 열매가 있다. 엘리바스가 욥을 바로 이해하지 못하여 신랄하게 공격한 것에서 우리는 이웃을 함부로 정죄하거나 비판해서는 안 된다는 교훈을 얻었다. 그러나 엘리바스의 말에는 일반적인 진리가 나타나 있다. 그것은 하나님 앞에서 자신을 의롭게 내세우는 교만을 회개하라는 것이다.

신학자 '로이 죽'(Roy B. Zuck)은 그의 욥기 주석에서 악한 자가 당할 재난을 17가지로 분류했다. 21절에서 24절까지 여섯 가지, 그리고 25절부터 35절 마지막까지 열한 번 나와 있다고 했다. 첫 번과 둘째 재난이 "그의 귀에는 무서운 소리가 들리고, 그가 평안할 때에 멸망시키는 자가 그에게 이른다"(21절)는 것이고, 마지막 열일곱 번째로 언급된 재난이 "그들은 재난을 잉태하고 죄악을 낳으며 그들의 뱃속에 속임을 준비한다"는 것이다. 악한 자는 또 다른 죄를 낳기 위하여 마음 속에 남을 속일 준비를 하고 있다고 했다. 악한 자는 죄를 벗어나기가 대단히 어렵다. 그 마음 속에 항상 남을 속이고 죄를 지을 계획을 갖고 있기 때문이다.

죄에 대한 결과가 무섭다. 우리가 죄를 회개하고 죄 사함을 받는 길은 오직 예수 그리스도의 십자가 은혜를 믿는 것뿐이다.

"죄의 삯은 사망이요 하나님의 은사는 그리스도 예수 우리 주 안에 있는 영생이니라"(롬6:23).

Job Theology and Explanation

17
하늘에 계신 보증인

욥 16:1-22

1욥이 대답하여 이르되 2이런 말은 내가 많이 들었나니 너희는 다 재난을 주는 위로자들이로구나 3헛된 말이 어찌 끝이 있으랴 네가 무엇에 자극을 받아 이같이 대답하는가 4나도 너희처럼 말할 수 있나니 가령 너희 마음이 내 마음 자리에 있다 하자 나도 그럴듯한 말로 너희를 치며 너희를 향하여 머리를 흔들 수 있느니라 5그래도 입으로 너희를 강하게 하며 입술의 위로로 너희의 근심을 풀었으리라 6내가 말하여도 내 근심이 풀리지 아니하고 잠잠하여도 내 아픔이 줄어들지 않으리라 7이제 주께서 나를 피로하게 하시고 나의 온 집안을 패망하게 하셨나이다 8주께서 나를 시들게 하셨으니 이는 나를 향하여 증거를 삼으심이라 나의 파리한 모습이 일어나서 대면하여 내 앞에서 증언하리이다 9그는 진노하사 나를 찢고 적대시 하시며 나를 향하여 이를 갈고 원수가 되어 날카로운 눈초리로 나를 보시고 10무리들은 나를 향하여 입을 크게 벌리며 나를 모욕하여 뺨을 치며 함께 모여 나를 대적하는구나 11하나님이 나를 악인에게 넘기시며 행악자의 손에 던지셨구나 12내가 평안하더니 그가 나를 꺾으시며 내 목을 잡아 나를 부쉬뜨리시며 나를 세워 과녁을 삼으시고 13그의 화살들이 사방에서 날아와 사정없이 나를 쏨으로 그는 내 콩팥들을 꿰뚫고 그는 내 쓸개가 땅에 흘러나오게 하시는구나 14그가 나를 치고 다시 치며 용사 같이 내게 달려드시니 15내가 굵은 베를 꿰매어 내 피부에 덮고 내 뿔을 티끌에 더럽혔구나 16내 얼굴은 울음으로 붉었고 내 눈꺼풀에는 죽음의 그늘이 있구나 17그러나 내 손에는 포학이 없고 나의 기도는 정결하니라 18땅아 내 피를 가리지 말라 나의 부르짖음이 쉴 자리를 잡지 못하게 하라 19지금 나의 증인이 하늘에 계시고 나의 중보자가 높은데 계시니라 20나의 친구는 나를 조롱하고 내 눈은 하나님을 향하여 눈물을 흘리니 21사람과 하나님 사이에와 인자와 그 이웃 사이에 중재하시기를 원하노니 22수년이 지나면 나는 돌아오지 못할 길로 갈 것임이니라

만신창이가 되더라도 마음을 흐트러뜨리지 말라

인생은 이해할 수 없는 고난을 당할 수 있다. 인생은 수학 공식처럼 하나의 원칙대로 전개되지 않는다. 각자가 짊어져야 할 십자가가 있다. 어느 날 이해할 수 없는 고난이 닥쳤을 때 우리는 어떻게 할 것인가? 어떻게 극복하고 이겨나갈 것인가? 당장은 아무 답이 없을 수 있다. 그저 막막하고 답답하고 괴로울 것이다. 그러나 하나님을 바라보는 순수한 마음에서 벗어나지 말아야 한다. 그러면 반드시 살 길이 열린다.

욥의 현실은 끔찍한 고통이었다. 사람들이 모욕하며 뺨을 치고, 목을 꺾고 자신을 과녁으로 삼아 사정없이 화살을 쏨으로 콩팥이 꿰뚫어지고 쓸개가 밖으로 흘러나오는 고통이었다(9-14절). 이 끔찍하고 극심한 고통은 장차 오실 예수 그리스도가 받게 될 십자가 고난의 그림자이다. 하나님은 우리 죄인들이 받아야 할 고난을 예수 그리스도께 담당시키시고 십자가에서 모진 고난을 당하게 하셨던 것이다.

욥은 만신창이가 된 비참한 상황에서도 하나님을 잊지 않고 마음의 중심을 흐트러뜨리지 않았다. 자포자기하거나 하나님을 원망하거나 저주하지 않았다. 절망적인 상황 가운데서도 하나님께 기도하였다.

"내 얼굴은 울음으로 붉었고 내 눈꺼풀에는 죽음의 그늘이 있구나.
그러나 내 손에는 포학이 없고 나의 기도는 정결하니라"(16,17절).

우리는 어떤 상황에 처하더라도 마음 중심이 흔들리지 않고 심지가 견고해야 한다. 욥은 언제나 경건하고 진실하게 살았기 때문에 이해할 수 없는 고난이 와도 여전히 하나님께 희망을 두고 흔들리지 않았.

한 대학에 10억에 상당하는 건물을 기증한 할머니가 있었다. 그 할머니는 자녀가 다섯 있었는데, 전쟁 때에 남편이 전사하자 그 자녀들을 양육할 길이 막막했다. 혼자 살기도 어려운 시절에 자녀 다섯을 혼자의 힘으로 키운다는 것은 대단히 어려운 일이었다. 차라리 죽어버릴까도 생각했지만 도무지 자식들을 두고 그렇게 할 수 없었다. 수선을 전문으로 하는 예수님을 믿는 한 이웃 부인이 그 미망인에게 삯바느질을 해 보라고 했다. 그 미망인은 바느질을 잘 못한다고 하였다.

"처음부터 잘 하는 사람이 있습니까? 하나님께 기도하면 안 되는 일이 없습니다. 정성을 다하면 다 잘 하게 됩니다"라고 소개한 부인이 말했다. 그래서 그 부인의 말대로 삯바느질을 시작하였고 새벽마다 함께 교회에 가서 기도하였다. 그 과부된 여인은 기도할 때마다 저고리에 바늘 하나를 꽂고 기도했다.

"하나님 아버지, 바느질 하나라도 잘 할 수 있도록 손재주를 주십시오. 다섯 자식을 먹여 키워야 합니다 보살펴 주십시오"라고 간절히 기도하였다. 그 여인은 정성을 다하여 바느질을 하였고 할수록 바느질 솜씨가 늘었다. 다른 사람들보다 솜씨가 탁월하였다. 그래서 그 여인에게 일감이 더 많이 주어졌다. 나중에 독립하여 기업형 삯바느질 가게를 차렸고 소문이 좋게 나서 많은 일감이 들어왔다. 바늘 하나 저고리에 꽂고 오직 다섯 자식들을 키워야겠다는 일념으로 살았더니 하나님께서 살 길을 열어주셨던 것이다. 그래서 평생을 믿음으로 바로 살고 자녀들을 잘 키웠다. 자신의 인생을 돌아보니 너무나 하나님의 은혜에 감사하여 자기가 소유한 작은 빌딩을 모 대학에 기증했던 것이다.

욥은 모든 것이 완전히 끝났다고 할 정도로 절망적인 상황이었다. 그러나 하나님을 원망하거나 자포자기 하지 않고 하나님께 희망을 두고 기도하였다. 하나님은 마침내 그에게 은혜를 베푸셨고, 욥의 인생이 슬픔과 어둠으로 끝나지 않게 하셨다.

하나님이 계신 한 절망은 없다

　요셉의 인생은 이해할 수 없는 역경과 시련의 연속이었다. 십칠 세에 형들의 미움을 받아 애굽의 노예로 팔려갔고 보디발의 집 총무가 되었다가 주인의 아내의 유혹에서 벗어났다가 만 이 년 동안 감옥에 들어갔다. 그러나 욥은 절망하지 않고 하나님을 믿고 의지하였다. 역경과 고난 가운데서도 마음의 중심을 흐트러뜨리지 않고 오직 하나님만 바라보았다. 요셉이 어디서 무엇을 하든지 하나님께서 형통하게 하셨다(창39:2,23).

　요셉이 감옥에 들어갔을 때, 타국에서 정말 아무도 자기를 도울 자가 없는 절망적인 상황이었다. 아무 희망이 없는 것 같았고 앞이 캄캄했지만 요셉은 하나님이 도우실 것을 믿고 있었다. 그것은 경험적 신앙에서 나온 확신이었을 것이다. 그의 믿음대로 요셉은 석방이 되고 바로 왕의 꿈을 해석한 공으로 총리가 된다. 우리는 포기하지 않고 항상 하나님께 희망을 두어야 한다.

　에스더서 7장에 보면 '모르드개'와 '에스더'와 온 유다인들이 기도하였을 때 상황이 역전 되는 기사가 나타나 있다. 아말렉 족속의 후손인 총리 '하만'이 모든 유다인들을 그 해 12월 13일에 다 죽이기로 제비를 뽑아 결정하고 아하스에로(크세르크세스) 왕의 윤허를 받았다. 그러나 에스더 왕후는 금식 기도하고 '죽으면 죽으리라' 하고 왕 앞에 나가서 하만의 죄를 고발하였다. 하만은 자기의 원수인 모르드개를 달려고 오십 규빗이나 되는 높은 나무를 자기 집에 세웠는데, 그 나무 장대에 하만이 달리게 되었다. 그리고 상황은 놀랍게 역전되어 유다인들을 미워하였던 원수들이 정해진 그 날에 다 죽게 되었다.

　기도는 악한 상황을 역전시킬 수도 있다. 그러므로 절망하거나 좌절하지 않고 기도하면 하나님께서 은혜를 베푸신다.

하나님은 내 인생의 보증인

하나님은 언제나 우리를 굽어 살피신다. 욥은 자신의 딱한 사정에 대하여 하나님이 증인이라고 고백하였다. 친구들은 속내를 다 알지 못하고 욥을 비난하고 질타하였다. 욥은 생각이 좁은 인간들에게 평가받기를 원하지 않고 하늘에 계신 하나님께 평가받기를 원했다. 그래서 그는 하나님만이 자신의 진정한 보증인이라고 말했다.

"지금 나의 증인이 하늘에 계시고 나의 중보자가 높은 데 계시니라. 나의 친구는 나를 조롱하고 내 눈은 하나님을 향하여 눈물을 흘리니 사람과 하나님 사이에와 인자와 그 이웃 사이에 중재하시기를 원하노니"(19-21절).

"청하건대 나에게 담보물을 주소서. 나의 손을 잡아 줄 자가 누구리이까"(욥17:3).

욥의 친구들은 그의 마음을 위로하지 못하고(1-5절), 그의 정신적 고통만 가중하게 하였다. 그러나 하나님은 진정한 증인이 되셔서 욥의 억울함을 풀어주실 것이라고 믿었다.

바울 사도께서도 하나님이 자신의 증인이라고 말씀했다(롬1:9). 법정에 가면 자신이 공정하고 진실한 것을 밝히기 위하여 증인을 세운다. 가끔은 그 증인들이 진실하지 못할 수도 있다. 그러나 우리의 증인은 살아계신 하나님이시다. 하나님이 우리의 증인으로 계시는 한 우리의 인생에서 억울할 것도 괴로울 것도 없다. 시간이 지나면 선과 악이 다 드러나게 될 것이고, 하나님께서 우리의 억울한 것들을 풀어주시고 해결해 주실 것이다. 마음의 중심을 바로 하고 기도하면서 주님을 의지하는 삶을 살아갈 때에, 하나님은 때가 될 때에 은혜와 복을 내리실 것이다. 사람들이 알아주지 않고 세상이 알아주지 않아도 개이치 말라. 모든 것을 아시고 모든 것을 하실 수 있는 하나님이 우리의 증인으로 계시지 않는가? 때가 되면 욥처럼 하나님의 섭리를 깨닫게 하시고, 낮은 자리에 있는 우리를 높여주실 것이다.

Job Theology and Explanation

18
소망의 줄을 잡아라

욥 17:1-16

¹나의 기운이 쇠하였으며 나의 날이 다하였고 무덤이 나를 위하여 준비되었구나 ²나를 조롱하는 자들이 나와 함께 있으므로 내 눈이 그들의 충동함을 항상 보는구나 ³청하건대 나에게 담보물을 주소서 친히 나의 손을 잡아 줄자가 누구리이까 ⁴주께서 그들의 마음을 가리어 깨닫지 못하게 하셨사오니 그들을 높이지 마소서 ⁵보상을 얻으려고 친구를 비난하는 자는 그 자손들이 눈이 멀게 되리라 ⁶하나님이 나를 백성의 속담 거리가 되게 하시니 그들이 내 얼굴에 침을 뱉는구나 ⁷내 눈은 근심 때문에 어두워지고 나의 온 지체는 그림자 같구나 ⁸정직한 자는 이로 말미암아 놀라고 죄 없는 자는 경건하지 못한 자 때문에 분을 내나니 ⁹그러므로 의인은 그 길을 꾸준히 가고 손이 깨끗한 자는 점점 힘을 얻느니라 ¹⁰너희는 모두 다시 올지니라 내가 너희 중에서 지혜자를 찾을 수 없느니라 ¹¹나의 날이 지나갔고 내 계획, 내 마음의 소원이 다 끊어졌구나 ¹²그들은 밤으로 낮을 삼고 빛 앞에서 어둠이 가깝다 하는구나 ¹³내가 스올이 내 집이 되기를 희망하여 내 침상을 흑암에 펴놓으매 ¹⁴무덤에게 너는 내 아버지라, 구더기에게 너는 내 어머니, 내 자매라 할지라도 ¹⁵나의 희망이 어디 있으며 나의 희망을 누가 보겠느냐 ¹⁶우리가 흙 속에서 쉴 때에는 희망이 스올의 문으로 내려갈 뿐이니라

현실이 '스올'의 문 앞이라도

사실 욥의 현실은 마치 무덤 속으로 내려가는 것 같았다. 본문의 시는 죽음이 임박한 자의 고뇌가 나타나 있다. 전반부와 후반부의 대칭구조에서 죽음에 대한 묵상이 나타나 있다.

"나의 기운이 쇠하였으며 나의 날이 다하였고 무덤이 나를 위하여 준비되었구나"(1절).

"내가 스올이 내 집이 되기를 희망하여 내 침상을 흑암에 펴놓으매 무덤에게 너는 내 아버지라, 구더기에게 너는 내 어머니, 내 자매라 할지라도 …. 우리가 흙 속에서 쉴 때에는 희망이 스올의 문으로 내려갈 뿐이니라"(13-16절).

17장에서 '무덤'(커바림: קְבָרִים)란 단어가 두 번, '스올'(שְׁאֹל)이란 단어가 두 번 나온다. 사실 두 단어는 유사한 의미의 말이다. '스올'은 죽으면 가는 곳이다. 가끔은 불신앙의 사람들에게 사용되어 '지옥'이라는 의미를 가지기도 한다. 밤과 어둠이라는 죽음을 연상하는 단어들도 나와 있다. 전반적으로 어둡고 그늘진 슬픔의 시이다. 그러나 대조적으로 희망과 정직과 경건과 의인이라는 긍정적인 단어들도 나와 있다. 욥은 절망적인 상황에서도 소망의 줄을 잡고 있다는 증거다.

1절의 "나의 기운이 쇠하였다"는 말은 단지 육신적으로 힘이 빠졌다는 의미가 아니고, "나의 영혼이 망가졌다"(My spirit is broken)는 뜻이다. 자신의 영혼이 온전하지 못하고 깨져버리면 죽게 되는 것이다. 욥은 자신에게 죽음이 임박했다고 생각하고 "무덤이 준비되었다"고 말했다. 자기 영혼이 스올로 내려가고 무덤을 아버지라 부르고 구더기를 어머니라 부르게 될 것이란 말은 죽어서 사체가 썩게 될 것을 암시하는 내용이다. 얼마나 극심한 고통인가? 그는 스올의 문 앞에 서 있었다.

그럼에도 불구하고 하나님을 향한 믿음과 소망의 끈을 놓지 않고 있다. 죽음을 묵상하는 어두운 전체 분위기와 달리 희망의 빛이 비치는 곳이 있다.

"정직한 자는 이로 말미암아 놀라고 죄 없는 자는 경건하지 못한 자 때문에 분을 내나니 그러므로 의인은 그 길을 꾸준히 가고 손이 깨끗한 자는 점점 힘을 얻느니라"(8,9절).

정직한 자들은 욥의 고난을 바라보고 놀라게 될 것이다. 그러나 낙심하지 않고 더욱 힘 있게 신앙을 지키게 될 것이다. 택함을 받은 성도는 이해하기 어려운 고난을 당하여도 하나님의 섭리를 생각하며 인내하게 된다. 그래서 성도들은 고난이 와도 믿음의 길을 꾸준히 가게 된다. 저자가 꼭 하고 싶은 말은 죽고 끝나는 인생을 말하는 것이 아니라, 충격적이고 놀랄만한 고난이 와도 마음의 중심이 흔들리지 않고 끝까지 하나님께 소망을 두라는 것이다.

그리스도의 고난

욥은 동방 사람 중에 가장 큰 자로 알려진 인물이다(1:3). 하나님을 잘 경외하고 정직하여 동방의 의인으로 알려진 사람이다. 그리고 거부였다. 무엇 하나 부족함이 없는 사람이었다. 세상 사람들에게 선망의 대상이었다. 그런데 어느 날 욥이 파경에 이르러 죽게 되었다는 소문이 퍼졌을 때, 세상 사람들에게는 일급 이야기 꺼리가 되었다. 원래 유명인이 고난을 당하면 그 소문은 더 늘리 퍼지기 마련이다. 속 모르는 세상 사람들의 비난과 조롱은 욥의 마음을 더욱 아프게 하였다.

인생은 어떤 어려운 고비에서도 소망의 줄을 놓아서는 안 된다. 욥은 자신의 형편을 돌아볼 때에 그 어디에도 소망이 없는 것 같았다. 더군다나 아내나 친구들마저 비난하고 책망하였으며(2:9), 이웃들도 욥의 고난을 보고 조롱하고 멸시하였으니 어찌 희망을 가질 수 있었겠는가? 욥의 비참한 몰골을 보고 그 얼굴에 침을 뱉는 자까지 있었다. 이것보다 더 절망적이고 극한 고통은 없을 것이다.

죄 없으신 예수님이 인간의 죄를 담당하시고 십자가를 지실 때, 사람들에게 조롱과 멸시를 받으시고 그 얼굴에 침 뱉음을 당하셨다. 욥의 고난은 장차 오실 예수 그리스도의 십자가 고난의 그림자라고 할 수 있다.

> "가시관을 엮어 그 머리에 씌우고 갈대를 그 오른손에 들리고 그 앞에서 무릎을 꿇고 희롱하여 이르되 유대인의 왕이여 평안할지어다 하며, 그에게 침 뱉고 갈대를 빼앗아 그의 머리를 치더라" (마 27:29,30).

> "군인들이 예수를 끌고 '브라이도리온' 이라는 뜰 안으로 들어가서 온 군대를 모으고 예수에게 자색 옷을 입히고 가시관을 엮어 씌우고 경례하여 이르되 유대인의 왕이여 평안할지어다 하고 갈대로 그의 머리를 치며 침을 뱉으며 꿇어 절하더라" (막15:16-19).

욥은 정신적이고 육체적인 고통이 너무 과하여 눈의 시력이 침침해지고 온 몸은 실체가 아닌 그림자 같이 여겨질 지경이었다.

> "하나님이 나를 백성의 속담거리가 되게 하시니 그들이 내 얼굴에 침을 뱉는구나. 내 눈은 근심 때문에 어두워지고 나의 온 지체는 그림자 같구나" (6,7절).

소망의 끈을 놓지 말라

욥은 아무 희망이 없다고 외쳤지만, 그 극한 고난에서도 하나님에 대한 소망의 끈만은 놓치지 않았다. 거창했던 삶의 계획과 소원하던 것들이 다 산산조각이 났다. 무덤과도 같은 캄캄함이 그에게 엄습하였다. 희망의 건덕지가 전혀 없었다. 이러한 욥의 고백은 진정성이 있으나 우리는 역설적으로 이해해야 한다.

그러한 상황이므로 그에게 신앙이란 마침내 유일한 선택이 되었다는 것이다. 세상의 것은 모두 상실되었고 그 어느 것도 기대하거나 붙잡을 수 있는 것이 없어졌기 때문에 오직 하나님만 유일한 소망이 되었다는 것이다. 욥은 오직 하나님이 주시는 은혜와 사랑으로 다시 일어설 수 있었다. 가족도 물질도 건강도 그를 붙잡아줄 수 없었다. 오직 하나님만 그의 유일한 소망이었다.

요한복음 8장에는 간음하다가 현장에서 붙잡힌 여자의 기사가 나온다 (요8:4-11). 화난 남자들의 조롱과 멸시가 쏟아졌다. 우악스러운 그들은 모세의 법대로 돌을 던져 공개 처형시켜야 마땅하다고 떠들어댔다. 여자는 너무 무섭고 두려워 몸을 부들부들 떨고 있었다. 눈 앞이 캄캄하고 모든 것이 다 끝난 것 같았다. 여자는 아무런 변명도 하지 못하고 주위에서 쏟아지는 야유와 욕설을 듣고 있었다. 그녀에게는 일체 희망이 없었다. 오직 예수님에게만 소망이 있었다. 그 분은 죄를 사하여 주시는 하나님의 아들이 아니신가? 혹시라도 그 분이 은혜를 베푸신다면 하는 한 가닥 소망이 있었다.

예수님께서는 분노하여 돌을 든 군중들을 진정시키기 위하여 땅바닥에 글을 쓰셨다. 사람들은 무엇이라고 썼는지 주의를 집중하여 글을 읽었다. 그리고 조용해진 군중들을 향하여 예수님께서는 "누구든지 죄 없는 자가 먼저 저 여자에게 돌을 던지라"고 말씀하셨다. 그 여자를 죽이자고 외치던 사람들이 양심의 가책을 받고 한둘 씩 그 자리를 떠났다. 모두 떠난 후에 예수님은 두려움에 떨고 있는 그 여자에게 말씀하셨다.

"여자여 다시는 이런 죄를 범하지 말라. 나도 너를 정죄하지 않겠다"고 경고와 용서의 말씀을 하셨다. 예수님의 그 말씀은 이 여자에게 유일한 소망이 되었다. 절망적인 죽음의 순간에서 예수님은 소망의 말씀으로 이 여자를 건져주셨다.

열두 해를 혈루증으로 앓던 여인의 사건도 같은 맥락에서 볼 수 있다 (눅8:43-48). 용하다는 의사는 다 찾아 다니고 좋다는 약은 다 써 보았지만 백약이 무효였다. 그리고 가지고 있던 돈도 다 탕진하였다. 그 여인은 재산도 건강도 희망도 바닥으로 떨어졌다. 다시 일어설 힘이 없었다. 그 때에 예수님의 출현은 그녀의 유일한 희망이었다. 그 여인은 예수님의 옷을 만지면 병이 나을 것이라는 믿음이 생겼다. 우리가 세상 것으로부터 철저히 절망을 느낄 때 하나님에 대한 소망은 유일한 것이 된다.

그 여인은 전적으로 예수님을 믿고 의지하였다. 예수님의 옷을 만지는 순간에 십이 년 동안 고치지 못했던 혈루증의 근원이 치료되는 기적이 일어났다. 예수님은 언제나 우리의 유일한 소망이다. 기도의 끈, 말씀의 끈, 믿음의 끈을 굳게 붙잡아라. 예수님께 간절히 매달려라. 소망의 건덕지가 전혀 없는 절망적인 순간에도 하나님은 살아계신다. 동서남북 사방이 다 막혔을지라도 하늘은 열려있다. 소망의 끈을 놓지 말라. 하나님을 향한 길은 언제나 열려 있다.

Job Theology and Explanation

19
두려움의 해결자

욥 18:1-21

¹수아 사람 빌닷이 대답하여 이르되 ²너희가 어느 때까지 말을 찾겠느냐 깨달으라 그 후에야 우리가 말하리라 ³어찌하여 우리를 짐승으로 여기며 부정하게 보느냐 ⁴울분을 터뜨리며 자기 자신을 찢는 사람아 너 때문에 땅이 버림을 받겠느냐 바위가 그 자리에서 옮겨지겠느냐 ⁵악인의 빛은 꺼지고 그의 불꽃은 빛나지 않을 것이요 ⁶그의 장막 안의 빛은 어두워지고 그 위의 등불은 꺼질 것이요 ⁷그의 활기찬 걸음이 피곤하여지고 그가 마련한 꾀에 스스로 빠질 것이니 ⁸이는 그의 발이 그물에 빠지고 올가미에 걸려듦이며 ⁹그의 발뒤꿈치는 덫에 치이고 그의 몸은 올무에 얽힐 것이며 ¹⁰그를 잡을 덫이 땅에 숨겨져 있고 그를 빠뜨릴 함정이 길목에 있으며 ¹¹무서운 것이 사방에서 그를 놀라게 하고 그 뒤를 쫓아갈 것이며 ¹²그의 힘은 기근으로 말미암아 쇠하고 그 곁에는 재앙이 기다릴 것이며 ¹³질병이 그의 피부를 삼키리니 곧 사망의 장자가 그의 지체를 먹을 것이며 ¹⁴그가 의지하던 것들이 장막에서 뽑히며 그는 공포의 왕에게로 잡혀가고 ¹⁵그에게 속하지 않은 자가 그의 장막에 거하리니 유황이 그의 처소에 뿌려질 것이며 ¹⁶밑으로 그의 뿌리가 마르고 위로는 그의 가지가 시들 것이며 ¹⁷그를 기념함이 땅에서 사라지고 거리에서는 그의 이름이 전해지지 않을 것이며 ¹⁸그는 광명으로부터 흑암으로 쫓겨 들어가며 세상에서 쫓겨날 것이며 ¹⁹그는 그의 백성 가운데 후손도 없고 후예도 없을 것이며 그가 거하던 곳에는 남은 자가 한 사람도 없을 것이라 ²⁰그의 운명에 서쪽에서 오는 자와 동쪽에서 오는 자가 깜짝 놀라리라 ²¹참으로 불의한 자의 집이 이러하고 하나님을 알지 못하는 자의 처소도 이러하니라

인생의 진정한 해결자

빌닷은 욥이 자기 변명으로 일관하자 화가 났다. 대화와 소통이 되지

않는 사람이라고 비난하였다. 아무리 좋은 말로 권면을 하여도 상대가 깨닫지 못하면 아무 소용이 없다. 욥도 그의 친구들도 서로 대화가 통하지 않아 화가 났다.

"너희가 어느 때에 가서 말의 끝을 맺겠느냐 깨달으라 그 후에야 우리가 말하리라 …. 울분을 터뜨리며 자기 자신을 찢는 사람아 너 때문에 땅이 버림을 받겠느냐 바위가 그 자리에서 옮겨지겠느냐"(2-4절).

사람들은 자기의 주관이 있다보니 소득도 없는 이러한 갈등과 실랑이가 오고 가는 것이 인간의 모습이다. 인간은 완전하지 못한 존재이므로 서로의 주장을 늘어놓으면 결론이 나지 않는다. 자기의 생각은 옳고 타인의 생각은 틀렸다고 생각하면 대화의 일치점이 생기지 않는다.

미국 비행기 폭발 테러 참사가 있었을 때, 아프가니스탄과 아랍 사람들은 오히려 미국이 테러자라고 말했다. 미국이 먼저 고통을 주었으니 우리도 공격했을 뿐이라고 했다. 그리고 자기들의 행위를 성전(聖戰)으로 미화하였다. 미국과 테러한 나라는 서로 상대방을 비난하였다.

욥기의 대부분은 욥과 그의 친구들과의 신랄한 말다툼으로 전개되고 있다. 모두 바른 말을 하고 있다. 그러나 아무 결론이나 해결점도 없이 자기들의 주장과 충고로 일관하고 있다. 인간은 합리적으로 바른 생각과 주장을 펼지라도 완전하지 못하므로 서로 공감하고 같은 결론을 내지는 못하는 것이다. 오직 하나님께서 선과 악의 문제를 해결해 주셔야만 한다. 그래서 인생의 길이고 진리이며 생명이 되신 예수 그리스도가 이 땅에 오셔서 모든 죄악의 문제를 해결해 주셨다(요14:6). 인간은 인생의 해결자가 될 수 없고, 진정한 해결자와 재판관은 오직 주님 한 분 뿐이시다.

"그러나 이 모든 일에 우리를 사랑하시는 이로 말미암아 우리가 넉넉히 이기느니라"(롬8:37).

"무릇 하나님께로부터 난 자마다 세상을 이기느니라. 세상을 이기는 승리는 이것이니 우리의 믿음이니라"(요일5:4).

인생의 모든 죄와 허물을 지고 십자가에서 죽어주신 예수님만이 인생의 문제 해결자요 인생의 답이다. 죄와 사탄을 이기신 그 예수님을 믿고 사랑할 때에 우리도 세상의 고난과 죄와 사탄을 넉넉히 이기게 될 것이다.

악인의 결국은 어떻게 되는가

빌닷은 도무지 대화가 통하지 않자, 욥에게 악인이 종국에는 어떻게 되는지 말했다.
"너 그렇게 고집을 부리고 회개하지 않으면 결국 얼마나 무서운 일이 일어나는지 아느냐?"
빌닷은 죄를 지은 욥이 두려움을 느끼도록 했다. 죄를 자복하지 않는 결과가 얼마나 무서운지 말했다.

"악인의 빛은 꺼지고 그의 불꽃은 빛나지 않을 것이요. 그의 장막 안의 빛은 어두워지고 그 위의 등불은 꺼질 것이요"(5,6절).

"이는 그의 발이 그물에 빠지고 올가미에 걸려들며, 그의 발 뒤꿈치는 덫에 치이고 그의 몸은 올무에 얽힐 것이며 그를 잡을 덫이 땅에 숨겨져 있고 그를 빠뜨릴 함정이 길목에 있으며"(8-10절).

악인의 결국은 등불이 꺼져 캄캄하고, 진로가 차단되어 모든 것이 암담해지고 절망에 빠지게 된다. 악인은 자기가 쳐 놓은 그물에 걸리고 덫에 치이며 함정에 빠지게 된다. 그 뿐만 아니라 두려운 일들이 연이어 따라오고 설상가상으로 기근과 재앙까지 겹치게 된다.

에스더서에 나오는 페르시아의 총리 하만은 모르드개와 유다인을 다 몰살할 계획을 세웠다. 그리고 원수인 모르드개를 달기 위하여 오십 규빗이나 되는 나무를 세워두었다. 그러나 에스더 왕후가 '죽으면 죽으리라'는 각오로 기도하고 왕께 나감으로 결국 그 죽음의 나무에 하만이 달려 죽었다(에7:9,10).

악인의 종국은 자기가 판 함정에 자기가 빠지게 된다. 죽음의 공포가 갑자기 엄습하게 될 것이다(13,14절). 악인이 의지하는 것은 헛된 우상이요 자기의 집과 재물이다. 그러나 재물은 인간의 영혼을 구원하지 못한다. 그러므로 불신앙의 사람이 죽음이 임박하면 두려움이 생긴다. 무엇하나 영적으로 의지할 것이 없어지기 때문에 자연히 두려움에 떨게 되는 것이다. 그 반면에 하나님을 바로 의지하는 신앙인은 비록 연약하고 병들어도 하나님을 믿음으로 마음에 평화가 충만히 임한다.

하나님을 두려워하지 않는 자들이 받을 벌

예수님은 인간이 참으로 두려워해야 할 분이 누구신지 분명히 말씀하셨다.

"몸은 죽여도 영혼은 능히 죽이지 못하는 자들을 두려워하지 말고 오직
몸과 영혼을 능히 지옥에 멸하실 수 있는 이를 두려워하라"(마10:28).

세상 일이나 사람 때문에 두려워하지 말라. 참으로 우리가 두려워해야 할 분은 몸과 영혼을 다 함께 지옥에 던질 수 있는 하나님이시다. 하나님을 의지하지 않고 범죄하는 사람은 언제나 불안해 하고 두려워한다. 그러나 하나님을 의지하고 말씀대로 순종하는 자들은 마음의 평화와 안정이 있다. 하나님은 언제나 믿는 자들을 보살피시고 그 생명을 보호하시기 때문이다.

하늘에 날아 다니는 작은 참새 한 마리도 하나님의 허락 없이는 떨어져 죽지 않는다. 하물며 신자들의 생명이 하나님의 허락 없이 떨어지겠는가? 하나님은 많은 참새보다도 신자의 한 생명을 귀중하게 여기신다(마10:31).

하나님을 진정으로 두려워하면서 살아가는 사람은 세상의 일 때문에 두려워하지 않는다. 그러나 하나님을 믿지 않고 경외하지 않는 자들은 세상의 것으로 인하여 두려워하게 된다.

이스라엘의 초대 왕 사울은 하나님의 말씀에 순종하지 않고 하나님을 두려워하지도 않았다. 블레셋과의 전투를 행하기 전에 제사장 사무엘이 드려야 할 번제를 사울이 법도를 어기고 제사를 드렸다(삼상13:13,14). 하나님은 사울이 하나님을 버렸기 때문에 하나님도 그를 버린다고 하셨다. 사울이 하나님의 눈 밖에 나면서 그의 영혼은 온통 미움과 혼란에 빠졌다. 특히 다윗이 백성들에게 주목을 받자 그를 죽이고 싶도록 미워하였다. 사울은 언제나 불안하고 징계를 당할까봐 무서워하였다. 악신이 그의 영혼을 괴롭혔다.

"여호와의 영이 사울에게서 떠나고 여호와께서 부리시는 악령이 그를 번뇌하게 한지라"(삼상16:14).

여호와의 영이 떠난 사울은 하나님께 기도했지만 응답해 주시지 않았다. 답답한 사울은 '엔돌'에 있는 신접한 여자를 찾아가서 귀신에게 블레셋과의 전투가 어떻게 될 것인지 물었다.

> "사울이 여호와께 묻자오되 여호와께서 꿈으로도, 우림으로도, 선지자로도 그에게 대답하지 아니하시므로 사울이 그의 신하들에게 이르되 나를 위하여 신접한 여인을 찾으라. 내가 그리로 가서 그에게 물으리라 하니 그의 신하들이 그에게 이르되 보소서 엔돌에 신접한 여인이 있나이다"(삼상28:6,7).

하나님을 경외하지 않고 순종하지 않는 자는 결국 세상과 사람을 두려워하게 된다. 하나님을 의지하지 않으면 귀신이나 세상의 권력이나 물질을 의지하게 된다. 하나님 외에는 우리의 영혼을 구원할 분이 없으니, 세상 헛된 것들을 따르다가 결국에는 사울처럼 비참한 종말을 맞게 되는 것이다(18-21절).

빌닷은 욥이 죄를 많이 지은 악인으로 오해하고, 악인이 받게 될 무서운 징벌을 말하였다. 물론 욥은 고난 가운데서도 그 마음 중심이 흐트러지지 않아 하나님의 은혜와 구원을 얻었다. 그러나 빌닷의 교훈과 같이 하나님을 경외하지 않고 불신앙으로 사는 자들의 결국은 허망하고 비참하게 될 것이다. 하나님으로부터 버림을 받는 것만큼 마음 아프고 고통스러운 것은 없다. 세상에서 아무리 멸시를 받고 큰 고난을 당한다 하더라도 하나님께 인정을 받는다면 그보다 더 큰 축복은 없다.

> "무릇 의인들의 길은 여호와께서 인정하시나 악인들의 길은 망하리로다"(시1:6).

Job Theology and Explanation

20
욥의 구원

욥 19:1-29

¹욥이 대답하여 이르되 ²너희가 내 마음을 괴롭히며 말로 나를 짓부수기를 어느 때까지 하겠느냐 ³너희가 열 번이나 나를 학대하고도 부끄러워 아니하는구나 ⁴비록 내게 허물이 있었다 할지라도 그 허물이 내게만 있느냐 ⁵너희가 참으로 나를 향하여 자만하며 내게 수치스러운 행위가 있다고 증언하려면 하려니와 ⁶하나님이 나를 억울하게 하시고 자기 그물로 나를 에워싸신 줄 알아야 할지니라 ⁷내가 폭행을 당한다고 부르짖으나 응답이 없고 도움을 간구하였으나 정의가 없구나 ⁸그가 내 길을 막아 지나가지 못하게 하시고 내 앞길에 어둠을 두셨으며 ⁹나의 영광을 거두어 가시며 나의 관모를 머리에서 벗기시고 ¹⁰사면으로 나를 헐으시니 나는 죽었구나 내 희망을 나무 뽑듯 뽑으시고 ¹¹나를 향하여 진노하시고 원수같이 보시는구나 ¹²그 군대가 일제히 나아와서 길을 돋우고 나를 치며 내 장막을 둘러 진을 쳤구나 ¹³나의 형제들이 나를 멀리 떠나게 하시니 나를 아는 모든 사람이 내게 낯선 사람이 되었구나 ¹⁴내 친척은 나를 버렸으며 가까운 친지들은 나를 잊었구나 ¹⁵내 집에 머물러 사는 자와 내 여종들은 나를 낯선 사람으로 여기니 내가 그들 앞에서 타국 사람이 되었구나 ¹⁶내가 내 종을 불러도 대답하지 아니하니 내 입으로 그에게 간청하여야 하겠구나 ¹⁷내 아내도 내 숨결을 싫어하며 내 허리의 자식들도 가련하게 여기는 구나 ¹⁸어린아이들까지도 나를 업신여기고 내가 일어나면 나를 조롱하는구나 ¹⁹나의 가까운 친구들이 나를 미워하며 내가 사랑하는 사람들이 돌이켜 나의 원수가 되었구나 ²⁰내 피부와 살이 뼈에 붙었고 남은 것은 겨우 잇몸뿐이로구나 ²¹나의 친구야 너희는 나를 불쌍히 여겨다오 나를 불쌍히 여겨다오 하나님의 손이 나를 치셨구나 ²²너희가 어찌하여 하나님처럼 나를 박해하느냐 내 살로도 부족하냐 ²³나의 말이 곧 기록되었으면, 책에 씌어졌으면, ²⁴철필과 납으로 영원히 돌에 새겨졌으면 좋겠노라 ²⁵내가 알기에는 나의 대속자가 살아 계시니 마침내 그가 땅 위에 서실 것이라 ²⁶내 가죽이 벗김을 당한 뒤에도 내가 육체 밖에서 하나님을 보리라 ²⁷내가 그를 보리니 내 눈으로 그를 보기를 낯선 사람처럼 하지 않을 것이라 내 마음이 초조하구나 ²⁸너희가 만일 이르기를 우리가 그를 어떻게 칠까 하며 또 이르기를 일의 뿌리가 그에게 있다 할진대 ²⁹너희는 칼을 두려워할지니라 분노는 칼의 형벌을 부르나니 너희가 심판장이 있는 줄 알게 되리라

욥의 고난은 예수님 고난의 그림자

앞 장의 빌닷의 정죄와 책망에 대하여 욥은 괴로운 마음으로 응수하였다. 더 이상 자기를 짓부수고 학대하지 말라고 하였다(1-3절). 비록 욥 자신에게 허물이 있다 손치더라도 자기에게만 있는 허물이 아니고 모든 사람들에게 있는 허물과 죄라고 말했다. 욥은 자신이 받는 고난에 대하여 도무지 이해할 수는 없지만 하나님의 섭리에 의한 것이라고 하였다.

"하나님이 나를 억울하게 하시고 자기 그물로 나를 에워싸신 줄을 알아야 할지니라"(6절).

욥의 고난은 예수님의 십자가 고난의 그림자이다. 욥이 자녀와 재산을 잃고 건강까지 잃어버려 고통스러웠지만, 그보다 더 큰 고통은 친한 사람들까지 자기를 외면하는 것이었다. 가장 가까운 관계인 아내가 "하나님을 욕하고 죽으라"고 저주하면서 떠났고, 전에 이름을 부르면 달려왔던 종들도 욥을 외면하였다.

친척들마저 자기를 낯선 사람을 대하듯 하였다. 심지어 동네 어린 아이들마저 자기를 업신여기고 조롱하였다. '낯선 사람' 이란 단어가 3번이나 나온다(13,15,27절). 13절과 15절의 '자라'(זָר)란 단어는 '싫음' '낯선 사람' 이란 뜻이다. 친척들과 지인들에게도 욥은 '낯선 사람' 즉 '싫어하는 자' 가 되어 버렸다.

예수님이 십자가를 지시고 고난을 받으실 때에 구경나온 자들은 예수님을 비난하고 조롱하였다. 입술을 삐죽거리며 욕하는 사람들은 자기들의 허물과 죄를 돌아보지 않고 예수님을 정죄하고 비난하였다. 예수님이 십자가에 못 박히실 때 이 처참한 모습을 외면하고 싫어하였다.

"백성은 서서 구경하는데 관리들은 비웃어 이르되 저가 남을 구원하였으니 만일 하나님이 택하신 자 그리스도이면 자신도 구원할지어다 하고, 군인들도 희롱하면서 나아와 신 포도주를 주며" (눅 23:35,36).

본장에는 '친척들이 버렸다' '나를 잊었다' (14절) '불러도 대답하지 않는다' (16절) '내 숨결을 싫어한다' (17절) 등의 업신여김 당하고 외면당하고 멸시당하는 단어들이 유독 많다. 이 모든 고난은 장차 오실 예수 그리스도의 십자가의 고난이며, 욥의 고난이었다. 그러나 그 십자가의 버림받음과 외면당함은 온 인류를 대속하려는 주님의 고난이었다.

사람들로부터 받은 버림과 천대보다도 더 마음이 아픈 것은 하나님 아버지로부터 버림을 받은 것이다. '엘리 엘리 라마 사박다니' 라고 외치신 것은 죄의 짐으로 인하여 "나의 하나님, 나의 하나님 어찌하여 나를 버리시나이까" 라는 절규이다(막15:34).

예수님의 머리에 가시 면류관이 씌워졌고, 손과 발에는 못이 박혔고, 옆구리는 창에 찔렸다. 그리고 운명한 후에 아리마대 요셉의 새 무덤에 장사지내고 삼 일 동안 어둠의 세력에 갇혔다가 주일 새벽에 부활하셨다. 예수님께는 부당한 십자가 고난이었지만, 인간의 죄의 값을 받아야 하는 공의의 하나님 편에서는 필연적인 뜻이었다.

욥에게도 어처구니 없는 부당한 고난이었다. 앞길이 갑자기 캄캄해졌고 영광의 관모가 벗겨졌다. 마치 나무의 뿌리가 뽑히듯이 욥의 인생은 산산이 깨어졌다(8-10절). 그러나 그 절망스러운 고난이 우연한 것이 아니고 하나님이 의도하신 섭리였다.

대속주를 갈망하다

욥은 절망과 죽음의 문턱에서 자신의 영혼을 구원하실 '대속주'를 바라보았다. 죽음 후에 눈 뜨게 될 사후세계와 부활을 확신하고 있었다. 현세의 고통은 일시적이나 내세는 영원하다. 욥은 바로 그 영원한 세상을 동경하며 거기에 소망을 두고 있었다.

욥은 자기의 선행으로 구원을 받으려고 했지만, 자기 의로 구원받을 수 없다는 것을 깨달았다. 그의 세 친구는 도덕과 윤리로 욥을 공격하였고, 그는 하나님이 보시기에 도덕적으로도 충분한 의인이 아님을 깨닫게 되었다. 자신은 하나님으로부터 징벌을 받을 수밖에 없는 죄인이므로 대속의 주님이 있어야 한다는 것을 깨달았다.

> "그는 진노하사 나를 찢고 적대시 하시며 나를 향하여 이를 갈고 원수가 되어 날카로운 눈초리로 나를 보시고, 무리들은 나를 향하여 입을 크게 벌리며 나를 모욕하여 뺨을 치며 함께 모여 나를 대적하는구나"(욥16:9,10).

욥은 자신의 죄를 대속할 중보자가 계신다는 것을 믿고 고백하였다. 욥기 42장의 중간 부분에 나오는 욥의 이 위대한 신앙고백은 바로 하나님이 가장 듣고 싶어 하셨던 말이다.

> "내가 알기에는 나의 대속자가 살아계시니 마침내 그가 땅 위에 서실 것이라."(욥19:25).

욥은 자신의 죄를 대속하실 주님이 계신 것을 믿었다. "나의 대속자 혹은 구속자'란 단어는 히브리어 '고알리' (גֹאֲלִי)란 말로 '종을 사서 자유인으로 만드는 자'를 의미하는데, 예수님이 죄의 종이 된 우리를 보혈의 값으로 사서 죄에서 자유할 수 있게 해 주셨다는 뜻이다. 장차 이 땅에 대속자 그리스도가 오시게 될 것이고, 그 예수님이 오시게 되면 자신은 죄에서부터 자유하게 됨을 믿었다.

욥기는 인내에 대한 교훈도 있지만, 그보다도 더 중요한 것은 선행이나 자기의 의로 구원받을 수 없고 오직 대속자이신 예수 그리스도를 믿음으로 구원받는다는 것이다. 욥기에 등장하는 모든 인물들은 선한 사람들이다. 그러나 자기의 의로 구원을 받을 수 없고, 오직 죄에 대한 '대속자'이신 예수 그리스도로 말미암아 구원을 받을 수 있다. 욥은 극심한 고난과 죽음의 문턱에서 바로 그 진리를 깨달은 것이다. 자신이 그 동안 선하게 살기는 했지만 원하지 않는 극한 고난을 당하면서 장차 오실 대속자의 은혜가 아니면 구원을 받을 수 없다는 진리를 마침내 깨닫게 되었다.

욥이 또한 죽음과 같은 고통을 당하면서 부활의 신앙을 고백하게 되었다. 비록 죽게 되지만 육체 밖에서 부활하여 하나님을 만나게 될 것을 소망하였다. '레이 스태드먼' 목사는 "부활을 위한 최고의 장소는 무덤이다"고 말씀하셨다. 욥은 극한 고난과 죽음의 문턱에서 부활의 신앙을 굳게 붙잡게 되었다.

첫 장의 윤택하고 형통한 삶만 지속되었더라면 그는 자기의 죄를 깨닫지도 못하였을 것이고, 자신의 죄를 대속할 주님에 대하여 생각하거나 부활에 대하여도 깊이 깨닫지 못했을 것이다. 그가 극심한 고난에 시달리고 '자신의 무덤' 근처에 왔다고 생각했을 때 비로소 대속주와 부활의 신앙을 고백할 수 있었다.

욥은 사탄에 대하여 알지 못했고, 또한 왜 자신에게 그 같은 엄청난 고난이 왔는지 이해하지 못했다. 이유도 모르는 엄청난 고난을 당하면서 욥은 자기의 의로 구원받지 못할 줄을 알아 장차 오실 '대속주'를 바라보았다. 자기의 죄를 대신 짊어지실 예수 그리스도의 대속의 은혜를 사모하였다. 장차 오실 하나님이신 그리스도가 자기 영혼의 구원주이시며 중보자이신 줄 믿게 되었다.

우리에게도 살다보면 욥과 같은 고난이 찾아올 수 있다. 사람들에게 멸시당하고 낯선 사람처럼 외면당할 때도 있다. 죽음의 문 앞에 이른다 할지라도 우리가 그러한 고난을 이길 수 있는 힘은 대속주이신 예수 그리스도가 계신다는 것과 죽어도 다시 부활한다는 신앙이 있을 때, 우리는 죽음 같은 고통들을 극복할 수 있다.

초대교회 성도들이 박해와 순교를 당할 때 그들이 영웅 같은 용감한 자들이 아니었다. 오늘의 우리와 다를 바 없이 유약하고 겁이 많은 사람들이었을 것이다. 그러나 그들이 큰 환난을 담대히 이기고 순교하기까지 믿음으로 승리할 수 있었던 것은 욥과 같이 대속주가 계시며 비록 죽임을 당하더라도 부활한다는 신앙이 있었기 때문이다. 우리는 이 신앙을 굳게 붙잡고 험한 세상을 살아야 한다.

욥은 육신의 죽음 후에 부활이 있을 것이며, 용서와 구원을 받은 자가 마침내 하나님을 만날 수 있음을 고백하였다.

"내 가죽이 벗김을 당한 뒤에도 내가 육체 밖에서 하나님을 보리라.
내가 그를 보리니 내 눈으로 그를 보기를 낯선 사람처럼 하지 않을
것이라 내 마음이 초조하구나"(26,27절).

욥이 부활하게 되면 죽기 전에 그를 낯선 사람, 싫은 사람으로 대하던 자들과 달리 대속주이신 그리스도는 자기를 낯선 사람으로 대하지 않고

친절하고 따뜻하게 대해 주실 것이라고 믿었다. '낯선 사람'이란 뜻의 '자라' (נכר)란 같은 단어를 사용하여 반대의 뜻을 전달하고 있다.

영원한 천국을 사모하라

우리가 이 세상의 부귀영화에 마음을 빼앗기면 영원한 것을 잊고 만다. 세상의 것은 일시적이고 순간적으로 지나간다. 그래서 우리는 어떤 현실에 처하든지 영원한 천국과 부활을 사모해야 한다. 새 아파트를 분양받으면 날마다 그 집에 들어갈 것을 생각한다. 가구를 어떻게 배치하고 어떤 물건을 새로 사서 치장할 것인가 하고 마음이 들뜬다. 집을 분양받아도 그렇게 많이 생각하고 좋아한다면, 그리스도인이 장차 들어가게 될 영원한 천국의 집에 대하여는 얼마나 사모하게 될까? 천국에 가서 받게 될 상급과 영광을 얼마나 기대하게 될 것인가? 나의 성 주소는 하늘나라 2121번지다. 해나 달의 비침이 쓸 데 없고 하나님의 영광의 빛이 가득 찬 곳이다.

> "그 열두 문은 열두 진주니 각 문마다 한 개의 진주로 되어 있고 성의 길은 맑은 유리 같은 정금이더라"(계21:21).

하늘나라의 정원은 222번지로 강 좌우에 생명나무가 열두 가지 실과를 맺는다.

> "길 가운데로 흐르더라. 강 좌우에 생명나무가 있어 열두 가지 열매를 맺되 달마다 그 열매를 맺고 그 나무 잎사귀들은 만국을 치료하기 위하여 있더라"(계22:2).

우리가 욥처럼 극한 고난의 밑바닥으로 추락하는 것은 쉽지 않지만, 만약 그러한 형편에 처한다 하더라도 신자는 희망을 잃어서는 안 된다. 우리를 선으로 인도하실 하나님이 살아 계시고 마침내 우리는 천국에 들어가게 될 것이고 부활의 영광을 맞이하게 될 것이기 때문이다.

욥은 세상에서 모든 것을 다 잃어버린 거지 중에 상 거지였다. 이것은 내 것이다 싶은 것은 다 상실하였다.

> "내 집에 머물러 사는 자와 내 여종들은 나를 낯선 사람으로 여기니 내가 그들 앞에서 타국 사람이 되었구나. 내가 내 종을 불러도 대답하지 아니하니 내 입으로 그에게 간청하여야 하겠구나. 내 아내도 내 숨결을 싫어하며 내 허리의 자식들도 나를 가련하게 여기는구나. 어린 아이들까지도 나를 업신여기고 내가 일어나면 나를 조롱하는구나. 나의 가까운 친구들이 나를 미워하며 내가 사랑하는 사람들이 돌이켜 나의 원수가 되었구나" (15-19절).

욥은 철저하게 모든 것을 상실하고 모두에게 버림을 받고 아무 희망도 가질 수 없게 되었다. 그러나 사후세계에서 누리게 될 영광과 평안을 바라보았다. 신앙의 사람은 어떤 악조건 가운데서도 천국의 소망을 품어야 한다.

> "그러므로 너희가 그리스도와 함께 다시 살리심을 받았으면 위의 것을 찾으라. 거기는 그리스도께서 하나님 우편에 앉아 계시느니라. 위의 것을 생각하고 땅의 것을 생각하지 말라" (골3:1,2).

사람이 육체에 속하여 있을 때는 신령한 것들이 희미하고 확연하지 않다. 그러나 우리가 육체를 벗을 때는 신령한 세계를 확연히 보게 될 것이다.

"우리가 지금은 거울로 보는 것 같이 희미하나 그 때에는 얼굴과 얼굴을 대하여 볼 것이요 지금은 내가 부분적으로 아나 그 때에는 주께서 나를 아신 것 같이 내가 온전히 알리라"(고전13:12).

욥은 비록 고난 가운데 있지만 장차에는 하나님이 영화롭게 하실 것을 믿었다.

"또 미리 정하신 그들을 또한 부르시고 부르신 그들을 또한 의롭다 하시고 의롭다 하신 그들을 또한 영화롭게 하셨느니라"(롬8:30).

사후에 대속자를 만나게 될 것이고, 영광스러운 부활의 몸을 입게 될 것을 믿고 있었다. 피부병으로 눈 뜨고 볼 수 없는 비참한 모습이 되었지만, 장차 천국에서는 완전히 새로운 부활의 몸이 될 것을 믿었다.

Job Theology and Explanation

21
악인의 결말

욥 20:1-29

¹나아마 사람 소발이 대답하여 이르되 ²그러므로 내 초조한 마음이 나로 하여금 대답하게 하나니 이는 내 중심이 조급함이니라 ³내가 나를 부끄럽게 하는 책망을 들었으므로 나의 슬기로운 마음이 나로 하여금 대답하게 하는구나 ⁴네가 알지 못하느냐 예로부터 사람이 이 세상에 생긴 때로부터 ⁵악인이 이긴다는 자랑도 잠시요 경건하지 못한 자의 즐거움도 잠깐이니라 ⁶그 존귀함이 하늘에 닿고 그 머리가 구름에 미칠지라도 ⁷자기의 똥처럼 영원히 망할 것이라 그를 본 자가 이르기를 그가 어디 있느냐 하리라 ⁸그는 꿈같이 지나가니 다시 찾을 수 없을 것이요 밤에 보이는 환상처럼 사라지리라 ⁹그를 본 눈이 다시 그를 보지 못할 것이요 그의 처소도 다시 그를 보지 못할 것이며 ¹⁰그의 아들들은 가난한 자에게 은혜를 구하겠고 그도 얻은 재물을 자기 손으로 도로 줄 것이며 ¹¹그의 기골이 청년같이 강장하나 그 기세가 그와 함께 흙에 누우리라 ¹²그는 비록 악을 달게 여겨 혀 밑에 감추며 ¹³아껴서 버리지 아니하고 입천장에 물고 있을지라도 ¹⁴그의 음식이 창자 속에서 변하며 뱃속에서 독사의 쓸개가 되느니라 ¹⁵그가 재물을 삼켰을지라도 토할 것은 하나님이 그의 배에서 도로 나오게 하심이니 ¹⁶그는 독사의 독을 빨며 뱀의 혀에 죽을 것이라 ¹⁷그는 강 곧 꿀과 엉긴 젖이 흐르는 강을 보지 못할 것이요 ¹⁸수고하여 얻은 것을 도로 주고 삼키지 못할 것이며 매매하여 얻은 재물로 즐거움을 삼지 못하리니 ¹⁹이는 그가 가난한 자를 학대하고 버렸음이요 자기가 세우지 않은 집을 빼앗음이니라 ²⁰그는 마음에 평안을 알지 못하니 그가 기뻐하는 것을 하나도 보존하지 못하겠고 ²¹남기는 것이 없이 모두 먹으니 그런즉 그 행복이 오래 가지 못할 것이라 ²²풍족할 때에도 괴로움이 이르리니 모든 재난을 주는 자의 손이 그에게 임하리라 ²³그가 배를 불리려 할 때에 하나님이 맹렬한 진노를 내리시리니 음식을 먹을 그 때에 그의 위에 비같이 쏟으시리라 ²⁴그가 철 병기를 피할 때에는 놋 화살을 쏘아 꿰뚫을 것이요 ²⁵몸에서 그의 화살을 빼낸즉 번쩍번쩍하는 촉이 그의 쓸개에서 나오고 큰 두려움이 그에게 닥치느니라 ²⁶큰 어둠이 그를 위하여 예비 되어 있고 사람이 피우지 않은 불이 그를 멸하며 그 장막에 남은 것을 해치리라 ²⁷하늘이 그의 죄악을 드러낼 것이요 땅이 그를 대항하여 일어날 것인즉 ²⁸그의 가산이 떠나가며 하나님의 진노의 날에 끌려가리라 ²⁹이는 악인이 하나님께 받을 분깃이요 하나님이 그에게 정하신 기업이니라

악인의 기쁨은 오래 가지 않는다

유대인 역사가 '요세푸스'는 "악은 때로 이긴다. 그러나 결코 정복하는 일은 없다"고 하였다. 악인이 하나님의 뜻대로 살지 않아도 한 순간 잘되고 성공하는 듯 보일 수 있다. 그러나 결국에는 악인이 고통을 당하고 망하게 된다.

소발은 욥이 들으라고 악인이 어떻게 되는 지를 강조하였다. 다소 감정이 섞인 공격성 발언이다. 물론 욥은 소발이 말하는 그런 악인은 아니다. 그러나 소발의 교훈은 우리가 새겨들어야 한다. 악한 자가 어떤 대가를 치르는지 본문은 적나라하게 말하고 있다. 악인의 기쁨과 즐거움은 잠깐이고, 그들의 죽음은 영원한 고통이며 멸망이다.

"악인이 이긴다는 자랑도 잠시요 경건하지 못한 자의 즐거움도 잠깐이니라"(5절).

'악인이 이긴다는 자랑'이란 악인들이 스스로 성공한 줄 알고 기뻐 떠드는 소리를 말한다. 다 이룬 줄 알고 함성을 지르지만 그것은 결코 오래 가지 못한다.

"그들은 풀과 같이 속히 베임을 당할 것이며 푸른 채소 같이 쇠잔할 것임이로다"(시37:2).

악한 자의 즐거움과 형통은 그리 오래 가지 않는다. 아침에 자란 풀이 오후에 베임을 당하는 것과 같고, 푸른 채소가 얼마 후에 마르는 것과 같다. 물론 선한 사람은 오래 살고 악한 사람은 빨리 죽는다고 단정지을 수 없다. 그러나 대체로 악한 자들은 잠시 잘 되는 듯 하다가 불행하게 죽든지, 아니면 오래 살아도 오히려 오명만 남기게 된다. 악인은 지붕에서 자라는 풀과 같이 다 자라기 전에 마르게 된다(시129:6).

성적으로 타락하여 유황불의 심판을 받은 소돔과 고모라 성 사람들이 그리했고, 아버지의 왕권을 탈취하려고 했던 불효막심한 압살롬이 또한 그리하였다. 성경에는 하나님의 뜻을 거역하고 교만하게 행하던 자들이 하나님의 저주를 받아 단명한 경우가 가끔 나온다.

엘리 제사장의 두 아들 홉니와 비느하스는 하나님의 제사를 업신여기는 불량자들이었다. 그들은 블레셋과의 전투에서 법궤도 빼앗기고 둘은 전사하였다. 그리고 신약 성경에는 하나님의 영광을 가로챈 헤롯이 저주를 받아 죽었다(행12:23). 그는 헤롯 아그립바 1세로 초대교회를 핍박하고 야고보 사도를 처형하고 베드로를 옥에 가두기도 한 사람이다. A.D.44년에 백성들이 그를 신으로 열렬히 환호한 직후에 죽고 말았다.

악인은 끊어지고 온유한 자는 땅을 차지한다

하나님은 악한 자가 성공했다고 뻐기는 것을 비웃으신다(시37:13). 악한 자는 아무리 큰 소리를 쳐도 잠시 후에는 연기처럼 사라지고 만다. 악인의 자랑과 즐거움은 꿈처럼 순간적으로 지나가 버려 다시 찾을 수 없을 것이다(7-9절). 우리는 악인이 잘 되고 형통하게 된다고 시기하거나 불평할 필요가 없다(시37:1).

"진실로 악을 행하는 자들은 끊어질 것이나 여호와를 소망하는 자들은 땅을 차지하리로다. 잠시 후에는 악인이 없어지리니 네가 그 곳을 자세히 살필지라도 없으리로다. 그러나 온유한 자들은 땅을 차지하며 풍성한 화평으로 즐거워하리로다"(시37:9-11).

하나님을 늘 바라보며 기도하는 온유한 자는 땅을 차지하게 되고 풍족한 은혜와 복을 누리게 된다. 악인이 성공하여 높이 오르면 오를수록 심판이 임할 때는 그만큼 더 밑으로 추락하게 될 것이다.

"그 존귀함이 하늘에 닿고 그 머리가 구름에 미칠지라도 자기의 똥처럼 영원히 망할 것이라 그를 본 자가 이르기를 그가 어디 있느냐 하리라"(6,7절).

악인은 명예와 이름이 사라질 뿐만 아니라 그의 재산도 함께 사라지게 될 것이다. 마침내 그의 모든 것은 허망하게 끝나고 말 것이다(10,11절). 악인은 가난한 자를 학대하거나 불의한 방법으로 남의 재산을 빼앗아 치부한다. 처음에 그런 방법이 성공할 때에 마치 사탕을 혀 밑에 넣어 녹여 먹는 기분일 것이다. 그러나 나중에는 그것이 독사의 쓸개가 될 것이다(12-16절). 악인이 남의 재물을 삼킨 것은 오래 가지 않아 다시 토해놓게 될 것이다(15절).

악한 자가 취한 부귀영화와 재물은 하나님께서 반드시 도로 찾아가신다. 기드온 사사에게 서자인 '아비멜렉'이란 아들이 있었다. 그 아들은 부친의 뜻을 저버리고 왕이 되기 위하여 형제 70인을 살해하였다. 그러나 3년만에 자기를 추대하였던 세겜 사람들이 반역하여 전쟁을 하게 되었다. 그 전쟁에서 아비멜렉은 한 여인이 던진 맷돌에 맞아 두개골이 깨져 전사하였다. 악한 방법으로 탈취한 정권이나 부귀영화나 재물은 그리 오래 가지 못한다. 그러나 하나님은 온유하고 겸손한 자에게는 은혜와 복을 베푸신다.

악은 그 모양이라도 버리라

성도는 하나님이 미워하시는 악을 범하지 말아야 한다. 이스라엘 백성들은 금송아지 우상을 숭배하다가 하나님의 심판을 받았다. 화가 난 모세는 하나님께 받았던 십계명 두 돌판을 던져 깨뜨렸다. 그리고 우상숭배자들을 칼로 치게 하여 삼천 명이 죽었다(출32:28). 이스라엘 백성들이 싯딤에서 모압 여자들과 음행하고 '바알브올'에게 가담하였다가 전염병으로 이만 사천 명이 죽었다(민25:1-9). 그리고 하나님께 불평 원망하다가 독뱀에게 물려 죽은 자가 많았다(고전10:8,9).

우리는 성경에 나타난 역사적인 사건들을 통하여 악인의 결말이 어떻게 된 것을 알고 죄를 범하지 않도록 조심해야 한다. 고린도 교회에 당부한 바울 사도의 말씀과 같이 악한 일에는 아무 것도 모르는 어린 아이가 되어 죄를 멀리 해야 한다(고전14:20). 악한 자들의 생각이나 거짓된 술수에 말려들지 말아야 한다.

> "범사에 헤아려 좋은 것을 취하고 악은 어떤 모양이라도 버리라"(살전5:21,22).

> "복 있는 사람은 악인들의 꾀를 따르지 아니하며 죄인들의 길에 서지 아니하며 오만한 자들의 자리에 앉지 아니하고"(시1:1).

우리가 악한 자의 계략에 말려들지 않으려면 항상 하나님의 말씀을 가까이 해야 한다. 중요한 결정일수록 지혜를 구하고 많이 기도하여 응답을 받아야 한다. 기도 없이 인간의 판단으로 결정할 때에 실수할 가능성이 짙다. 재물이나 권력이나 명예를 부당한 방법으로 취하게 되면 그 생명이 길지 못하여 잠시 후에는 도로 토해 놓게 된다. 성실하고 정직하게 살며 하나님의 뜻대로 사는 경건한 사람이 되어야 한다. 우리는 선한 것을 생각하고 악은 어떠한 모양이라도 버려야 한다.

23절에 하나님께서 악인에게 "맹렬한 진노를 내리신다"고 하였다. 가장 편안할 때가 음식 먹을 때가 아닌가? 그런데 악한 자는 음식 먹을 때의 하나님의 진노가 내린다고 하였다. 그가 요행히 철 병기를 피하면 어느새 놋화살이 날아와 그 폐부를 꿰뚫게 된다고 하였다. 절망할 수밖에 없는 큰 어둠이 임하고, 사람이 피우지 않은 불이 그를 멸한다고 하였다(26절). 이것은 지옥의 고통을 당할 자에 대한 예고편이다. 악인을 향한 하나님의 무서운 심판이 있을 것이다.

우리는 이 무서운 죄로 인한 무서운 심판과 형벌을 어떻게 면할 수 있을 것인가? 죄에 대한 심판은 악인에게만 해당되는 문제가 아니다. 의인도 죄를 범할 수 있다. 다윗 같이 하나님의 마음에 합한 자라도 우리야의 아내인 밧세바를 범하였고, 또 교만하여 인구조사를 실시하다가 온 이스라엘에 전염병의 재앙을 당하기도 했다.

죄에 대한 형벌과 심판을 면하려면 우선 하나님께 죄의 용서를 빌고 회개해야 한다. 중보자이신 예수 그리스도의 십자가의 은혜로 죄 사함 받기를 간청해야 한다. 그리스도는 우리의 죄를 사하시기 위하여 십자가에서 이미 형벌과 저주를 대신 받으셨다.

> "모든 사람이 죄를 범하였으매 하나님의 영광에 이르지 못하더니, 그리스도 예수 안에 있는 속량으로 말미암아 하나님의 은혜로 값 없이 의롭다 하심을 얻은 자 되었느니라"(롬3:23,24).

> "우리가 아직 죄인 되었을 때에 그리스도께서 우리를 위하여 죽으심

으로 하나님께서 우리에 대한 자기의 사랑을 확증하셨느니라. 그러면 이제 우리가 그의 피로 말미암아 의롭다 하심을 받았으니 더욱 그로 말미암아 진노하심에서 구원을 받을 것이니"(롬5:8,9).

Job Theology and Explanation

22
외형적 삶이 판단 기준 아니다

욥 21:1-34

¹욥이 대답하여 이르되 ²너희는 내 말을 자세히 들으라 이것이 너희 위로가 될 것이니라 ³나를 용납하여 말하게 하라 내가 말한 후에 너희가 조롱할지니라 ⁴나의 원망이 사람을 향하여 하는 것이냐 내 마음이 어찌 조급하지 아니하겠느냐 ⁵너희가 나를 보면 놀라리라, 손으로 입을 가리리라 ⁶내가 기억하기만 하여도 불안하고 두려움이 내 몸을 잡는구나 ⁷어찌하여 악인이 생존하고 장수하며 세력이 강하냐 ⁸그들의 후손이 앞에서 그들과 함께 굳게 서고 자손이 그들의 목전에서 그러하구나 ⁹그들의 집이 평안하여 두려움이 없고 하나님의 매가 그들 위에 임하지 아니하며 ¹⁰그들의 수소는 새끼를 배고 그들의 암소는 낙태하는 일이 없이 새끼를 낳는구나 ¹¹그들은 아이들을 양 떼 같이 내어 보내고 그들의 자녀들은 춤추는구나 ¹²그들은 소고와 수금으로 노래하고 피리 불어 즐기며 ¹³그들의 날을 행복하게 지내다가 잠깐 사이에 스올에 내려가느니라 ¹⁴그러할지라도 그들은 하나님께 말하기를 우리를 떠나소서 우리가 주의 도리 알기를 바라지 아니하나이다 ¹⁵전능자가 누구이기에 우리가 섬기며 우리가 그에게 기도한들 무슨 소용이 있으랴 하는구나 ¹⁶그러나 그들의 행복이 그들의 손 안에 있지 아니하니 악인의 계획은 나에게서 멀구나 ¹⁷악인의 등불이 꺼짐과 재앙이 그들에게 닥침과 하나님이 진노하사 그들을 곤고하게 하심이 몇 번인가 ¹⁸그들이 바람 앞에 검불같이, 폭풍에 날려가는 겨같이 되었도다 ¹⁹하나님은 그의 죄악을 그의 자손들을 위하여 쌓아 두시며 그에게 갚으실 것을 알게 하시기를 원하노라 ²⁰자기의 멸망을 자기의 눈으로 보게 하며 전능자의 진노를 마시게 할 것이니라 ²¹그의 달수가 다하면 자기 집에 대하여 무슨 관계가 있겠느냐 ²²그러나 하나님께서는 높은 자들을 심판하시나니 누가 능히 하나님께 지식을 가르치겠느냐 ²³어떤 사람은 죽도록 기운이 충실하여 안전하며 평안하고 ²⁴그의 그릇에는 젖이 가득하며 그의 골수는 윤택하고 ²⁵어떤 사람은 마음에 고통을 품고 행복을 맛보지 못하는도다 ²⁶이 둘이 매 한가지로 흙 속에 눕고 그들 위에 구더기가 덮이는구나 ²⁷내가 너희의 생각을 알고 너희가 나를 해하려는 속셈도 아노라 ²⁸너희의 말이 귀인의 집이 어디 있으며 악인의 살던 장막이 어디 있느냐 하는구나 ²⁹너희가 길 가는 사람들에게 묻지 아니하였느냐 그들의 증거를 알지 못하느냐 ³⁰악인은 재앙의 날을 위하여 남겨둔바 되었고 진노의 날을 향하여 끌려가느니라

외형적 행복으로 사람을 판단하지 말라

욥의 친구들은 겉으로 드러난 욥의 고난을 보고 그가 대단히 큰 죄를 지었다고 생각했다. 외형적으로 드러나는 행복이나 고난을 보고 사람을 악인과 의인으로 판단해서는 안 된다. 욥처럼 불행을 당하였지만 악한 길을 걷지 않는 자도 있기 때문이다.

욥은 자신의 외형적 불행을 보고 자신을 악인으로 판단하려는 세 친구들의 생각의 오류를 지적하였다. 자신이 받은 고난은 하나님으로부터 온 것이며 사람에 의한 것이 아님을 강조하였다.

"나의 원망이 사람을 향하여 하는 것이냐 내 마음이 어찌 조급하지 아니하겠느냐"(4절).

욥은 지금 사람을 향하여 원망하거나 한탄하는 것이 아니라고 했다. 그리고 사람들 때문에 조급해 하는 것도 아니라고 했다. 그가 초조해 하는 것은 하나님께서 응답해 주시지 않으므로 무슨 연유로 고난을 받는지 알지 못하기 때문이라고 했다. 그가 받는 고난 역시 사람이 준 것이 아니므로 사람들이 그것을 제거할 수도 없다고 했다.

욥의 현실을 세 친구들이 볼 때에도 놀라고 말문이 막힌다. 더군다나 직접 고난을 겪는 자신은 그가 당한 환난을 생각하면 몸서리치게 무섭고 떨리며 몸이 공포에 사로잡힌다고 하였다(6절).

단지 외형적으로 나타난 불행이나 행복을 가지고 쉽게 악인과 선인으로 판단해서는 안 된다. 욥처럼 영문도 모르고 고난을 당할 수 있기 때문이다. 욥은 비록 악인이라도 행복하게 장수할 수 있다고 했다(7-13절).

"그들의 날을 행복하게 지내다가 잠깐 사이에 스올에 내려가느니라"(13절).

악인이라도 평안하게 장수하고 그 가족들과 행복하게 지내다가 죽음까지도 복 되게 맞이할 수 있다고 했다. 죽음의 고통이 길지 않고 잠깐 사이에 스올로 내려간다고 했다. 그렇다고 그를 의인이었다고 말할 수 없다는 것이다. 그는 죽음을 앞에 두고도 하나님을 의지하지 않고 전능하신 하나님을 섬기지 않았기 때문이다.

"전능자가 누구이기에 우리가 섬기며 우리가 그에게 기도한들 무슨 소용이 있으랴 하는구나"(15절).

욥의 인생 철학이나 신앙은 악인의 계획과는 거리가 멀다고 하였다. "그들의 손에 그들의 좋은 것이 있는 것이 아니니"에(16절) 그들의 외형적 삶을 가지고 악인과 선인을 구분 지을 수 없다는 것이었다. 그들이 잠깐 동안 유복하게 살았다고 해서 그들이 의롭거나 하나님 보시기에 선한 것이 아니라는 것이다.

"그러나 그들의 행복이 그들의 손 안에 있지 아니하니 악인의 계획은 나에게서 멀구나"(16절).

우리는 누군가 어려움을 당할 때 먼저 긍휼히 여기는 마음을 가져야 한다. 외형적인 삶을 통하여 쉽게 남을 비판하거나 정죄하면, 나중에 자신도 비판을 받게 된다(마7:1-5).

욥의 세 친구는 편협된 인생 경험만 앞세웠다. 자기들의 생각만 옳다고 주장하였다. 인생은 각기 환경과 상황이 다르고, 겪는 고초도 다 다르다. 우리는 타인의 삶과 생각도 겸허히 인정해야 한다. 어떤 사람이 부를 누리고 형통하면 선을 행하였고, 재난과 고난을 받으면 악을 행하였다고 단정지을 수 없다. 누가 고난을 당하든지 우리는 그들을 동정하고 도와야 할 것이다.

회개할 기회를 주시는 하나님

인간의 죄에 대하여 하나님은 즉각적으로 심판하실 때도 있지만, 참고 기다리시며 회개할 기회를 주실 때가 더 많다. 형벌을 연기하시는 것은 하나님의 자비이다. 혹시라도 회개하면 용서해 주시려고 기다리는 것이다.

사울 왕의 경우, 하나님은 불순종한 그에게 진노하셨지만 속히 징계하지 않으시고 오래 참으셨다가 블레셋 전투에서 왕과 그의 아들들이 함께 전사하게 하셨다. 죄는 절대로 오래 끌면 안 된다. 하나님이 오래 참으실수록 나중에 가해지는 징벌의 강도가 더욱 강해진다(19절).

솔로몬이 우상을 숭배한 죄에 대해서 즉각적으로 징계하지 않으시고 그 부친 다윗의 믿음을 생각하셔서 당대에는 나라가 분열되지 않고 솔로몬의 아들 르호보암 시대에 가서 분열되게 하셨다. 솔로몬 시대에 평화와 부를 누렸지만 그 후세대는 여러 전쟁을 치르게 된다. 하나님이 참으셨다가 징벌하실 때는 삼사대까지 징계가 이어지기도 한다(출20:5,6).

아합 같은 악한 왕이라도 하나님께서 회개할 기회를 주시고 기다리셨다. 엘리야 선지자가 나봇의 포도원 사건으로 아합에게 재앙을 예언했을 때, 아합은 옷을 찢고 굵은 베로 몸을 동이고 금식하였다. 하나님께서는 징벌을 유예하셨다.

> "아합이 내 앞에서 겸비함을 네가 보느냐 그가 내 앞에서 겸비하므
> 로 내가 재앙을 저의 시대에는 내리지 아니하고 그 아들의 시대에야
> 그의 집에 재앙을 내리리라 하셨더라"(왕상21:29).

하나님이 형벌을 연기하시는 것은 죄인이 회개할 기회를 주시는 것이다.

> "주의 약속은 어떤 이들이 더디다고 생각하는 것 같이 더딘 것이 아
> 니라 오직 주께서는 너희를 대하여 오래 참으사 아무도 멸망하지 아
> 니하고 다 회개하기에 이르기를 원하시느니라"(벧후3:9).

죄를 범하는 즉시 등불이 꺼짐 같이 한 순간에 멸망하거나, 마른 지푸라기나 나뭇잎이 바람에 날려가는 것처럼 단번에 심판을 당하는 경우가 그리 흔하지 않다.

> "악인의 등불이 꺼짐과 재앙이 그들에게 닥침과 하나님이 진노하사
> 그들을 곤고하게 하심이 몇 번인가. 그들이 바람 앞에 검불 같이, 폭
> 풍에 날려가는 겨 같이 되었도다"(17,18절).

어떤 사람이 죄를 범하고도 형통하게 살 수 있다. 그러나 그 기간이 길지는 않다. 그리고 죽은 후에는 하나님의 심판을 받게 된다. 그 반대로 선한 자가 고난을 받기도 한다. 그러나 의인의 고난은 영적 유익이 있으며 합력하여 선을 이루게 하신다(롬8:28).
어떤 사람은 죽도록 기운이 왕성하여 평안하게 살며 윤택한 생활을 누리고, 또 어떤 사람은 마음에 고통을 당하며 행복하지 못한 삶을 산다. 그

러나 죽음은 공평하다.

"이 둘이 매 한 가지로 흙 속에 눕고 그들 위에 구더기가 덮이는구나"(26절).

죄는 가만히 키우지 말고 속히 그 싹을 잘라내야 한다. 죄가 자라면 결국 심판을 받는다.

"욕심이 잉태한즉 죄를 낳고 죄가 장성한즉 사망을 낳느니라"(약 1:15).

우리는 불완전하고 연약한 인간이므로 허물과 죄가 많다. 혹시 죄를 범하였을지라도 속히 회개해야 한다. 오래 참으시는 하나님이시지만 언제까지나 마냥 봐주시지는 않는다. 회개는 빨리 할수록 좋다. 회개를 하게 되면 죄가 더 자라는 것을 막을 수 있다. 부모의 죄가 자손에게 영향을 끼치므로 우리가 후손을 위해서라도 선을 행해야 한다.

"그의 후손이 땅에서 강성함이여 정직한 자들의 후손에게 복이 있으리로다. 부와 재물이 그의 집에 있음이여 그의 공의가 영구히 서 있으리로다"(시112:2,3).

"주는 은혜를 천만인에게 베푸시며 아버지의 죄악을 그 후손의 품에 갚으시오니 크고 능력 있으신 하나님이시요 이름은 만군의 여호와시니이다"(렘32:18).

하나님은 죄를 미워하시고 죄인은 징계하신다. 예수님이 우리를 구원하시려고 십자가에서 저주와 형벌을 대신 받으신 것도 하나님이 얼마나 죄를 미워하시는 지 알게 한다. 죄는 그 모양이라도 버려야 한다(살전 5:22). 죄를 범했을 때는 속히 회개해야 한다. 그리고 더욱 적극적으로 하나님의 말씀대로 순종하고 선을 행하여야 한다.

현실에 나타나는 결과로 악인과 의인을 구분하는 것은 쉽지 않다. 그러나 분명한 것은 인간이 하나님께서 미워하시는 일을 행하면 반드시 징계가 있다는 것이다. 그리고 짧은 인생이 끝나면 죽은 후에 하나님의 무서운 심판이 기다리고 있다. 그러므로 우리는 언제나 하나님 앞에서 선하고 의롭게 살아야 한다.

편협된 생각을 버리라

욥의 세 친구는 욥의 말을 신뢰하지 않았고 자기들의 편협된 생각에 머물렀다(27-29절). 그래서 욥을 위로하려고 한 말도 오히려 욥에게 거짓과 배신감만 쌓이게 하였다(34절). 세 친구는 욥을 돕기는커녕 그의 믿음을 저버리고 그 마음을 더 아프게 하였다.

말하기를 좋아하는 사람일수록 "우리가 남의 짐을 더 무겁게 하지 않도록" 해 달라고 하나님께 기도해야 한다. 상처 입은 사람을 위로하려면 그 사람의 입장에서 생각하고 그의 말을 들어주어야 한다. 자기의 편협한 인생 경험으로 상대를 정죄하거나 비판해서는 안 된다.

자기 생각만 항상 옳다고 생각하는 사람들은 욥의 세 친구와 같은 실수를 저지를 수 있다. 하나님이 하시는 일에 대하여 인간이 제대로 알지 못하는 면들이 있다는 것을 시인해야 한다. 하나님이 왜 그렇게 하실까에 관심을 가지고 상처 입은 사람을 동정하고 품어주어야 한다.

Job Theology and Explanation

23
하나님과 화목하라

욥 22:1-30

1데만 사람 엘리바스가 대답하여 이르되 2사람이 어찌 하나님께 유익하게 하겠느냐 지혜로운 자도 자기에게 유익할 따름이니라 3네가 의로운들 전능자에게 무슨 기쁨이 있겠으며 네 행위가 온전한들 그에게 무슨 이익이 되겠느냐 4하나님이 너를 책망하시며 너를 심문하심이 너의 경건함 때문이냐 5네 악이 크지 아니하냐 네 죄악이 끝이 없느니라 6까닭 없이 형제를 볼모로 잡으며 헐벗은 자의 의복을 벗기며 7목마른 자에게 물을 마시게 하지 아니하며 주린 자에게 음식을 주지 아니하였구나 8권세 있는 자가 토지를 얻고 존귀한 자는 거기에서 사는구나 9너는 과부를 빈손으로 돌려보내며 고아의 팔을 꺾는구나 10그러므로 올무들이 너를 둘러있고 두려움이 갑자기 너를 엄습하며 11어둠이 너로 하여금 보지 못하게 하고 홍수가 너를 덮느니라 12하나님이 높은 하늘에 계시지 아니하냐 보라 우두머리별이 얼마나 높은가 13그러나 네 말은 하나님이 무엇을 아시며 흑암 중에서 어찌 심판하실 수 있으랴 14빽빽한 구름이 그를 가린즉 그가 보지 못하시고 둥근 하늘을 거니실 뿐이라 하는구나 15네가 악인이 밟던 옛적 길을 지키려느냐 16그들은 때가 이르기 전에 끊겨 버렸고 그들의 터는 강물로 말미암아 함몰되었느니라 17그들이 하나님께 말하기를 우리를 떠나소서 하며 또 말하기를 전능자가 우리를 위하여 무엇을 하실 수 있으랴 하였으나 18하나님이 좋은 것으로 그들의 집에 채우셨느니라 악인의 계획은 나에게서 머니라 19의인은 보고 기뻐하고 죄 없는 자는 그들을 비웃기를 20우리의 원수가 망하였고 그들의 남은 것을 불이 삼켰느니라 하리라 21너는 하나님과 화목하고 평안하라 그리하면 복이 네게 임하리라 22청하건대 너는 하나님의 입에서 교훈을 받고 하나님의 말씀을 네 마음에 두라 23네가 만일 전능자에게로 돌아가면 네가 지음을 받을 것이며 또 네 장막에서 불의를 멀리 하리라 24네 보화를 티끌로 여기고 오빌의 금을 계곡의 돌로 여기라 25그리하면 전능자가 네 보화가 되시며 네게 고귀한 은이 되시리니 26이에 네가 전능자를 기뻐하여 하나님께로 얼굴을 들 것이라 27너는 그에게 기도하겠고 그는 들으실 것이며 너의 서원을 네가 갚으리라 28네가 무엇을 결정하면 이루어질 것이요 네 길에 빛이 비취리라 29사람들이 너를 낮추거든 너는 교만했노라고 말하라 하나님은 겸손한 자를 구원하시리라 30죄 없는 자가 아니라도 건지시리니 네 손이 깨끗함으로 말미암아 건지심을 받으리라

심판하시는 하나님

엘리바스는 의심 없이 욥을 중죄인으로 몰아세웠다. 그가 당하는 고난은 죄에 대한 필연적인 결과라고 말했다. 고난 중에 있는 친구를 위로해야 할 자들이 오히려 독설을 내뱉는 고소자가 되었다(4-11절).

"네 악이 크지 아니하냐 네 죄악이 끝이 없느니라"(5절).

"그러므로 올무들이 너를 둘러 있고 두려움이 갑자기 너를 엄습하며, 어둠이 너로 하여금 보지 못하게 하고 홍수가 너를 덮느니라"(10,11절).

욥은 친구의 신랄한 공격에 기가 막혔다. 둘러서 권면하던 말투가 이제는 노골적으로 가슴을 찌르는 예리한 창날 같았다. 만약 우리가 이 같은 공격을 당한다면 어찌했을까? 아마 상대방을 치거나 욕이라도 퍼부었을지 모른다. 그리고 아예 대화를 단절하고 상대하지 않았을 것이다. 남을 정죄하는 일은 대단히 위험한 일이다.

성경에는 간음하다가 현장에서 붙잡힌 여자의 사건이 있다. 사람들은 그 여자를 정죄하였고 율법에 따라 돌로 쳐서 죽여도 되는 지 예수님께 물었다. 범죄한 여인은 두려워 떨기만 했다. 죽을 위기에 빠졌다. 그 때에 예수님께서는 "죄 없는 자가 먼저 돌을 던지라"고 말씀하셨고, 양심에 가책을 느낀 사람들이 한 사람씩 돌을 놓고 돌아갔다. 우리는 남을 정죄하기 전에 먼저 자신을 살피는 겸허함을 가져야 한다.

하나님은 전능하신 분이다(12,17절). 선과 악을 분별하시고, 악한 자를 정죄하는 것도 하나님의 소관이다. 악한 자는 하나님이 심판하시고 징계하신다. 악한 자의 모든 것을 파괴하시고 비웃음거리가 되게 하신다. 악한 자들이 끊어지고 패망하면 의인들은 기뻐하게 될 것이다.

"의인은 보고 기뻐하고 죄 없는 자는 그들을 비웃기를 우리의 원수가 망하였고 그들의 남은 것을 불이 삼켰느니라 하리라"(19,20절).

"의인이 형통하면 성읍이 즐거워하고 악인이 패망하면 기뻐 외치느니라"(잠11:10).

세상 마지막 날에 주님은 알곡과 가라지를 구분하듯이 의인과 악인을 구별하실 것이다. 알곡은 주인의 창고에 들이게 될 것이지만, 가라지는 모아서 불에 태우게 될 것이다. 하나님은 전능하시고 죄를 심판하시는 분임을 알고 항상 악을 멀리 해야 한다.

십자가로 화목의 길이 열리다

죄를 지은 사람이 사는 길은 하나님과 화목하는 것이다. 구약시대는 양이나 소를 죽여서 피의 제사를 드림으로 죄 사함을 받고 하나님과 화목하였다. 신약시대는 십자가에서 대신 죽어주신 예수 그리스도의 보혈의 은혜로 죄 사함을 받고 하나님과 화목하게 된다. 죄인이 하나님과 화목하게 되는 데에 반드시 필요한 것은 생명을 바치는 피의 제물이 있어야 하는 것이다.

그리스도는 하나님과 죄인들을 화목하게 하시기 위하여 십자가를 지시고 대신 저주와 형벌을 받으셨다. 그래서 사도 바울은 그리스도의 십자가로 하나님과 인간이 서로 화목하게 되었다고 말씀하셨다.

"또 십자가로 이 둘을 한 몸으로 하나님과 화목하게 하려 하심이라.
원수 된 것을 십자가로 소멸하시고"(엡2:16).

엘리바스는 욥에게 하나님과 화목하고 평안을 누리라고 권면하였다.

"너는 하나님과 화목하고 평안하라 그리하면 복이 네게 임하리라"(21절).

죄는 우리에게 불안과 두려움을 준다. 진정한 복은 죄에 대한 두려움이 없어지고 마음의 평화를 누리는 것이다. 그 평화는 죄 용서와 하나님과의 관계 회복에서 온다. 세상이 주는 평강과 만족은 일시적이다. 그러나 하나님이 주시는 평화와 안식은 신령한 것이며 영원하다. 우리는 그 영적 평화와 화목을 갈구해야 한다.

하나님의 말씀을 듣고 행하라

엘리바스는 하나님과 화목할 수 있는 비결 세 가지를 말했다. 첫째는 하나님의 말씀을 듣고 마음에 새겨 행하는 것이다. 둘째는 불의한 일을 멀리 하는 것이다. 셋째는 세상 보화를 티끌로 여기고 하나님을 보화로 여기는 것이다.

"청하건대 너는 하나님의 입에서 교훈을 받고 하나님의 말씀을 네 마음에 두라. 네가 만일 전능자에게로 돌아가면 네가 지음을 받을 것이며 또 네 장막에서 불의를 멀리 하리라. 네 보화를 티끌로 여기고 오빌의 금을 계곡의 돌로 여기라. 그리하면 전능자가 네 보화가 되시며 네게 고귀한 은이 되시리니 이에 네가 전능자를 기뻐하여 하나님께로 얼굴을 들 것이라"(22-26절).

사람들이 죄를 짓게 되는 이유 중의 하나가 하나님의 뜻대로 살지 않고 자기가 좋아하는 대로 살기 때문이다. 마치 탕자가 아버지의 뜻에 따르지 않고 아버지의 유산을 받아 타국에 가서 허랑방탕하여 아버지의 재산을 탕진한 것과 같다. 이스라엘 백성들이 시내산에서 하나님의 말씀을 받고 언약을 체결했지만 그들이 가나안에 들어가 바알과 이방 우상을 숭배하며 세속적으로 타락하여 하나님과의 약속을 어긴 것과 같다. 하나님의 말씀을 명심하여 지키지 않는 것이 범죄할 수밖에 없는 상황에 이르게 하고 결국 하나님과 불화하게 된다.

부모와 자녀의 관계도 말씀에 잘 순종하게 될 경우는 화목하게 되겠지만, 그렇지 못하면 불화하게 된다. 신앙 안에서 부모의 권면을 잘 새겨 듣고 순종하는 자녀가 되어야 한다. 영적인 점에서도 하나님 아버지의 말씀을 잘 듣는 것은 주일 예배에 잘 참석하여 말씀을 귀담아 듣고 순종하는 삶이 아니겠는가? 하나님의 사람이 권면하는 말씀들을 소중하게 여기고 순종하는 성도는 하나님과 화목하게 될 것이다.

불의한 일을 멀리 하라

두 번째 화목의 비결은 불의한 일을 멀리 하는 것이다. 하나님은 선하시고 사랑이 많으신 분이다. 하나님과 화목하려면 하나님을 닮아야 한다.

하나님이 싫어하실 일들을 멀리 하고 하나님이 기뻐하실 일을 찾아 해야 한다.

"네가 만일 전능자에게로 돌아가면 네가 지음을 받을 것이며 또 네 장막에서 불의를 멀리 하리라"(23절).

자신의 죄를 회개하고 하나님 중심으로 돌아가게 되면 새 사람으로 지음을 받게 될 것이고 자신의 장막, 즉 자기의 활동 영역인 가정과 직장에서 불의한 것들을 멀리 하게 될 것이다. 요셉은 보디발 집의 노예였지만 언제나 하나님의 종으로 경건하고 정직하게 살려고 최선을 다했던 인물이다. 소속이 분명했던 사람이다. 보디발의 아내가 동침하자고 유혹했을 때에도 그 안주인의 명령에 복종하지 않고 하나님의 뜻을 따랐다. 그는 그 일로 억울하게 누명을 쓰고 옥살이를 했지만 하나님은 그를 다시 살려내셨다.

예수님은 우리의 죄로 인하여 십자가에 죽으시고 삼 일 동안 무덤에 안치되셨다. 그러나 그 거룩한 죽음에는 부활의 영광이 있었다. 우리가 불의한 일을 버리고 거룩한 삶을 살려고 할 때에 죽음과 같은 고난이 올 수도 있다. 그러나 선을 위하여 죽을 수 있다면 부활의 영광을 체험하게 될 것이다.

그런 점에서 볼 때에 요셉은 부활의 영광을 체험한 사람이다. 아무의 도움도 받을 수 없는 죽음과 절망의 나락으로 떨어졌지만, 하나님은 그를 세계적인 지도자로 부활시키셨다. 노예이면서 안주인을 성폭행하려고 하다가 죄수가 된 자라고 하면 그 시대에 사람 취급도 받을 수 없는 밑바닥 인생이다. 그런데 그가 최고 강대국 이집트의 총리가 되었다면 그것이야말로 세상 사람들이 다 놀랄만한 부활의 사건이 아닌가?

우리의 삶 속에서 불의를 멀리 하고 하나님을 닮으려고 정직하고 선하게 살면 오늘날 우리에게도 이 같은 부활의 영광이 올 수 있다.

요셉은 단지 애굽의 총리라는 권력자가 된 것이 아니다. 그는 자기의 나라 이스라엘 민족을 보호한 사람이요 선택된 백성을 살릴 사람이다. 그리고 고대 근동의 여러 나라들이 가뭄에서 구원받게 한 인물이 되었다.

자신의 죄와 불의함을 회개하고 하나님께로 돌아온 다윗 왕 역시 하나님의 용서와 은혜를 입었다(삼하5:10). 역경 가운데서도 하나님께 부르짖고 기도했던 다윗은 하나님께서 그 왕좌를 지켜서 그 후손 가운데 인류의 구원주가 오게 하셨다. 하나님과 화목하려면 불의를 멀리 하고 하나님께로 돌아와야 한다.

하나님을 세상 보화보다 귀하게 여기라

세 번째 화목의 비결은 세상의 보화를 하나님보다도 더 사랑하면 안 된다. 하나님을 보화로 여기지 않고 세상의 물질과 권력과 지식을 보배로 여기면 하나님과 불화하게 된다.

> "네 보화를 티끌로 여기고 오빌의 금을 계곡의 돌로 여기라. 그리하면 전능자가 네 보화가 되시며 네게 고귀한 은이 되시리니 이에 네가 전능자를 기뻐하여 하나님께로 얼굴을 들 것이라"(24-26절).

결혼한 후에 아내와 화목하려면 이전에 사귀던 모든 여자들을 정리해야 한다. 우리가 관심과 애정을 가지고 있는 돈과 권력, 그리고 세상의 쾌락과 세상의 경건하지 못한 습관들을 정리하지 않으면 하나님과 화목할 수 없다. 돈이 하나님보다도 더 소중한 자리에 올라가면 하나님은 질투하신다. 그래서 엘리바스는 "네 보화를 티끌로 여기고 오빌의 금을 돌로 여기라"고 권면하고 있다. 사실 이 정도 경지에 이르기는 쉽지 않다. 쉬지 않는 경건의 훈련이 있어야 한다. 기도와 말씀의 쉬지 않는 영적 훈련만이 세상의 우상들을 돌처럼 여길 수 있을 것이다.

하나님과 화목해지면 받는 복

하나님과의 화목에는 많은 은혜와 복이 약속되어 있다. 우선 하나님 아버지를 향하여 부끄럽지 않는 친밀한 관계를 유지하게 된다. 그래서 엘리바스는 "전능하신 하나님께 얼굴을 들게 될 것이라"고 했다(26절). 하나님께로 가까이 나갈 수 있는 것 자체가 무한한 영광이요 복이 아닌가?

"하나님께 가까이 함이 내게 복이라"(시73:28).

하나님과 화목하고 가까이 지내면 기도하고 소원하는 것들이 속히 응답될 수 있다. 하나님과 영적 관계가 뒤틀려서 기도가 허공에 맴돌고 하나님과 우리 자신의 기대가 서로 엇갈리는 것이지, 우리가 하나님의 마음에 들기만 하면 기도하는 것이 쉽게 응답이 된다.

"너는 그에게 기도하겠고 그는 들으실 것이며 너의 서원을 네가 갚으리라. 네가 무엇을 결정하면 이루어질 것이요 네 길에 빛이 비치리라"(27,28절).

"내 마음 아버지께로"(Leading from the Heart)란 책에서 '로버트 멍어'(Robert Boyd Munger, 1911-2001, 시애틀 유니버시티 장로교회) 목사는 목회의 리더쉽은 하나님의 마음을 바로 읽고 성도의 마음을 바로 읽는 데서 온다고 하였다. 그래서 아버지의 뜻대로 행하고, 성도들이 하나님의 일을 하도록 세워주는 역할을 잘 하면 좋은 리더가 된다고 하였다.

우리는 기도하면서 하나님의 마음을 읽어야 한다. 하나님과 화목하지 않고는 결코 하나님의 마음을 바로 읽어낼 수 없다. 하나님과 화목하게 되면 기도는 쉽게 풀려지고 하나님의 응답은 속히 이루어질 것이다.

> "여호와의 손이 짧아 구원하지 못하심도 아니요 귀가 둔하여 듣지 못하심도 아니라. 오직 너희 죄악이 너희와 너희 하나님 사이를 갈라 놓았고 너희 죄가 그의 얼굴을 가리어서 너희에게서 듣지 않으시게 함이니라"(사59:1,2).

죄가 하나님과 나 사이를 가로 막으면 아무리 기도하여도 하나님의 뜻을 이루지 못한다. 기도하고 노력하여도 하나님은 응답지 않으실 것이다. 그러나 하나님과 화목하면 우리의 기도에 쉽게 응하시고 하나님의 선하신 뜻을 이루게 하실 것이다.

우리가 불의를 버리고 하나님께 돌아와 그 분과 화목하면 세상의 죄와 사탄의 시험으로부터 우리를 보호해 주신다. 우리의 힘만으로는 공중의 권세를 잡은 사탄의 세력을 이길 수 없다. 우리가 하나님을 전적으로 의지하고 화목하게 되면 악의 세력이 감히 우리를 해하지 못한다.

> "하나님이 좋은 것으로 그들의 집에 채우셨느니라. 악인의 계획은 나에게서 머니라. 의인은 보고 기뻐하고 죄 없는 자는 그들을 비웃기

를 우리의 원수가 망하였고 그들의 남은 것을 불이 삼켰느니라 하리라"(18-20절).

하나님과 화목하면 전능하신 하나님이 우리를 위하여 최선을 다하실 것이다. 환난과 역경을 극복하게 하시고, 비록 낮은 자리에 처하였을지라도 하나님은 높은 자리에 앉게 하실 것이다. 소원하는 것을 아시고 좋은 것으로 채워주실 것이다. 요셉이나 모세나 다윗이나 베드로를 귀하게 쓰신 것처럼 우리를 귀하게 사용하실 것이다. 우리가 진정한 예수님의 제자로 경건하고 정직한 삶을 살도록 인도하실 것이다.

Job Theology and Explanation

24
불 시험과 순금 같은 신앙

욥 23:1-17

¹욥이 대답하여 이르되 ²오늘도 내게 반항하는 마음과 근심이 있나니 내가 받는 재앙이 탄식보다 무거움이라 ³내가 어찌하면 하나님 발견하고 그의 처소에 나아가랴 ⁴어찌하여 그 앞에서 내가 호소하며 변론할 말을 내 입에 채우고 ⁵내게 대답하시는 말씀을 내가 알며 내게 이르시는 것을 내가 깨달으랴 ⁶그가 큰 권능을 가지시고 나와 더불어 다투시겠느냐 아니로다 도리어 내 말을 들으시리라 ⁷거기서는 정직한 자가 그와 변론할 수 있은즉 내가 심판자에게서 영원히 벗어나리라 ⁸그런데 내가 앞으로 가도 그가 아니 계시고 뒤로 가도 보이지 아니하며 ⁹그가 왼쪽에서 일하시나 내가 만날 수 없고 그가 오른쪽으로 돌이키시나 뵈올 수 없구나 ¹⁰그러나 내가 가는 길을 오직 그가 아시나니 그가 나를 단련하신 후에는 내가 순금같이 되어 나오리라 ¹¹내 발이 그의 걸음을 바로 따랐으며 내가 그의 길을 지켜 치우치지 아니하였고 ¹²내가 그의 입술의 명령을 어기지 아니하고 정한 음식보다 그의 입의 말씀을 귀히 여겼도다 ¹³그는 뜻이 일정하시니 누가 능히 돌이키랴 그의 마음에 하고자 하시는 것이면 그것을 행하시나니 ¹⁴그런즉 내게 작정하신 것을 이루실 것이라 이런 일이 그에게 많이 있느니라 ¹⁵그러므로 내가 그 앞에서 떨며 지각을 얻어 그를 두려워하리라 ¹⁶하나님이 나의 마음을 약하게 하시며 전능자가 나를 두렵게 하셨나니 ¹⁷이는 내가 두려워하는 것이 어둠 때문이나 흑암이 내 얼굴을 가렸기 때문이 아니로다

침묵하시는 하나님

아이들이 숨바꼭질을 하다가 떠난 뒤에 한 아이가 울고 있었다. 랍비가 그 아이에게 물었다. "얘야 왜 울고 있니?" 그 아이는 눈물을 닦으며 말했

다. 아이들과 숨바꼭질을 하다가 찾기 어려운 곳에 숨어있었는데 아이들이 자기를 찾지 않고 가버렸다고 했다. 랍비는 아이를 달래며 말하기를 "하나님도 그럴 때가 있단다. 사람들이 하나님을 찾다가 숨어 계신 하나님을 발견하지 못하고 떠나버릴 때 하나님도 슬퍼하신단다"라고 말하였다.

하나님은 인간에게 두 가지 형태로 나타나신다. 계시를 통하여 말씀하신다. 선지자나 사도나 주님의 종들을 통하여 말씀하시고 성경을 통하여 말씀하신다. 그리고 때로는 계시하시지는 않아도 숨어서 은밀하게 나타나실 때가 있다. 전염병이나 대재앙이나 전쟁이나 개인적 환난을 통하여 깨닫게 하실 때가 있다. 우리는 은밀하게 나타나는 하나님의 섭리에도 예민해야 한다.

욥은 극심한 환난을 당한 후에 하나님의 뜻이 무엇인지 애타게 부르짖으며 찾으려 하였다. 침묵하시는 하나님에 대하여 반항하는 마음과 탄식의 시간이 많았다(2절). 그러나 하나님의 뜻을 이해하려고 무척 애를 썼다.

> "내가 어찌하면 하나님을 발견하고 그의 처소에 나아가랴. 어찌하면 그 앞에서 내가 호소하며 변론할 말을 내 입에 채우고 내게 대답하시는 말씀을 내가 알며 내게 이르시는 것을 내가 깨달으랴"(3-5절).

> "그런데 내가 앞으로 가도 그가 아니 계시고 뒤로 가도 보이지 아니하며, 그가 왼쪽에서 일하시나 내가 만날 수 없고 그가 오른쪽으로 돌이키시나 뵈올 수 없구나"(8-9절).

침묵만 하고 숨어 계시는 하나님을 향하여 욥은 계속 부르짖으며 자기가 당하는 환난의 의미가 무엇인지 묻고 있었다. 애타게 부르짖으며 기도하기도 하고, 때로는 항변하며 탄식하기도 하였지만 야속하게도 속히 만나주시지 않고 하나님은 침묵하셨다.

그럴지라도 성도들은 끝까지 참고 견디며 기도하고 침묵하시는 하나님의 뜻을 기다려야 한다. 믿음으로 행하고 인내하는 자에게는 하나님께서 반드시 응답하신다.

"끝까지 견디는 자는 구원을 얻으리라"(마24:13).

하나님이 침묵하시고 그에게 응답하지 않았지만, 욥은 결코 하나님이 자기를 버리지 않으시고 지켜주신다는 것을 믿었다.

용광로의 불 시험을 통과시키다

하나님은 욥을 용광로와 같은 뜨거운 불의 시험으로 신앙을 연단하셨다. 하나님의 종으로 쓰실 때에 이러한 연단과 시련의 과정이 있다.

"그러나 내가 가는 길을 그가 아시나니 그가 나를 단련하신 후에는
내가 순금 같이 되어 나오리라"(10절).

순금이 어디 그냥 나오는가? 산에 터널을 뚫어 금맥을 찾고 금광에서 돌을 폭파하여 금광석을 가져오면 뜨거운 용광로 불에 녹여 정금을 추출해 낸다. 단순하고 쉬운 과정은 없다. 모두 위험하고 고된 과정이다. 생명을 구원할 하나님의 사람을 만드실 때 훈련과 연단 없이 훌륭한 믿음의 사람을 만들지 못한다. 순금처럼 빛나는 신앙인이 된다는 것은 그만큼 연단의 과정이 힘들었음을 뜻한다.

순금이 되려면 용광로의 뜨거운 불길에 닿아야 한다. 이스라엘 백성들이 하나님의 거룩한 백성으로 선택이 될 때에 애굽의 노예라는 연단의 불을 통과하였다.

"여호와께서 너희를 택하시고 너희를 쇠 풀무불 곧 애굽에서 인도하여 내사 자기 기업의 백성을 삼으신 것이 오늘과 같아도"(신4:20).

모세가 이스라엘의 지도자가 되기 전에 그는 미디안 광야에서 40년 동안 양치기를 하면서 고생을 했다. 숨어 지내는 긴 세월 동안 고난 받는 자기 민족 이스라엘을 위하여 기도했을 것이다. 그에게 숨어 지내던 40년은 연단의 시간이었다. 그리고 하나님께 사명을 받고 종살이 하던 이스라엘 민족을 이끌고 다시 황량한 광야에서 40년을 또 방황하였다. 이러한 연단의 시간들이 그를 위대한 지도자가 되게 하였다.

다윗이 왕으로 선택 받기 전에 그는 역경과 시련의 시간이 있었다. 블레셋의 장수 골리앗과 싸우고 승리를 얻은 후부터 민심이 다윗에게로 옮겨갔다. 그 때부터 사울 왕은 다윗을 미워하여 죽이려고 하였다. 그는 어린 나이에 군대장관이 되었고 왕의 부마가 되었으니 정신적인 부담도 컸을 것이다. 사울과 그의 왕자들이 블레셋 전투에서 전사할 때까지 다윗은 단 하루도 마음 편히 발을 뻗고 잠을 잘 수 없었다. 언제 사울의 군사들이 들이닥칠지 몰랐기 때문이다. 다윗이 30세에 유다의 왕이 되기까지(삼하 5:4) 약 14년 동안 다윗은 생명의 위협을 느끼면서 살았다. 그는 죽을 고비를 여러 차례 넘기면서 날마다 하나님을 바라보고 기도하지 않을 수 없었다. 이와 같이 순금처럼 빛났던 신앙 인물들에게는 용광로와 같은 불의 시험들이 있었다.

불 시험 가운데 함께 하시는 주님

하나님은 우리가 겪는 불 시험의 과정을 면밀히 살피신다. 뜨거운 용광로에 집어 넣으실 때에 시계를 주시하시며 온도계를 들고 계신다. 얼마나 뜨거운지, 과연 견딜 수 있는 온도인지 살피신다. 그리고 견디지 못할 정도로 시간이 흐른 것은 아닌지 단련의 시간을 측정하고 계신다. 내가 가는 고난의 길과 시간을 하나님은 알고 계신다.

만약 우리가 당하는 고난과 역경을 하나님이 모르고 계신다고 한다면 정말 암담하고 절망스러울 것이다. 그러나 하나님께서는 우리의 고난의 길을 다 알고 계신다. 길 모퉁이마다, 위험의 고비마다 하나님께서 지켜 주시고 붙잡아 주신다.

하나님은 욥에게 불 시험을 주시기 전에 그가 하나님을 기쁘시게 한 것을 기억하고 계신다. 그가 하나님의 말씀대로 경건하게 살려고 최선을 다한 것을 알고 계신다. 그러므로 그 무서운 용광로에 던졌을 때 타지 않도록 철저하게 보호하신다.

"내 발이 그의 걸음을 바로 따랐으며 내가 그의 길을 지켜 치우치지 아니하였고, 내가 그의 입술의 명령을 어기지 아니하고 정한 음식보다 그의 입의 말씀을 귀히 여겼도다"(11,12절).

다니엘의 세 친구 사드락, 메삭, 아벳느고가 왕의 금신상에 절하지 않다가 극렬히 타는 풀무불 가운데 던짐을 당하였다. 그러나 죽음 앞에서도 느부갓네살 왕의 명령에 굴복하지 않고 우상에게 절하지 아니한 그들의 귀한 믿음을 보시고, 하나님은 그들을 뜨거운 풀무불에서 건져주셨다. 불 속에는 그들을 보호하는 하나님의 아들이 서 있었다.

"왕이 또 말하여 이르되 내가 보니 결박 되지 아니한 네 사람이 불 가운데로 다니는데 상하지도 아니하였고 그 넷째의 모양은 신들의 아들과 같도다"(단3:25).

우리가 평소에 하나님의 뜻에서 어긋나게 살았다면 불 시험을 견디기 어려울 것이다. 좌절하고 절망하며 뜨거운 불의 기운에 타 버리고 말 것이다. 그러나 욥과 같이 평소에 하나님의 말씀대로 순종하고 기도를 쉬지 않았을 때에는 고난과 역경이 올 때에 더욱 하나님을 바라보게 되고 반드시 하나님께서 그 고난을 이기게 하실 것을 믿게 된다. 평소에 하나님과 신실한 관계를 가졌기 때문에 어떤 상황도 하나님과 그 사람의 사이를 갈라놓을 수 없기 때문이다. 그러나 평소에 영적으로 합일된 관계가 아니었으면 불 시험이 올 때 하나님을 의심하고 원망하게 된다.

"그런즉 내게 작정하신 것을 이루실 것이라 이런 일이 그에게 많이 있느니라. 그러므로 내가 그 앞에서 떨며 지각을 얻어 그를 두려워하리라"(14,15절).

그리스도의 십자가 고난과 부활의 영광

인생을 살면서 욥과 같은 불 시험이 오면 우리는 피할 재간이 없다. 타 버릴 것 같은 불 시험 중에도 하나님께 부르짖고 붙잡아야 한다. 피할 수 없는 연단의 과정이라면 믿음으로 수용해야 한다.

"그는 뜻이 일정하시니 누가 능히 돌이키랴 그의 마음에 하고자 하시는 것이면 그것을 행하시나니"(13절).

믿음 안에서 고난을 주시는 하나님께 감사하고 인내할 수 있는 힘과 지혜와 용기를 달라고 기도해야 한다.

"내 형제들아 너희가 여러 가지 시험을 당하거든 온전히 기쁘게 여기라. 이는 너희 믿음의 시련이 인내를 만들어 내는 줄 너희가 앎이라"(약1:2,3).

우리는 고난을 받는 중에도 장래에 주실 은혜와 축복을 생각하면서 소망을 품고 인내해야 한다. 고난을 통과한 후에 오게 될 영광과 영적 유익도 생각하면서 감사해야 한다.

"여호와의 말씀이니라. 너희를 향한 나의 생각을 내가 아나니 평안이요 재앙이 아니니라. 너희에게 미래와 희망을 주는 것이니라"(렘 29:11).

"고난 당하기 전에는 내가 그릇 행하였더니 이제는 주의 말씀을 지키나이다"(시119:67).

성도에게 오는 고난은 믿음으로 받으면 영육간에 유익하게 된다. 아브라함에게 어려운 시험이 세 번이나 있었다. 갈대아 우르를 떠난 것과 이방의 왕이 아내 사라를 데리고 갔을 때, 그리고 백 세에 얻은 아들 '이삭'을 모리아 산에서 번제로 바치는 일이었다. 두 번의 시험에서는 믿음으로 극복하였으나 아내를 빼앗겼을 때는 왕에게 바로 고하지 못하였다. 우리가 연약한 인간인 것을 하나님은 아신다. 회복시키시고 은혜로 인도하시는 분은 하나님이시다. 사실 우리의 힘만으로는 불 시험을 다 통과할 수 없다. 성령님이 힘을 주셔야 한다.

믿음의 사람들에게 예기치 못했던 크나큰 시험과 연단의 시간들이 오면 믿음으로 수용해야 한다. 하나님은 합력하여 선을 이루시고 불 시험을 통과한 후에 은혜와 복을 주신다.

"시험을 참는 자는 복이 있나니 이는 시련을 견디어 낸 자가 주께서 자기를 사랑하는 자들에게 약속하신 생명의 면류관을 얻을 것이기 때문이라"(약1:12).

성도에게 다가온 불 시험을 피할 수 없다면 믿음으로 수용하라. 하나님은 반드시 이길 수 있도록 도우실 것이다. 욥에게 닥친 불 시험은 실로 엄청난 것이었다. 사람의 힘과 의지로는 극복하기 어려운 일이었다. 그러나 욥은 이해할 수 없는 엄청난 고난을 믿음으로 수용하였다. 그리고 고난 중에도 소망의 끈을 놓지 않았다.

하나님은 고난 가운데서 욥을 만나 주시고 말씀을 주셨으며, 진심으로 회개하도록 도우셨다. 그는 고난의 시련으로 인하여 장차 오실 그리스도의 십자가 고난의 예표가 되었고, 선한 그리스도인들이 받게 될 박해와 역경에 대한 본보기가 되었다.

"너희 믿음의 확실함은 불로 연단하여도 없어질 금보다 더 귀하여 예수 그리스도께서 나타나실 때에 칭찬과 영광과 존귀를 얻게 할 것이니라"(벧전1:7).

예수님께서는 제자가 되려면 자기를 부인하고 십자가를 지고 따르라고 하셨다. 예수님 자신도 섬김을 받기 위하여 세상에 오신 것이 아니라, 자기의 목숨을 많은 사람의 대속물로 주려고 온 것이라고 하셨다.

"무리와 제자들을 불러 이르시되 누구든지 나를 따라오려거든 자기를 부인하고 자기 십자가를 지고 나를 따를 것이니라"(막8:34).

"인자가 온 것은 섬김을 받으려 함이 아니라 도리어 섬기려 하고 자기 목숨을 많은 사람의 대속물로 주려 함이니라"(막10:45).

욥은 고난을 통과한 후에 순금 같은 신앙을 얻게 될 것을 믿었다. 예수님의 진리는 십자가 고난을 통과할 때에 부활의 영광과 인류 구원의 길이 열리는 것이다. 십자가에 자기 목숨을 내어주신 예수님의 고난과 죽음이 없었더라면 순금처럼 값지고 빛난 구원과 영생도 없었을 것이다.

Job Theology and Explanation

25
흥망성쇠의 때를 아는가

욥 24:1-25

1어찌하여 전능자는 때를 정해 놓지 아니하셨는고 그를 아는 자들이 그의 날을 보지 못하는고 2어떤 사람은 땅의 경계표를 옮기며 양 떼를 빼앗아 기르며 3고아의 나귀를 몰아가며 과부의 소를 볼모잡으며 4가난한 자를 길에서 몰아내나니 세상에서 학대 받는 자가 다 스스로 숨는구나 5그들은 거친 광야의 들나귀 같아서 나가서 일하며 먹을 것을 부지런히 구하니 빈들이 그들의 자식을 위하여 그에게 음식을 내는구나 6밭에서 남의 꼴을 베며 악인의 남겨둔 포도를 따며 7의복이 없어 벗은 몸으로 밤을 지내며 추위도 덮을 것이 없으며 8산중에서 만난 소나기에 젖으며 가릴 것이 없어 바위를 안고 있느니라 9어떤 사람은 고아를 어머니의 품에서 빼앗으며 가난한 자의 옷을 볼모잡으므로 10그들이 옷이 없어 벌거벗고 다니며 곡식 이삭을 나르나 굶주리고 11그 사람들의 담 사이에서 기름을 짜며 목말라하면서 술틀을 밟느니라 12성 중에서 죽어가는 사람들이 신음하며 상한 자가 부르짖으나 하나님이 그들의 참상을 보지 아니하시느니라 13또 광명을 배반하는 사람들은 이러하니 그들은 그 도리를 알지 못하며 그 길에 머물지 아니하는 자라 14사람을 죽이는 자는 밝을 때에 일어나서 가난한 자나 빈궁한 자를 죽이고 밤에는 도둑같이 되며 15간음하는 자의 눈은 저물기를 바라며 아무 눈도 나를 보지 못하리라 하고 얼굴을 가리며 16어둠을 틈타 집을 뚫는 자는 낮에는 잠그고 있으므로 광명을 알지 못하나니 17그들은 아침을 죽음의 그늘 같이 여기니 죽음의 그늘의 두려움을 앎이니라 18그들은 물 위에 빨리 흘러가고 그들의 소유는 세상에서 저주를 받나니 그들이 다시는 포도원 길로 다니지 못할 것이라 19가뭄과 더위가 눈 녹은 물을 곧 빼앗나니 스올이 범죄자에게도 그와 같이 하느니라 20모태가 그를 잊어버리고 구더기가 그를 달게 먹을 것이라 그는 다시 기억되지 않을 것이니 불의가 나무처럼 꺾이리라 21그는 임신하지 못하는 여자를 박대하며 과부를 선대하지 아니하는 도다 22그러나 하나님이 그의 능력으로 강포한 자들을 끌어내시리니 일어나는 자는 있어도 살아남을 확신은 없으리라 23하나님은 그에게 평안을 주시며 지탱해 주시나 그들의 길을 살피시도다 24그들은 잠깐 동안 높아졌다가 천대를 받을 것이며 잘려 모아진 곡식 이삭처럼 되리라 25가령 그렇지 않을지라도 능히 내 말을 거짓되다고 지적하거나 내 말을 헛되게 만들자 누구랴

믿고 기다리라

욥은 이해할 수 없는 고통에서 헤어나지 못하고 탄식하였다. 하나님께서 언제 그를 고난의 늪에서 구원해 주실지 알지 못했다. 하나님의 구원의 때는 아무도 알 수 없다.

세상에는 악한 자들이 무수하다. 그들은 빛 되신 하나님을 거역하면서 살아가는 광명을 배반한 자들이다(13절). 그런데도 그들은 잘 되는 것 같고, 의인들은 별안간 고난을 당하는 것 같았다. 욥은 사람들의 흥망성쇠에 대하여 알 수가 없어 답답함을 느꼈다.

> "그들이 모였을 때에 예수께 여쭈어 이르되 주께서 이스라엘 나라를 회복하심이 이 때니이까 하니, 이르시되 때와 시기는 아버지께서 자기의 권한에 두셨으니 너희가 알 바 아니요"(행1:6,7).

유대인들은 이스라엘이 로마로부터 독립하여 나라가 회복될 때가 언제인지 알고 싶었다. 그러나 예수님께서는 그 때와 시기는 하나님 아버지의 권한에 속했으니 제자들이 구태여 알 필요가 없다고 하셨다. 다만 열심히 기도하고 성령님으로 충만하여 예수님의 증인이 되어야 한다고 하셨다.

솔로몬은 하나님께서 사람이 장래의 일을 능히 헤아리지 못하게 하셨다고 말했다(전7:14). 사람이 하나님의 예정하신 일들을 미리 알지 못하는 것은 정상적이다. 미래의 일을 알려고 할 때에 미신에 빠지게 되고 점치는 자를 찾게 될 것이다. 하나님께서 비밀에 붙이신 것은 모르는 것이 오히려 유익하다.

우리는 내일 염려할 것은 내일로 미루고 오늘 맡겨주신 일에 최선을 다

해야 할 것이다(마6:34). 기독교의 신앙은 매일 하나님께 의지하는 것이다. 하루 하루 주님을 의지하면서 살다 보면 결국 평생을 믿음으로 바로 살게 된다. 어떤 상황에서도 항상 하나님께 감사하면서 살면, 실수와 단점까지도 합력하여 선을 이루게 될 것이다. 그러므로 그리스도인들은 흥망성쇠의 때를 몰라도 전능하신 하나님을 굳게 믿고 인내해야 할 것이다.

악한 자들의 결말

세상의 악한 자들의 죄는 다양하고 무자비하다. 남의 양을 도둑질하거나 이웃 땅의 경계표를 옮겨 자기 땅을 넓히기도 한다. 고아나 과부의 재산을 빼앗는 몰염치한 도둑들도 있다. 욥은 소상하게 가난한 약자들의 억울함을 나열하고 있다.

> "의복이 없어 벗은 몸으로 밤을 지내며 추위도 덮을 것이 없으며 산 중에서 만난 소나기에 젖으며 가릴 것이 없어 바위를 안고 있느니라. 어떤 사람은 고아를 어머니의 품에서 빼앗으며 가난한 자의 옷을 볼모 잡으므로"(7,8절).

> "사람을 죽이는 자는 밝을 때에 일어나서 학대 받는 자나 가난한 자를 죽이고 밤에는 도둑 같이 되며, 간음하는 자의 눈은 저물기를 바라며 아무 눈도 나를 보지 못하리라 하고 얼굴을 가리며"(14,15절).

광명의 길을 알지 못하는 극악무도한 자들은 오직 어둠의 권세에 사로잡혀 죽음의 길을 앞당기고 있다. 그러나 주님의 말씀에 순종하는 자들은 광명의 길을 걷게 될 것이다. 예수님은 빛이시기 때문이다.

"나는 세상의 빛이니 나를 따르는 자는 어둠에 다니지 아니하고 생명의 빛을 얻으리라"(요8:12).

사람이 그 때를 모를 뿐이지 행악자들은 겉으로 보기에 형통한 것처럼 보여도 그 결국은 반드시 저주와 형벌로 마무리 될 것이다.

"그들은 물 위에 빨리 흘러가고 그들의 소유는 세상에서 저주를 받나니 그들이 다시는 포도원 길로 다니지 못할 것이라. 가뭄과 더위가 눈 녹은 물을 곧 빼앗나니 스올이 범죄자에게도 그와 같이 하느니라"(18,19절).

욥은 선하신 하나님이 하시는 일을 의심하지 않았다. 악한 자와 살인자들은 반드시 심판을 받게 될 것이다. 사람이 알지 못할 뿐이지 반드시 하나님께서 악한 자를 멸하시고 선한 자를 다시 일으켜 세우실 날이 올 것이다. 욥은 그러한 확신을 가지고 있었다.

구원 받는 사람이 되려면

불의한 자는 나무가 꺾임과 같이 다시 기억되지 않을 날이 올 것이다(20절). 그러나 하나님은 기도하는 선한 자는 반드시 구원을 베푸실 것이다. 우리가 하나님께 구원을 받는 사람이 되기 위해서는 먼저 죄를 회개해야 한다.

누가복음 13장에는 실로암 망대가 무너져 십팔 명의 사람이 죽은 사건이 나온다. 예수님은 "예루살렘에 거한 모든 사람보다 그들이 죄가 더 많은 줄 아느냐"고 물으셨다. 그리고 덧붙여 말씀하시기를 "너희에게 이르노니 아니라 너희도 만일 회개하지 아니하면 다 이와 같이 망하리라"고 하셨다.

우리는 언제나 우리의 죄와 허물을 살피는 회개의 사람, 겸손의 사람이 되어야 한다. 욥과 같이 어떠한 고난을 당한다할지라도 인내하면서 하나님이 반드시 다시 일으키실 것을 믿어야 한다. 인간의 흥망성쇠는 때를 모를 뿐이지, 하나님은 자기의 자녀들을 결코 어둠과 고난의 가시밭에 그냥 방치하지 않으신다. 하나님의 사랑과 긍휼하심을 바라보는 소망의 눈을 가져야 한다.

Job Theology and Explanation

26
하나님의 주권과 위엄

욥 25:1-6

¹수아 사람 빌닷이 대답하여 이르되 ²하나님은 주권과 위엄을 가지셨고 높은 곳에서 화평을 베푸시느니라 ³그의 군대를 어찌 계수할 수 있으랴 그가 비추는 광명을 받지 않은 자가 누구냐 ⁴그런즉 하나님 앞에서 사람이 어찌 의롭다 하며 여자에게서 난 자가 어찌 깨끗하다 하랴 ⁵보라 그의 눈에는 달이라도 발하지 못하고 별도 빛나지 못하거든 ⁶하물며 구데기 같은 사람, 벌레 같은 인생이랴

궁극적으로 악을 심판하신다

욥은 24장에서 강포한 자들에 의하여 짓밟히는 인간들의 고난을 나열하고 있다. 하나님을 불신하는 자들이 죄를 범하고 폭력을 행하고 사람을 죽이나 하나님께서 침묵하신다고 하였다.

"성 중에서 죽어가는 사람들이 신음하며 상한 자가 부르짖으나 하나님이 그들의 참상을 보지 아니하시느니라"(24:12).

왜 하나님은 세상의 악한 자들을 벌하지 않으시고 침묵하고 계시는가? 하나님이 즉각적으로 죄와 악행에 대하여 벌하신다면 이 세상에 살아남을 사람이 어디 있겠는가? 죄 없는 자가 어디 있는가? 하나님이 악한 자들을 곧 처벌하지 않는 것은 하나님은 오래 참고 기다리시는 분이기 때문이다. 회개하고 돌아오기를 기다리시는 하나님이다.

그러나 하나님은 궁극적으로 강포한 악인들을 끌어내리시고 심판하실 것이다. 징계와 심판도 하나님의 때에 행하시기 때문이다. 창세기 11장의 바벨탑 사건에서 교만한 인간들의 타락과 범죄를 지켜보시던 하나님께서 마침내 하나님의 뜻을 거스르는 현장에 내려오셔서 그들의 언어를 심판하셨다.

'바벨'(בָּבֶל)은 '혼란' 혹은 '신들의 문'이란 뜻을 가지고 있다(창11:5-9). '문'으로 해석하는 것은 원형인 '바바'(בָּבָה)의 뜻이 '구멍, 문'이란 의미를 가지고 있기 때문이다. 창조의 하나님은 원래 완벽하고 정상적인 질서와 환경을 만드셨다. 그러나 범죄한 인간들로 인하여 심판하실 때에는 혼란하게 하신다. 질서와 화합을 깨뜨리신다.

노아 시대의 심판에서는 물이 경계를 넘어 질서를 파괴하였다(벧후3:5,6). 소돔과 고모라 성의 심판에서는 유황 불로 아름답게 건설된 성읍을 송두리째 태우셨다. 그리고 장차 예수님이 재림하시기 전, 마지막 지구 종말의 때에도 불로 태우실 것이다(벧후3:7,10).

그러나 하나님의 뜻에 순종하는 의인들에게는 평안을 주시고 그 앞길을 인도해 주실 것이라고 했다(24:22,23). 이러한 욥의 대답에 대하여 '수아' 사람 '빌닷'이 세 번째 충고를 했다. 욥이 말한 대로 하나님은 악인을 심판하시는 분이라고 수긍하면서, 절대 주권과 위엄을 가지신 하나님에 대하여 어떤 사람도 감히 대항할 수 없다고 말했다.

"하나님은 주권과 위엄을 가지셨고 높은 곳에서 화평을 베푸시느니라. 그의 군대를 어찌 계수할 수 있으랴 그가 비추는 광명을 받지 않은 자가 누구냐"(2,3절).

하나님의 '주권'은 통치와 지배(하므셸: הַמְשֵׁל)를 뜻하고, '위엄'은 '경외'과 '두려움'을 뜻하는 '파하드' (פַחַד)란 말이다. 하나님은 인간에 대하여 절대적 주권을 가지고 다스리시며, 인간이 경외심을 가지고 두려워해야 하는 전지전능하신 분임을 밝히고 있다. 온 우주 만물을 평화롭게 통치하시는 하나님 앞에서 감히 인간이 스스로 의롭다고 칭할 수 없다는 것이다.

무지하고 무력한 인간

전능하신 하나님 군대의 세력을 어찌 짐작할 수 있으며, 온 우주를 비추는 광명의 혜택을 받지 않는 사람과 물질이 어디 있겠는가?

불신앙의 사람들은 국가들의 군사력과 물질과 권력의 힘을 두려워한다. 그러나 신앙의 사람들은 하나님의 군사력과 전능하신 능력을 두려워한다.

열왕기하 6장에 보면 북방 아람의 왕이 엘리사 선지자를 죽이려고 말과 병거와 많은 군사들을 보내어 그 선지자가 있는 '도단' 성읍을 포위하였다. 그 때에 두려워 떠는 선지자의 사환에게 영안이 열려 하나님의 군대를 보게 하였다. 아람의 군대보다 더 강력한 하늘 군대의 불말과 불병거가 산에 가득한 것을 그 사환이 보고 하나님을 두려워하였다.

우리는 세상의 군사력과 권력과 돈의 세력을 바라보지 말고, 위대하신 하나님의 권력을 바라보아야 한다. 전지전능하신 하나님 앞에서의 인간은 티끌에 지나지 않는다. 감히 하나님의 섭리에 대하여 가타부타 할 수 없으며, 스스로 의롭다고 자랑할 수 없는 것이다.

우리가 아무리 하나님을 안다고 하여도 아무 것도 모르는 것과 같다.

14세기 영국의 '리처드 롤'이란 작가는 "하나님은 도저히 헤아릴 수 없는 분임을 발견한 사람이 비로소 하나님을 온전히 알게 된다"고 말했다. 하나님에 대하여 배우면 배울수록 우리는 그 분에 대하여 무지하고 무능한 존재임을 깨닫게 된다.

'빌닷'은 하나님에 대하여 많은 것을 알고 있다는 말투로 욥을 질책하였지만, 욥은 빌닷이 알고 있는 하나님은 그의 지식의 시작에 불과하다고 말했다.

> "보라 이런 것들은 그의 행사의 단편일 뿐이요 우리가 그에게서 들은 것도 속삭이는 소리일 뿐이니 그의 큰 능력의 우렛소리를 누가 능히 헤아리랴"(욥26:14).

인간은 누구를 막론하고 하나님 앞에서는 모두 미약하고 무지할 뿐이다. 오직 하나님의 섭리와 통치에 복종하는 것만이 사람이 마땅히 행할 일이다. 전12:13에서 솔로몬을 통하여 말씀하시기를 "일의 결국을 다 들었으니 하나님을 경외하고 그의 명령들을 지킬지어다. 이것이 모든 사람의 본분이니라. 하나님은 모든 행위와 모든 은밀한 일을 선악 간에 심판하시리라"고 하셨다. 하나님의 명령과 통치에 순종하고 따르는 것만이 인간이 마땅히 행할 본분이다.

하나님 목전에서 겸손하라

악한 자를 징계하시고 심판하신다는 것에 대해서는 욥이나 그의 친구들이 같이 말하고 있다. 하나님은 절대 주권자이시다. 잠시 악한 자들이 잘 되는 것처럼 보여도 궁극적으로는 악한 자를 심판하시고 땅에서 끊으시는 하나님이시다. 하나님의 위엄 앞에 우리는 떨 수밖에 없다. 하나님의 군대와 대항할 자도 없다. 인간은 오직 하나님의 뜻에 굴복할 뿐이다. 비록 의로운 자라 하여도 하나님 앞에 서면 죄인이요 티끌만도 못한 보잘 것 없는 인간이다. 하나님 앞에서 의롭다 깨끗하다고 자랑할 자가 세상에는 없다.

> "기록된 바 의인은 없나니 하나도 없으며, 깨닫는 자도 없고 하나님을 찾는 자도 없고 다 치우쳐 함께 무익하게 되고 선을 행하는 자는 없나니 하나도 없도다"(롬3:10-12).

> "그런즉 하나님 앞에서 사람이 어찌 의롭다 하며, 여자에게서 난 자가 어찌 깨끗하다 하랴"(4절).

빌닷은 하나님 앞에서의 '사람'(에노쉬: אֱנוֹשׁ)이라고 말할 때, 그 '사람'은 약하고 죽을 수밖에 없는 미미한 존재를 강조하고 있다. '여자에게서 난 자'라는 말에서는 인간의 원죄를 지적하고 있는 듯하다. 일반적으로 사람이 남자의 씨에서 태어났다고 기록하는데, 여기서 여자(אִשָּׁה:이샤)에게서 태어났다고 표현한 것은 죄 아래에서 태어난 무력한 인간을 강조하고 있다. 근원적으로 하나님 앞에서 의롭다고 말할 수 있는 자는 아무도 없다는 것이다. 그러므로 "욥 너도 자신의 순전함을 너무 내세우지 말라"는 우회적인 표현이기도 하다.

하나님 앞에서는 달이라도 빛나 보이지 않고 별이라도 빛을 발한다고 할 수 없지 않는가? 하나님의 존귀하고 위대하심은 너무 밝고 광명하여 해와 달과 별의 빛이 소용이 없다. 그런데 하물며 죄가 많아 구더기 같고 벌레 같은 인간이 어찌 감히 의롭다고 하나님 앞에 나설 수 있겠는가? 빌닷은 하나님 앞에서는 그 무엇도 감히 얼굴을 들 수 없고 영광을 나타낼 수 없다고 고백하였다. 하나님 목전에서 겸손하지 못할 피조물이 없다. 인간은 자신이 미미한 존재임을 고백하고 겸손하게 용서를 빌 때에 은혜를 입을 것이다.

> "그러므로 하나님의 능하신 손 아래에서 겸손하라 때가 되면 너희를 높이시리라"(벧전5:6).

인간은 하나님 앞에서 구원을 받을만한 자격이 없는 죄의 본성을 가지고 태어난 존재이다. 우리가 의롭게 될 수 있는 길은 오직 예수 그리스도의 은혜로만 가능하다. 예수님이 십자가에서 피 흘려주신 대속의 은혜로만 의롭게 될 수 있다.

> "전에는 우리도 다 그 가운데서 우리 육체의 욕심을 따라 지내며 육체와 마음의 원하는 것을 하여 다른 이들과 같이 본질상 진노의 자녀이었더니, 긍휼이 풍성하신 하나님이 우리를 사랑하신 그 큰 사랑을 인하여 허물로 죽은 우리를 그리스도와 함께 살리셨고 너희는 은혜로 구원을 받은 것이라"(엡2:3-5).

인간은 하나님의 은혜가 없으면 아무 것도 할 수 없는 비천한 존재다. 빌닷은 "인간은 벌레와 구더기와 같다"고 표현하고 있다. 인간은 하나님의 형상으로 창조된 존귀한 존재임은 사실이다. 그러나 하나님을 상실하고 그 말씀을 거역하는 인간은 쓸모 없는 비천한 존재로 하락한다는 말로 이해해야 할 것이다.

성경에는 연약하고 미약한 인생을 여러 가지로 묘사한다. 다윗은 시 103:14에서 '진토'라 하였고, 이사야는 사40:6에서 '풀'과 같다고 했으며, 야고보 사도는 약4:14에서 '잠깐 보이다가 없어지는 안개'라고 했다. 벌레처럼 미약한 인생이라도 우리가 하나님을 믿고 의지할 때에 구원과 능력을 덧입는 존귀한 존재가 될 수 있다.

Job Theology and Explanation

27
하나님의 심오한 세계

욥 26:1-14

1욥이 대답하여 이르되 2네가 힘없는 자를 참 잘도 도와 주는구나 기력 없는 팔을 참 잘도 구원하였구나 3지혜 없는 자를 참 잘도 가르치는구나 큰 지식을 참 잘도 자랑하는구나 4네가 누구를 향하여 말 하느냐 누구의 정신이 네게서 나왔느냐 5죽은 자의 영들이 물 밑에서 떨며 물에서 사는 것들도 그러하도다 6하나님 앞에서는 스올도 벗은 몸으로 드러나며 멸망도 가림이 없음이라 7그는 북쪽을 허공에 펴시며 땅을 아무 것도 없는 곳에 매다시며 8물을 빽빽한 구름에 싸시나 그 밑의 구름이 찢어지지 아니하느니라 9그는 보름달을 가리시고 자기의 구름을 그 위에 펴시며 10수면에 경계를 그으시니 빛과 어둠이 함께 끝나는 곳이니라 11그가 꾸짖으신즉 하늘 기둥이 흔들리며 놀라느니라 12그는 능력으로 바다를 잔잔하게 하시며 지혜로 라합을 깨뜨리시며 13그의 입김으로 하늘을 맑게 하시고 손으로 날랩한 뱀을 무찌르시나니 14보라 이런 것들은 그의 행사의 단편일 뿐이요 우리가 그에게서 들은 것도 속삭이는 소리일 뿐이니 그의 큰 능력의 우렛소리를 누가 능히 헤아리랴

심오한 영의 세계

욥은 빌닷의 교훈이 옳지만, 그 충고가 자기를 위로하거나 돕지는 못한다고 말했다. 지식으로는 이미 욥도 그만한 것은 다 알고 있기 때문이다. 인간은 하나님 앞에서 모두 연약하고 무지한 존재다. 겸손한 마음으로 서로 위로해야 한다.

"네가 힘이 없는 자를 참 잘도 도와주는구나 기력이 없는 팔을 참 잘도 구원하여 주는구나. 지혜 없는 자를 참 잘도 가르치는구나 큰 지식을 참 잘도 자랑하는구나"(2,3절).

빌닷이 말한 하나님의 주권과 위엄에 대하여 욥도 공감하면서 하나님은 죽음의 세계, 즉 영들의 세계와 우주만물을 다스리시는 전능하신 분임을 말하고 있다. 사실 빌닷보다 욥은 더 심오한 영적인 세계와 우주의 원리를 깨달았다.

하나님은 살아있는 사람들만 다스리시는 분이 아니라, 죽은 자들의 영역까지 지배하고 계신다(5,6절). 사람이 죽으면 가는 곳을 '스올'이라고 하는데, 멸망과 사망이라는 '아바돈'이란 단어로 대체하기도 한다(욥 28:22).

"하나님 앞에서는 '스올'(שְׁאוֹל)도 벗은 몸으로 드러난다"는 것은 죽음의 세계도 하나님 앞에서는 가려지지 않고 다 드러날 수밖에 없다는 것이다. '죽은 자들의 영'이나 '스올'은 사후세계를 뜻한다. 하나님은 죽음의 세계도 지배하신다.

욥은 "죽은 자의 영들이 물 밑에서 떤다"고 표현하였다(5절). 이것은 죽은 영혼들이 소멸된 것이 아니라 고통을 의식하면서 존재한다는 것을 뜻한다. 누가복음 16장의 거지 나사로와 부자의 비유에 보면 부자의 영혼이 스올(지옥)에서 목말라 고통하면서 "아브라함에게 청하기를 나사로를 보내어 손가락 끝에 물을 찍어 내 혀를 서늘하게 해 달라"고 말하면서 불꽃 가운데서 괴로워하였다(눅16:24).

불꽃 가운데는 지옥을 의미하고 있고, 욥이 상상한 '물 밑'은 노아 대홍수 심판을 연상하게 하는 단어이다. 하나님의 심판이 물로 이루어졌고 수 많은 사람들이 물 밑에 빠져죽었다. 죽은 자가 어디에 있는가에 대한 표현의 차이다. 욥이 말하고 싶은 것은 죽은 자들의 영혼이 여전히 의식하면서 살아있다는 것이다. 의인의 영혼은 천국에서 활동하고, 악인의 영혼은 지옥에서 괴로움을 당하게 될 것이다. 하나님은 바로 그 사후세계도 통치하신다.

광활한 우주만물을 지배하시는 하나님

욥은 인간이 이해할 수 없고 알 수 없는 광활한 우주 공간도 하나님이 지배하고 계신다고 했다.

> "그는 북쪽을 허공에 펴시며 땅을 아무것도 없는 곳에 매다시며, 물을 빽빽한 구름에 싸시나 그 밑의 구름이 찢어지지 아니하느니라" (7,8절).

신학자들은 욥기를 B.C.1900 전의 기록으로 보는데, 만약 그렇다면 욥은 이미 그 때 지구와 별들은 둥글며 우주 공간에 공처럼 매달려 있다는 것을 알았다는 것이다. 헤아릴 수 없는 수 천 억의 별들을 창조하신 것도 놀랍고 그 별들을 우주 공간에 떨어지지 않게 매달아 두신 것은 더욱 기이하고 경이로운 일이다.

하늘의 구름이 많은 물을 감싸고 있으나 찢어지지 않는 것도 신기한 일이다. 그리고 수면에 경계를 그어 동반구와 서반구에 각각 밤낮이 교차하게 하셨다(10,11절). 하늘의 기둥은 높은 산을 지칭하는 시적인 표현이다. 하나님께서 천둥과 번개도 동원하시고, 하늘이 번쩍이며 뇌성이 칠 때에 거대한 산도 흔들린다. 인간이 과히 상상할 수 없는 이러한 하나님의 전능하심을 어떻게 설명할 수 있을 것인가? 인간은 단지 그 위대하신 하나님 앞에 순복할 따름이다.

넓고 깊은 바다도 하나님께서 다스리신다. 바람을 불어 풍랑이 거세게도 하시고, 또한 잔잔하게도 하신다. 욥은 바다를 지배하시는 하나님을 찬양하였다(12,13절).

주석학자 박윤선 박사는 12절의 '라합'을 바다의 신으로 해석했는데, '그 신'은 폭풍우라고 말했다. '워렌 위어스비' 목사는 '라합'과 '날쌘 뱀'을 바다의 생물로 해석했다. 하나님은 깊은 바다와 그 속의 수 많은 바다 생물을 다스리신다. 그리고 바람을 일으켜 흐리고 뿌연 하늘을 말갛게 단장하신다. 바다 역시 폭풍우가 지나가면 정화가 된다고 한다.

예수님은 풍랑 이는 바다를 잔잔하라고 명령하신 적이 있다. 누구도 멈출 수 없었던 거센 풍랑이 주님의 말씀 한 마디에 순종하였다.

> "예수께서 이르시되 어찌하여 무서워하느냐 믿음이 작은 자들아 하시고 곧 일어나사 바람과 바다를 꾸짖으시니 아주 잔잔하게 되거늘, 그 사람들이 놀랍게 여겨 이르되 이이가 어떠한 사람이기에 바람과 바다도 순종하는가 하더라"(마8:26,27).

예수님은 창조주이시며 우주만물의 주인이시다. 그러므로 바람과 바다도 순종하였다. 우리는 그 위대하신 주님의 제자들로서 마땅히 주님의 말씀에 순종하는 사람이 되어야 한다. 주님은 제자들을 향하여 '믿음이 작다'고 표현하셨는데, 그것은 우리가 세상의 풍랑을 바라보고 두려워하지 않고 주님께 집중하는 믿음의 사람이 될 것을 충고하신 것이다(눅8:24,25).

엄청나게 광대한 우주와 하늘과 바다를 다스리시는 그 하나님의 전능하신 능력을 어찌 말로 다 표현할 수 있겠는가? 인간은 다만 그 하나님의 섭리에 순응하고 겸손하게 그 뜻을 수용할 뿐이다.

14세기 영국의 신앙 저자 '리처드 롤'(Richard Rolle)은 "하나님은 도무지 헤아릴 수 없고 알 수 없는 분임을 깨달은 사람이 하나님을 참 되게 안다"고 말했다.

우리가 하나님에 대하여 알면 알수록 더 모르는 것이 많아진다는 것을 깨닫게 된다. 인간이 얼마나 유한하고 무력한 존재인가를 깨닫게 된다.

욥은 인간이 안다고 하는 하나님은 지식의 극히 일부에 지나지 않는다고 했다. 하나님에 대하여 인간이 알고 있는 것은 나타난 것의 한 조각일 뿐이고, 들은 것도 속삭이는 몇 마디의 소리에 지나지 않는다. 전능하신 하나님의 큰 능력을 우리가 어찌 다 이해할 수 있겠는가? 그러므로 빌닷에게 하나님에 대하여 아는 체 하지 말라고 은근히 충고하고 있다.

"보라 이런 것들은 그의 행사의 단편일 뿐이요 우리가 그에게서 들은 것도 속삭이는 소리일 뿐이니 그의 큰 능력의 우렛소리를 누가 능히 헤아리랴"(26:14).

Job Theology and Explanation

28
지조 있는 신앙

욥 27:1-23

¹욥이 또 풍자하여 이르되 ²나의 정당함을 물리치신 하나님, 나의 영혼을 괴롭게 하신 전능자의 사심을 두고 맹세하노니 ³(나의 호흡이 아직 내 속에 완전히 있고 하나님의 숨결이 아직도 내 코에 있느니라) ⁴결코 내 입술이 불의를 말하지 아니하며 내 혀가 거짓을 말하지 아니하리라 ⁵나는 결코 너희를 옳다 하지 아니하겠고 내가 죽기 전에는 나의 온전함을 버리지 아니할 것이라 ⁶내가 내 공의를 굳게 잡고 놓지 아니하리니 내 마음이 나의 생애를 비웃지 아니하리라 ⁷나의 원수는 악인같이 되고 일어나 나를 치는 자는 불의한 자같이 되기를 원하노라 ⁸불경건한 자가 이익을 얻었으나 하나님이 그의 영혼을 거두실 때에는 무슨 희망이 있으랴 ⁹환난이 그에게 닥칠 때에 하나님이 어찌 그의 부르짖음을 들으시랴 ¹⁰그가 어찌 전능자를 기뻐하겠느냐 항상 하나님께 부르짖겠느냐 ¹¹하나님의 솜씨를 내가 너희에게 가르칠 것이요 전능자에게 있는 것을 내가 숨기지 아니하리라 ¹²너희가 다 이것을 보았거늘 어찌하여 그토록 무익한 사람이 되었는고 ¹³악인이 하나님께 얻을 분깃, 포악자가 전능자에게 받을 산업은 이것이라 ¹⁴그의 자손은 번성하여도 칼을 위함이요 그의 후손은 음식물로 배부르지 못할 것이며 ¹⁵그 남은 자들은 죽음의 병이 돌 때에 묻히리니 그들의 과부들이 울지 못할 것이며 ¹⁶그가 비록 은을 티끌같이 쌓고 의복을 진흙같이 준비할지라도 ¹⁷그가 준비한 것을 의인이 입을 것이요 그의 은은 죄 없는 자가 차지할 것이며 ¹⁸그가 지은 집은 좀의 집 같고 파수꾼의 초막 같을 것이며 ¹⁹부자로 누우려니와 다시는 그렇지 못할 것이요 눈을 뜨즉 아무 것도 없으리라 ²⁰두려움이 물같이 그에게 닥칠 것이요 폭풍이 밤에 그를 앗아 갈 것이며 ²¹동풍이 그를 들어 올리니 그는 사라질 것이며 그의 처소에서 그를 몰아내리라 ²²하나님은 그를 아끼지 아니하시고 던져버릴 것이니 그의 손에서 도망치려고 힘쓰리라 ²³사람들은 그를 바라보며 손벽치고 그의 처소에서 그를 비웃으리라

심지 굳은 신앙

욥은 그 숱한 역경 가운데서도 자신의 진실과 순수함을 잃지 않았다. 주위 사람들의 비난과 공격에도 순수한 신앙이 흔들리지 않았다. 자신에게 죄가 없다고 주장한 것이 아니라, 고난의 직접 원인이 될만한 불의를 저지르지 않았다고 표명했을 뿐이다. 환난 가운데서도 하나님께서 자기의 순전을 알아주시고 다시금 구원해 주실 것을 믿었다. 물론 하나님이 보실 때에는 욥은 원죄를 지닌 인간이요 불완전한 면이 있었지만, 욥은 자신이 하나님 앞에서 저주를 받을만한 죄를 짓지 않았다고 생각했다. 고통과 아픔 가운데서도 하나님을 원망하지 않고 믿고 기다렸던 지조 있는 신앙을 엿볼 수 있다.

세 친구를 비롯하여 수 많은 사람들이 그를 비난하고 업신여겼을 것이다. 이런 말 저런 말로 욥에게 상처를 입히고 인신공격을 해댔지만 그는 조금도 흔들리지 않았다. 만약 다른 신앙인에게 이와 같은 환난과 사람들의 인신공격이 있었더라면 아마 하나님을 원망하거나 절망에 빠져 자살이라도 했을 것이다. 더 이상 할 말을 잃고 살기를 포기했을 것이다.

그러나 욥은 달랐다. 계속적으로 하나님을 바라보고 그의 친구들의 충고와 비난에도 자신의 순전함을 말했다. 욥은 자기를 하나님께서 악인들처럼 멸망 받아 마땅한 죄인으로 취급하지 않으실 것을 믿었다. 그는 평소에 하나님을 굳게 신뢰했기 때문에 고통 가운데서도 여전히 그 믿음이 퇴색하지 않았다.

> "나는 결코 너희를 옳다 하지 아니하겠고 내가 죽기 전에는 나의 온전함을 버리지 아니할 것이라. 내가 내 공의를 굳게 잡고 놓지 아니하리니 내 마음이 나의 생애를 비웃지 아니하리라" (5,6절).

"내가 죽기 전에는 나의 온전함을 버리지 않겠다"고 말한 것은 욥이 자신의 죄를 감추고 있지 않다는 것을 고백한 것이다. 여기서 '나의 온전함'이란 '투마티'(תָּמָּתִי)란 말인데, 욥 자신의 '정직'이나 '죄 없음'을 뜻하는 말이다. 하나님 앞에서 전혀 죄가 없이 무결하다는 의미가 아니라, 양심에 가책이 되는 심판을 받을만한 큰 죄가 없다는 뜻이다.

신앙의 인물 가운데서도 사람들의 비난이나 죄에 대한 징벌을 두려워하지 않고 지조 있게 하나님을 바라본 자들이 있다. 노아는 그 시대 사람들이 아마 미쳤다고 손가락질 했을 것이다.

"웬 일이야, 저 늙은이는 산 위에다가 배를 다 만들어. 미쳐도 단단히 미쳤군."

그러나 노아는 하나님의 명령을 굳게 붙잡았다. 누가 무슨 말을 하는 것이 중요한 것이 아니라, 하나님이 그에게 말씀하신 것이 그 무엇보다도 중요했다. 그래서 그는 방주 만드는 일을 포기할 수 없었다. 세상 사람들의 비방과 노골적인 욕설에도 진리는 포기할 수 없는 것이다. 신앙인은 끝까지 진리를 파수해야 한다.

신자들이 예수님을 믿을 때에 부모나 친척이나 친구들이 기독교를 비방하고 우리의 신앙생활을 만류하거나 방해할 수 있다. 그러나 성령 세례를 받은 신자들은 그러한 일로 인하여 신앙을 포기해서는 안 된다. 어떤 역경과 환난 가운데서도 주님을 떠나서는 안 된다. 순교할지언정 예수님을 부인해서는 안 된다. 욥의 신앙이 그러한 지조 있는 신앙이었다.

하나님께서 아브라함에게 아들 '이삭'을 번제로 바치라고 명령했을 때, 그 자신도 이해되지 않았다. 만약에 다른 사람들이 그 말을 들었다면, 그들은 아브라함에게 아들을 번제로 바치는 것은 옳지 않는 일이라고 말했을 것이다. 그러나 아브라함은 이해되지 않는 명령이었지만 이삭을 모리아 산에 가서 번제로 바치려 하였다. 아브라함의 행동과 결심은 지조 있는 신앙이었다. 누가 무어라 하여도, 비록 이해되지 않는 말씀을 하여도 우리는 흔들림 없이 하나님의 말씀에 순종해야 한다. 신실하신 하나님을 믿기 때문이다.

다윗은 기름부음 받은 사울 왕을 죽일 수 없다고 생각했다. 부하들은 원수인 사울을 당장에 죽이자고 몇 번이나 제안을 했고 사실 사울 왕을 죽일 기회가 여러 번 있었지만, 다윗은 하나님의 뜻대로 행하였다. 하나님의 뜻을 개인의 생각으로 허물지 않았던 지조 있는 신앙인이었.

욥은 친구들의 충고와 비난에 못 이겨 자신을 큰 죄인으로 단정지을 수 없었다. 사람들이 아무리 자기에게 돌을 던진다 하여도 하나님은 자기의 순전한 양심을 알아줄 것이라고 생각했다.

특히 27장에서는 하나님을 전능하신 하나님(엘 쇠다이)으로 묘사하고 있다. 2,10, 11, 13절에서 '전능자' (쇠다이: שַׁדַּי)라고 말한 것은 하나님은 '모든 만물을 다스리는 분'임을 강조하고 있다. '온 우주의 지배자' 이신 전능하신 하나님께서 욥이나 세 친구는 잘 몰라도 "하나님의 특별한 섭리가 있어서 이런 고난을 주신 것이 아닐까"라고 욥은 생각하고 있는 것이다. 자신들의 생각을 훨씬 뛰어넘는 '엘 쇠다이'의 하나님께서 지금 이런 일을 벌리셨다고 말하고 있는 것이다.

악인을 심판하시는 하나님

죄 없는 사람을 비난하고 공격하는 자가 오히려 하나님의 심판을 받는다.

"나의 원수는 악인 같이 되고 일어나 나를 치는 자는 불의한 자 같이 되기를 원하노라 ... 환난이 그에게 닥칠 때에 하나님이 어찌 그의 부르짖음을 들으시랴"(7-9절).

우리는 비판을 받지 아니하려거든 비판하지 말라는 예수님의 말씀을 명심해야 한다. 자신의 허물을 돌아보지 않고 남을 이유 없이 비방하거나 괴롭히면 그 해악이 결국에는 자기에게 미치게 된다.

"비판을 받지 아니하려거든 비판하지 말라. 너희가 비판하는 그 비판으로 너희가 비판을 받을 것이요 너희가 헤아리는 그 헤아림으로 너희가 헤아림을 받을 것이니라"(마7:1,2).

성경에는 악한 자가 남을 죽이려고 음모를 꾸몄다가 결국 자기가 그 올무에 빠지는 사건들이 여러 군데 나와 있다.

애굽의 바로 왕은 이스라엘의 사내 아기를 나일강에 던져 죽이도록 명령을 내렸다. 애굽인들은 이스라엘의 남자들을 말살시키려고 하였지만, 결국에는 그 화가 애굽인에게 미쳤다. 나중에 모세가 출애굽을 단행하게 되었을 때, 추격하던 애굽 군대가 홍해에 수장되었다(출14:27,28).

바사의 총리 '하만'은 유다인 모르드개와 모든 유다인을 죽이려 '아하수에로' 왕의 허락을 받았다. 그리고 모르드개를 매달 긴 장대도 만들었다. 그런데 정작 그 장대에 매달린 사람은 하만 자신과 그 아들들이었다(에9:25).

다니엘의 원수들은 그를 사자굴에 던지려고 음모를 꾸미고 바사 왕 '다리오'의 윤허를 얻었다. 그러나 다니엘은 여전히 예루살렘을 향한 창문을 열고 하루 세 번씩 무릎을 꿇고 하나님께 감사의 기도를 드렸다(단6:9,10). 하나님은 기도의 사람 다니엘을 사자들의 입에서 구하여 내셨다.

그 대신 음모를 꾸몄던 악한 자들이 사자굴에 던져지게 하셨다(단6:24).
 하나님은 의인들을 비방하고 괴롭히는 악한 자들을 아끼지 아니하시고 심판하실 것이다. 오히려 그들이 비난의 대상이 되게 하시고 비웃음거리가 되게 하실 것이다.

> "하나님은 그를 아끼지 아니하시고 던져 버릴 것이니 그의 손에서 도망치려고 힘쓰리라. 사람들은 그를 바라보며 손뼉치고 그의 처소에서 그를 비웃으리라"(22,23절).

 악한 자들의 후손은 비록 번성하여도 결국에는 폭력과 전쟁에서 벗어날 수 없고 빈궁하게 될 것이다. 저주에서 살아남은 자라도 전염병으로 죽게 될 것이고, 그들이 가진 소유는 결국 의인에게 넘겨주게 될 것이다(14-17절).
 하나님은 죄를 심판하시는 분이시다. 진리를 굳게 파수하며 흔들리지 않는 경건한 자들은 반드시 지키시고, 진리를 방해하는 악한 자들은 심판하실 것이다. 세상 사람들이 하나님과 신자들을 비방하고 이유 없이 박해하여도 우리는 흔들림 없이 하나님을 바라보아야 한다. 하나님은 끝까지 진리를 붙잡은 자에게 은혜를 베푸시고, 악한 자는 심판하실 것이다.

Job Theology and Explanation

29
지혜는 순금보다 귀하다

욥 28:1-28

1은이 나는 곳이 있고 금은 제련하는 곳이 있으며 2철은 흙에서 캐내고 동은 돌에서 녹여 얻느니라 3사람은 어둠을 뚫고 모든 것을 끝까지 탐지하여 어둠과 죽음의 그늘에 있는 광석도 탐지하되 4그는 사람이 사는 곳에서 멀리 떠나 갱도를 깊이 뚫고 발길이 닿지 않는 곳 사람이 없는 곳에 매달려 흔들리느니라 5음식은 땅으로부터 나오나 그 밑은 불처럼 변하였도다 6그 돌에는 청옥이 있고 사금도 있으며 7그 길은 솔개도 알지 못하고 매의 눈도 보지 못하며 8용맹스러운 짐승도 밟지 못하였고 사나운 사자도 그리로 지나가지 못하였느니라 9사람이 굳은 바위에 손을 대고 산을 뿌리까지 뒤엎으며 10반석에 수로를 터서 각종 보물을 눈으로 발견하고 11누수를 막아 스며가지 않게 하고 감추어져 있던 것을 밝은 데로 끌어내느니라 12그러나 지혜는 어디서 얻으며 명철이 있는 곳은 어디인고 13그 길을 사람이 알지 못하나니 사람 사는 땅에서는 찾을 수 없구나 14깊은 물이 이르기를 내 속에 있지 아니하다 하며 바다가 이르기를 나와 함께 있지 아니하다 하느니라 15순금으로도 바꿀 수 없고 은을 달아도 그 값을 당하지 못하리니 16오빌의 금이나 귀한 청옥수나 남보석으로도 그 값을 당하지 못하겠고 17황금이나 수정이라도 비교할 수 없고 정금 장식품으로도 바꿀 수 없으며 18진주와 벽옥으로도 비길 수 없나니 지혜의 값은 산호보다 귀하구나 19구스의 황옥으로도 비교할 수 없고 순금으로도 그 값을 헤아리지 못하리라 20그런즉 지혜는 어디서 오며 명철이 머무는 곳은 어디인고 21모든 생물의 눈에 숨겨졌고 공중의 새에게 가려졌으며 22멸망과 사망도 이르기를 우리가 귀로 그 소문은 들었다 하느니라 23하나님이 그 길을 아시며 있는 곳을 아시나니 24이는 그가 땅 끝까지 감찰하시며 온 천하를 살피시며 25바람의 무게를 정하시며 물의 분량을 정하시며 26비 내리는 법칙을 정하시고 비구름의 길과 우레의 법칙을 만드셨음이라 27그 때에 그가 보시고 선포하시며 굳게 세우시며 탐구하셨고 28또 사람에게 말씀하셨도다 보라 주를 경외함이 지혜요 악을 떠남이 명철이니라

지혜는 어디서 얻는가

욥기 중에서 가장 호소력 있는 핵심적인 말씀이다. 욥은 고난 가운데서 진리를 깨달았다. 세상의 그 어떤 보화나 순금보다도 더 귀한 것이 하나님을 경외하는 것인 줄 깨달았다. 하나님의 진리를 붙잡는 것이 그 무엇보다도 중요하다고 고백하였다. 욥이 말하는 지혜는 곧 하나님을 경외하는 신앙과 진리의 말씀을 의미한다.

사람들이 귀하게 여기는 금과 철과 보석은 구하기 어렵다. 땅 깊은 곳에 갱도를 내고 광부가 막장까지 내려가는 수고를 다 해야 한다. 그리고 다이나마이트로 반석을 깨고 그 조각들을 채취하여 보석이 있는지 살펴 보아야 한다. 이러한 금과 보석은 쉽게 구할 수 있는 것이 아니다. 그러나 욥은 그보다 더욱 얻기 어려운 것이 지혜라고 말했다.

> "순금으로도 바꿀 수 없고 은을 달아도 그 값을 당하지 못하리니 ... 진주와 벽옥으로도 비길 수 없나니 지혜의 값은 산호보다 귀하구나"
> (15-18절).

하나님을 경외하고 하나님의 뜻을 깨닫는 지혜는 금과 은, 그 어떤 보석으로도 비할 수 없이 귀하다. 그러나 어리석은 사람들은 금과 은을 얻기 위해서는 모험을 무릅쓰고 수고하지만, 진리를 추구하는 일에는 관심이 없다.

욥은 금과 보석을 얻기 위한 탄광의 위험을 잘 묘사하고 있다. 땅 속 깊은 갱도를 '어둠과 죽음의 그늘' 이라고 표현했으며(3절), 수직으로 깊이 내려간 갱도를 발길이 닿지 않은 곳 사람이 없는 곳에 매달려 흔들리는 곳으로 묘사하고 있다. 그리고 그 땅 밑에는 불이 있다고 말하고 있다(5

절). 그 큰 위험을 무릅쓰고 막장까지 내려가 금과 철과 보석을 캐려고 수고하는데(10,11절), 사실 목숨을 담보하는 그러한 수고를 지불하여도 매번 보석을 캘 수 있는 것이 아니다. 어떤 경우는 엄청난 투자와 수고를 하여도 보석을 캐지 못하는 경우가 허다하다.

주석가 '매튜헨리'는 금과 보석이 지하에 깊이 있는 것은 그것에 덜 애착을 가지게 하신 하나님의 뜻이라고 했다. 만약 금과 보석이 지면에 보이게 있다면 사람들은 서로 차지하려고 싸우다가 정작 필요한 양식을 위하여 수고하는 데는 소홀할 것이라고 했다.

욥은 이러한 금이나 보석을 캐는 어려움과 지혜를 비교하고 있다. 지혜는 그보다 훨씬 더 찾기 어려운 것이며, 그런 보석과 비교할 수 없이 귀한 것이라고 말한다.

"그러나 지혜는 어디서 얻으며 명철이 있는 곳은 어디인고? 그 길을 사람이 알지 못하나니 사람 사는 땅에서는 찾을 수 없구나"(12,13절).

"그런즉 지혜는 어디서 오며 명철이 머무는 곳은 어디인고?"(20절).

금과 보석은 금광에서 캐내지만, 도대체 그 귀한 지혜는 어디서 얻을 수 있는가? 땅을 깊이 파도 얻을 수 없고, 엄청난 돈이나 수고를 치를지라도 살 수 없다. 그 지혜는 하나님 진리의 말씀이므로 이 땅에서 인위적으로 얻을 수 있는 것이 아니다.

하나님을 경외함이 지혜의 근본

참 지혜를 찾는 길은 오직 하나님께 있다. 욥은 "지혜가 어디서 오는가"라고 질문하고, 또 답도 주고 있다.

"하나님이 그 길을 아시며 있는 곳을 아시나니"(23절).

인생이 진리를 깨달을 수 있는 것은 오직 하나님 앞에 나와야 한다. 하나님만이 인생이 생명을 얻는 진리의 길이 어디에 있는지 알고 계신다.

"예수께서 이르시되 내가 곧 길이요 진리요 생명이니 나로 말미암지 않고는 아버지께로 올 자가 없느니라"(요14:6).

인생에게 참된 지혜와 명철을 줄 수 있는 분은 오직 하나님 한 분뿐이시다. 사람이 아무리 많은 보화와 돈을 소유했을지라도 하나님을 믿지 않고 천국에 대한 믿음이 없다면 그것이 무슨 소용이 있겠는가? 살아 생전에 약간의 도움은 주겠지만 영원한 생명을 지켜주지는 못한다. 하나님을 경외하고 섬기며 악한 죄에서 떠나 말씀대로 순종하는 것이 참된 지혜가 아니겠는가?

"또 사람에게 말씀하셨도다 보라 주를 경외함이 지혜요 악을 떠남이 명철이니라"(28절).

지혜는 땅으로부터 오는 지혜와 위로부터 오는 지혜가 있다. 땅에서 온 지혜는 많은 지식과 인터넷 정보와 위인들의 교훈일 것이다. 그러나 하나님이 주시는 지혜는 하나님의 말씀을 듣고 진리를 깨닫는 것이다.

"오직 위로부터 난 지혜는 첫째 성결하고 다음에 화평하고 관용하고 양순하며 긍휼과 선한 열매가 가득하고 편견과 거짓이 없나니"(약 3:17).

참 지혜는 하나님의 말씀을 듣고 믿으며 순종하므로 얻게 되는 것이다. 하나님을 경외한 지혜의 사람들이 성경에는 많이 등장한다. 다니엘과 세 친구는 바벨론 1차 포로 때 잡혀간 자들이다. 느부갓네살 왕은 그들에게 왕의 진미를 하사하였으나, 우상 제물로 바쳐졌던 음식이라 먹기를 거절하였다. 그들은 물과 야채만 먹게 해 달라고 담당 내시에게 부탁하였다(단1:12,13). 하나님은 그들의 믿음을 보시고 다른 소년들이 가질 수 없는 신령한 지혜를 주셨다.

"왕이 그들에게 모든 일을 묻는 중에 그 지혜와 총명이 온 나라 박수와 술객보다 십 배나 나은 줄을 아니라"(단1:20).

인간의 능력과 지식에는 한계가 있다. 그러나 자신의 부족을 알고 겸손하게 지혜를 구하는 자에게는 하나님의 영이 함께 하셔서 탁월한 지혜의 사람이 되게 하신다. 성령 하나님이 함께 하는 사람은 세상이 감당할 수 없게 된다.

유대인의 어머니들은 자녀들을 가르칠 때에 이런 질문을 한다.

"애야, 만약 적군이 쳐들어와서 집에 불을 지르고 재산을 모두 강탈해 간다면 제일 먼저 무엇을 갖고 도망을 가겠느냐?"

자녀들은 대답은 거의 비슷하다.

"금과 돈입니다. 값나가는 물건부터 챙겨야지요."

어머니는 그보다 훨씬 더 중요한 것이 있다고 힌트를 준다.

"빛도 모양도 냄새도 없지만 가장 소중한 것이란다."

자녀들이 무엇인지 궁금하여 물으면 이렇게 가르친다.

"세상을 살아가면서 가장 소중한 것은 지혜다. 지혜는 시련을 당할 때 이를 극복하는 길을 가르쳐준다. 지혜는 가난한 사람을 부자로 만들어준다. 지혜는 보잘 것 없는 사람에게 명예를 선물한다."

잠언을 쓴 솔로몬은 잠1:7에서 "여호와를 경외하는 것이 지식의 근본이라"고 말했으며, 잠3:3에서는 "진리를 목에 매달고 마음판에 새기라"고 했다. 스스로 지혜롭다고 교만하지 말고 하나님을 의지하고 악에서 떠나라고 권면하였다(잠3:7).

신령한 지혜를 얻는 사람

우리가 위로부터 오는 지혜를 얻으면, 하나님과 사람들 앞에서 은총과 귀중히 여김을 받게 된다(잠3:4). 신령한 지혜는 바로 예수 그리스도를 구주로 믿고 하나님을 경외하는 것이다. 신령한 지혜는 언제나 하나님과 연결이 되어 있기 때문에 은총을 받게 되고, 하나님께 은총을 받은 자는 사람들에게서도 사랑을 받게 된다.

베드로를 비롯한 예수님의 제자들은 이름 없는 무식한 어부들이었다. 그러나 그들이 예수 그리스도가 하나님의 아들이며 구원주이심을 깨닫게 되었을 때 큰 은혜와 능력을 덧 입게 되어 그 시대의 회중을 사로잡는 대전도자가 되었다. 베드로는 '베드로전후서'를 기록한 성경 저자가 되었으니 누가 그를 무식한 사람이라고 업신여겼겠는가? 대전도자 베드로 사도의 설교를 들으려고 하루에 삼천 명 이상의 사람들이 몰려와서 세례를 받기도 하였다.

바울 사도도 처음에는 교만하여 교회를 핍박하는 자였으나, 다메섹 도상에서 예수님을 만난 후에 변화되어 거룩하게 쓰임을 받았다. 하나님의 은혜를 입은 그는 세계 선교의 초석을 놓은 위대한 복음 전도자가 되었다. 참 지혜는 하나님으로부터 오는 것이다. 진리를 깨닫고 순종할 때에 지혜의 사람이 되는 것이다.

금과 보석을 캐는 것처럼 목숨을 걸고 땅 속 깊은 갱도에서 수고하는 것과 같이 우리는 성경을 읽고 연구하며 신령한 지혜를 얻기 위하여 기도해야 할 것이다. 지혜는 열심히 구하고 찾는 자에게 주어진다. 감추어진 땅 깊은 곳의 보석을 찾는 마음으로 신령한 지혜와 진리의 말씀을 사모해야 할 것이다.

> "네 귀를 지혜에 기울이며 네 마음을 명철에 두며, 지식을 불러 구하며 명철을 얻으려고 소리를 높이며, 은을 구하는 것 같이 그것을 구하며 감추어진 보배를 찾는 것 같이 그것을 찾으면 여호와 경외하기를 깨달으며 하나님을 알게 되리니" (잠2:2-5).

Job Theology and Explanation

30
은총의 기억을 떠올려라

욥 29:1-25

¹욥이 풍자하여 이르되 ²나는 지난 세월과 하나님이 나를 보호하시던 때가 다시 오기를 원하노라 ³그 때에는 그의 등불이 내 머리에 비치었고 내가 그의 빛을 힘입어 암흑에서도 걸어다녔느니라 ⁴내가 원기 왕성하던 날과 같이 지내기를 원하노라 그 때는 하나님이 내 장막에 기름을 발라 주셨도다 ⁵그 때에는 전능자가 아직도 나와 함께 계셨으며 나의 젊은이들이 나를 둘러 있었으며 ⁶젖으로 내 발자취를 씻으며 바위가 나를 위하여 기름 시내를 쏟아냈으며 ⁷그 때에는 내가 나가서 성문에 이르기도 하며 내 자리를 거리에 마련하기도 하였느니라 ⁸나를 보고 젊은이 들은 숨으며 노인들은 일어나서 서며 ⁹유지들은 말을 삼가고 손으로 입을 가리며 ¹⁰지도자들은 말소리를 낮추었으니 그들의 혀가 입천장에 붙었느니라 ¹¹귀가 들은즉 나를 축복하고 눈이 본즉 나를 증언하였나니 ¹²이는 부르짖는 빈민과 도와 줄 자 없는 고아를 내가 건졌음이라 ¹³망하게 된 자도 나를 위하여 복을 빌었으며 과부의 마음이 나로 말미암아 기뻐 노래하였느니라 ¹⁴내가 의를 옷으로 삼아 입었으며 나의 정의는 겉옷과 모자 같았느니라 ¹⁵나는 맹인의 눈도 되고 다리 저는 사람의 발도 되며 ¹⁶빈궁한 자의 아버지도 되며 내가 모르는 사람의 송사를 돌보아 주었으며 ¹⁷불의한 자의 턱뼈를 부수고 노획한 물건을 그 잇새에서 빼내었느니라 ¹⁸내가 스스로 말하기를 나는 내 보금자리에서 숨을 거두며 나의 날은 모래알 같이 많으리라 하였느니라 ¹⁹내 뿌리는 물로 뻗어 나가고 이슬이 내 가지에서 밤을 지내고 갈 것이며 ²⁰내 영광은 내게 새로워지고 내 손에서 내 화살이 끊이지 않았노라 ²¹무리는 내 말을 듣고 희망을 걸었으며 내가 가르칠 때에 잠잠하였노라 ²²내가 말한 후에는 그들이 말을 거듭하지 못하였나니 나의 말이 그들에게 스며들었음이라 ²³그들은 비를 기다리듯 나를 기다렸으며 봄비를 맞이하듯 입을 벌렸느니라 ²⁴그들이 의지 없을 때에 내가 미소하면 그들이 나의 얼굴빛을 무색하게 아니하였느니라 ²⁵내가 그들의 길을 택하여 주고 으뜸 되는 자리에 앉았나니 왕이 군대 중에 있는 것과도 같았고 애곡하는 자를 위로하는 사람과도 같았느니라

복을 주셨던 하나님을 회상하라

우리는 현재의 고난을 보지 말고, 그 동안 은혜와 복을 주셨던 하나님을 기억해야 한다. 욥은 자신에게 베풀어 주셨던 하나님의 은혜와 복을 회상하였다. 그는 현재의 고통으로 인해 절망하기보다도 과거에 누렸던 하나님의 은총과 사랑을 회상하면서 자신의 신앙을 다시 추스렸다. 야고보 사도는 성도들에게 즐거울 때에는 찬송을 부르고, 고난을 당할 때에는 기도하라고 권면하였다(약5:13). 우리는 어떤 상황에 처하더라도 하나님의 은혜를 생각하고 감사해야 한다. 욥은 고난 중에서도 과거에 베푸신 하나님의 은혜와 복을 기억하고 감사의 기도를 드렸다.

> "나는 지난 세월과 하나님이 나를 보호하시던 때가 다시 오기를 원하노라. 그 때에는 그의 등불이 내 머리에 비치었고 내가 그의 빛을 힘입어 암흑에서도 걸어다녔느니라. 내가 원기 왕성하던 날과 같이 지내기를 원하노라. 그 때에는 하나님이 내 장막에 기름을 발라 주셨도다"(2-4절).

욥은 흑암의 권세를 두려워하지 않고 떳떳하고 만족스러운 인생을 살았다. 하나님의 등불을 그에게 비추어 주셨으므로 빛 가운데서 살았다. 그의 전성기 때에 하나님이 동행해 주셨으므로 영적인 복과 아울러 사회적 존경과 물질적인 복을 넘치게 받았다. 경건한 예배가 욥의 장막에서 있었고, 열 자녀들이 자기의 마음을 기쁘게 하였다.

돌이 많은 땅에서도 올리브 기름이 시내처럼 흘러넘쳤으며, 우유와 뻐터가 풍성하였다. 성문 광장의 높은 자리에 앉으면 청년들은 감히 나서지 못하여 숨고 노인들은 일어섰으며, 고관들도 그들의 손을 입에 갖다댈 정도로 말을 조심하였다. 귀족들도 욥 앞에서 목소리를 낮추었으며 그를 칭찬하는 말을 하였다(4-11절).

현재의 고난을 치유하는 한 방편은 하나님이 지난 세월에 베푸신 사랑과 은총을 기억하는 것이다. 그 은혜와 복을 주신 하나님께 감사하면 현재의 고난에서 인내할 수 있다. 아내가 고난을 당하거나 힘들 때에 지난 세월에 받았던 남편의 사랑과 좋은 추억들을 회상하면서 인내하고 참는 것과 같다. 남편에 대한 원망이 있어도 과거에 자기를 아껴주고 수고하였던 것을 생각하면 다시 남편을 이해하게 되는 것이다.

우리는 가난하고 궁핍할 때에 지난 세월동안 풍성하게 채워주신 하나님의 은혜를 생각하고 감사해야 한다. 몸이 병들어 아플 때, 과거에 건강을 주셔서 열심히 일하게 하신 은혜를 감사해야 한다. 신자는 낙심과 절망의 올무에 걸리면 안 된다. 우리는 마침내 하늘 아버지가 계신 천국으로 갈 것이 아닌가? 이미 복을 받아 놓은 사람들이 아닌가?

잠시 몸이 병들고 아프며 경제적으로 가난하거나 불행한 일을 당하였다 하더라도 낙심하고 좌절하면 안 된다. 절망과 낙심은 우리의 영혼에 아무 도움이 안 된다. 절망과 낙심은 마귀가 몰래 쳐 놓은 덫과 올무일 뿐이다.

실천적 신앙

욥은 사회적으로 많은 사람들에게 존경을 받았다. 그 당시 아람 사람들은 성문이나 광장에서 공개적으로 재판을 하거나 중요한 사안을 공포하였다. 욥은 사회적으로 중요한 일이 있어 모일 때에 군중의 지도자로 존경받는 자리에 앉았다(7,8절). 젊은이들이 숨고 노인들이 일어섰으며 고관과 귀족들이 말을 조심했다는 것은 그만큼 욥을 존경하고 우러러 보았다는 것이다. 가난한 자나 고아나 과부들이 욥을 위하여 복을 빌고 노래할 정도로 칭송을 한 몸에 받았다. 그는 사람들 위에 군림하고 억압하는 지도자가 아니었고, 사람들이 진심으로 칭송하는 지도자였다.

> "나는 맹인의 눈도 되고 다리 저는 사람의 발도 되고, 빈궁한 자의 아버지도 되며 내가 모르는 사람의 송사를 돌보아 주었으며, 불의한 자의 턱뼈를 부수고 노획한 물건을 그 잇새에서 빼내었느니라"(15-17절).

욥의 구제와 이웃 사랑은 정말 본받아야 한다. 그는 이론적인 신앙인이 아니었다. 말로만 선을 행하는 사람이 아니라 몸으로 실천하는 신앙인이었다. 앞 못 보는 맹인의 눈이 되어 주고, 다리를 저는 사람의 다리가 되어 줄만큼 직접 나서서 봉사하였다. 고아와 과부를 어려움에서 도와주며 빈궁하여 배고픈 자들에게는 아버지처럼 따뜻하게 보살펴 주었다. 심지어 억울한 사람의 송사를 돕기도 했다(16절).

욥의 사랑 실천은 예수님이 "내 이웃을 네 몸과 같이 사랑하라"는 말씀을 실행한 것이다. 가난하고 고독하고 병든 이웃을 마치 자기의 가족에게 하듯이 그렇게 섬겼다. 눅10:33의 선한 사마리아 사람과 같이 자기의 시간과 물질을 희생하면서 가난한 이웃들을 보살폈던 것이다.

전에 서울 YMCA 명예 총무로 일하신 전택부 목사는 "돈 없는 사랑은 사랑이 아니다"라고 말씀하신 적이 있었다. 그가 존경하는 '프랭크 스코필드' 박사가 운명하기 전에 찾아갔는데, 전목사에게 유서 한 장을 남기셨다. 그 유서의 내용은 간단했다. 모 고아원에 얼마를 주고, YMCA에 얼마를 주고, 또 누구에게 얼마를 주라는 것이었다. 박사의 지갑을 열어보니 2500불이 있었다. 그러나 주라는 돈은 4000불이었다. 아마 스코필드 박사는 자기 지갑에 4000불이 있다고 생각했던 모양이다. 그래서 전택부 목사가 자기의 돈을 보태서 유언대로 헌금을 했다고 한다. 그러면서 전목사는 이웃 사랑의 실천은 희생이 따라야 한다고 말씀하셨다.

욥의 사회봉사는 많은 희생을 치루면서 시행되었다. 자기가 지난 과거에 이웃에게 선을 베푼 것을 자랑삼아 말한 것이 아니라, 사랑은 희생과 실천이 따라야 함을 주지시켰던 것이다.

예상 밖의 시련이 와도 절망은 사양하라

욥은 자신에게 이렇게 극심한 고난의 시간이 온다는 것을 상상하지 못하고 복과 은혜가 넘칠 것으로 생각했던 것이다.

> "내가 스스로 말하기를 나는 내 보금자리에서 숨을 거두며 나의 날은 모래알 같이 많으리라 하였느니라. 내 뿌리는 물로 뻗어나가고 이슬이 내 가지에서 밤을 지내고 갈 것이며 내 영광은 내게 새로워지고 내 손에서 내 화살이 끊이지 않았노라"(18-20절).

"모래알 같이 많은 날"이란 그만큼 오래 장수하기를 기원했다고 볼 수 있다. 욥은 자신이 하나님 앞에서 선하게 이웃을 섬겼기 때문에 하나님의 복과 은혜가 넘칠 것으로 생각했다. 나무의 뿌리가 물샘 곁으로 뻗어내리고, 풍성한 가지가 이슬에 젖듯이 만사가 형통하고 창대한 복을 받을 것으로 기대하였다.

그의 명예는 한층 두드러지게 나타나고, 활 시위를 강하게 당김 같이 힘 있고 당당한 인생을 살 줄로 알았다. 그런데 놀랍게도 욥이 기대한 것과 전혀 딴판의 역경과 고난이 전개되면서 그는 큰 충격과 혼란에 사로잡

했다.

그러나 하나님을 원망하거나 절망하지 않고 지난 과거의 은혜와 복 주셨음에 대하여 감사하였다. 이런 욥의 신앙심에서 하나님이 감동하신 것이 아닐까? 우리는 고난 중에서도 하나님의 뜻을 살피며 기도하는 성도가 되어야 한다.

하나님께 사랑을 입은 자들은 역경의 터널이 지나면 다시 햇살이 비치는 눈부신 은총을 입게 될 것이다. 형통함 중에도 교만하지 않고 겸손하며, 고난과 역경 가운데서도 낙망하거나 좌절하지 않고 부르짖고 기도하는 믿음의 사람이 되어야 한다.

Job Theology and Explanation

31
욥의 십자가

욥 30:1-31

1그러나 이제는 나보다 젊은 자들이 나를 비웃는구나 그들의 아비들은 내가 보기에 내가 보기에 내 양 떼 지키는 개 중에도 둘 만하지 못한 자들이니라 2그들의 기력이 쇠하였으니 그 손의 힘이 내게 무슨 소용이 있으랴 3그들은 곧 궁핍과 기근으로 인하여 파리하며 캄캄하고 메마른 땅에서 마른 흙을 씹으며 4떨기나무 가운데에서 짠 나물을 꺾으며 대싸리 뿌리로 먹을거리를 삼느니라 5무리가 그들에게 소리를 지름으로 도둑 같이 사람들 가운데에서 쫓겨나서 6침침한 골짜기와 흙 구덩이와 바위굴에서 살며 7떨기나무 가운데에서 부르짖으며 가시나무 아래에 모여 있느니라 8그들은 본래 미련한 자의 자식이요 이름 없는 자들의 자식으로서 고토에서 쫓겨난 자들이니라 9이제는 그들이 나를 노래로 조롱하며 내가 그들의 놀림거리가 되었으며 10그들이 나를 미워하여 멀리하고 서슴지 않고 내 얼굴에 침을 뱉는도다 11이는 하나님이 내 활시위를 늘어지게 하시고 나를 곤고하게 하시므로 무리가 내 앞에서 굴레를 벗었음이니라 12그들이 내 오른쪽에서 일어나 내 발에 덫을 놓으며 나를 대적하여 길을 에워싸며 13그들이 내 길을 헐고 내 재앙을 재촉하는데도 도울 자가 없구나 14그들은 성을 파괴하고 그 파괴한 가운데로 몰려드는 것같이 내게로 달려드니 15순식간에 공포가 나를 에워싸고 그들이 내 품위를 바람같이 날려버리니 나의 구원은 구름같이 지나가 버렸구나 16이제는 내 생명이 내 속에서 녹으니 환난 날이 나를 사로잡음이라 17밤이 되면 내 뼈가 쑤시니 나의 아픔이 쉬지 아니하는구나 18그가 큰 능력으로 나의 옷을 떨쳐버리시며 나의 옷깃처럼 나를 휘어잡으시는구나 19하나님이 나를 진흙 가운데 던지셨고 나를 티끌과 재 같게 하셨구나 20내가 주께 부르짖으나 주께서 대답하지 아니하시오며 내가 섰사오나 주께서 나를 돌아보지 아니하시나이다 21주께서 돌이켜 내게 잔혹하게 하시고 힘 있는 손으로 나를 대적하시나이다 22나를 바람 위에 들어 불려가게 하시며 무서운 힘으로 나를 던져 버리시나이다 23내가 아나이다 주께서 나를 죽게 하사 모든 생물을 위하여 정한 집으로 돌려 보내시리이다 24그러나 사람이 넘어질 때에 어찌 손을 펴지 아니하며 재앙을 당할 때에 어찌 도움을 부르짖지 아니하리이까 25고생의 날 보내는 자를 위하여 내가 울지 아니하였는가 빈궁한 자를 위하여 내 마음에 근심하지 아니하였는가 26내가 복을 바랐더니 화가 왔고 광명을 기다렸더니 흑암이 왔구나

욥 앞에 버티고 선 현실

항상 현실은 우리가 풀어야 하는 인생의 숙제다. 욥은 1절 서두에 "그러나 이제는"이라는 말을 하면서 고난의 현실을 직시하였다. 과거의 은혜와 복을 생각하다가 현실의 고통으로 되돌아 왔다. 형통하던 전성기만 생각할 수 없다. 지금 당하는 현실을 극복해 내야 한다. 과거가 없이 현재가 없고, 현재의 극복 없이 미래는 없다. 현실의 십자가를 지지 못하면 장래의 광명도 얻을 수 없다.

욥은 전혀 상상하지도 못했던 현실의 십자가를 지고 힘에 겨워 고통하고 있었다. 그러나 그가 그 고난을 믿음으로 이겨내므로 사탄의 세력은 물러가고 마침내 하나님이 승리하시게 된다. 사탄은 욥이 고난에 굴복하여 하나님을 원망하고 신앙을 저버릴 것이라고 장담했다(욥2:5). 그러나 욥은 고난에 무릎을 꿇고 하나님을 배반하지 않았다. 답답하고 괴로워서 왜 이렇게 고난을 주시는지 항변하기는 했지만, 하나님을 원망하고 욕하지는 않았다. 자신에게 무슨 죄가 있는가 계속 자신을 살폈다. 하나님의 뜻이 무엇인지 묻기는 했지만 하나님을 거역하지는 않았다.

예수님은 십자가의 고난을 이겨내시므로 사탄의 머리를 짓밟았다. 악한 세력을 무너뜨리고 사랑으로 승리하셨다. 욥 역시 고난을 극복함으로 사탄의 세력을 물리칠 수 있었다. 욥이 극심한 고난을 인내할 수 있었던 것은 하나님의 전적인 은혜와 섭리였다. 그에게 이길 수 있는 특별한 힘을 주셨다.

모욕과 조롱

사회적으로 비천한 자들까지 욥을 조롱하고 비웃었다. 사회적으로 존경을 받던 욥은 이제 비천한 자들의 조롱거리가 되었으니 얼마나 그 마음이 참담하고 기가 막히겠는가?(9절). 욥을 조롱하고 비웃는 무리들은 광야의 흙 냄새나는 풀뿌리나 씹는 가난한 자들이다(3,4절). 그들의 주거는 침침한 골짜기와 흙 구덩이와 바위 구멍에 지나지 않는 비천한 자들이다. 욥이 재난을 당하기 전에는 감히 입을 벌려 함부로 말도 할 수 없는 그런 자들이 이제는 욥을 멸시하며 비방하고 조롱하였다.

예수님은 하나님의 아들이다. 온 세상이 칭송하고 찬미하던 분이다. 그러나 유대인들이 돌변하여 예수님을 십자가에 못 박게 하고 비웃고 조롱하였다.

> "이에 예수께서 이르시되 아버지 저들을 사하여 주옵소서 자기들이 하는 것을 알지 못함이니이다 하시더라. 그들이 그의 옷을 나눠 제비 뽑을새 백성은 서서 구경하는데 관리들은 비웃어 이르되 저가 남을 구원하였으니 만일 하나님이 택하신 자 그리스도이면 자신도 구원할지어다 하고 군인들도 희롱하면서 나아와 신포도주를 주며"(눅23:34-36).

이웃 사람들은 욥을 긍휼히 여기지 않고 저주 받은 자로 대하였고 벌레 보듯 대하였다. 지나가며 침을 뱉기도 하였다(10절). 친구들도 그렇게 생각하였지만 아마 사람들도 "얼마나 은밀하게 많은 죄를 지었으면 저렇게 저주와 형벌을 받게 되었을까"라고 생각했을 것이다. 뭇 사람들에게 존경과 칭찬을 받던 욥에게 조롱과 비난과 침 뱉음 당함은 얼마나 큰 치욕인가? 예수님도 우리를 구원하기 위하여 그러한 모욕과 수치를 당하셨다.

> "이에 예수의 얼굴에 침 뱉으며 주먹으로 치고 어떤 사람은 손바닥으로 때리며 이르되 그리스도야 우리에게 선지자 노릇을 하라 너를 친 자가 누구냐 하더라"(마26:67,68).

육신의 모진 고통

욥은 정신적인 모욕감으로 괴로워하였는데 거기에 더하여 육신의 고통도 이루 말할 수 없이 당하였다. 밤이 되면 뼈가 쑤시는 고통이 있었다. 낮에도 아팠지만 밤에는 더욱 통증이 가중되어 아픔이 쉬지 않았다고 했다(17절). 그는 활 쏘는 자처럼 힘이 넘치고 강건하였다. 편안히 장수하면서 살기를 바랐다. 그러나 예상하지 못한 재난이 한꺼번에 들이닥쳐 한 순간에 비참한 자리로 떨어지고 말았다. 뼈가 쑤시는 통증까지 감내해야 했으니, 사는 것이 생지옥이었다.

예수님께서 우리를 구원하시기 위하여 당하신 십자가의 고난은 참으로 큰 아픔이었다. 두 손과 두 발에 흉측한 쇠못이 박혔다. 온 몸이 찢어지는 듯한 아픔을 느꼈다. 목의 갈증이 불처럼 타고 온 몸은 피투성이가 되었다. 너무 끔찍하고 참혹하여 사람들은 얼굴을 외면하였다.

체중이 두 손에 실리니 살이 찢어지는 아픔이 지속되었고, 가슴으로부터 팔에 이르는 근육들은 극도로 늘어나서 호흡 장애를 일으켰다. 숨을 내쉴 수 없어 심한 경련이 일어났다. 숨을 쉬려고 가슴을 위로 치켜올리려 할 때에 체중이 발등에 꽂인 못에 실리게 되어 또 고통이 가중되었다. 십자가 위에서 몸을 비틀 수도, 숨을 제대로 쉴 수도 없어 계속 고통에 시달렸던 것이다.

입술은 바싹 말라 검게 타버렸고, 목말라 괴로워하는 모습을 보고 어떤 사람이 신포도주를 갈대에 매달아 마시게 하였다(막15:36). 그러나 예수님은 잠시의 고통을 잊게 하는 신포도주를 마시지 않고 입술만 적셨다. 사람이 받을 수 있는 극도의 고통을 십자가 위에서 다 받으셨다.

왜 하나님은 침묵하셨나

욥이 극심한 고난을 받을 때, 왜 하나님은 침묵하셨나? 욥은 30:20에서 "내가 주께 부르짖으나 주께서 대답하지 아니하시오며 내가 섰사오나 주께서 나를 돌아보지 아니하시나이다"라고 부르짖었다. 욥이 고통 가운데 부르짖으며 통곡하였지만(30:30,31) 왜 하나님은 응답하지 않으셨는가?

일본 작가 '엔또'의 '침묵'이란 소설을 보면 일본에 기독교가 처음 들어가 교회가 부흥하였을 때 박해받은 이야기가 나온다. 1549년에서 1630년까지 '나가사키'에서만 약 100만 명이 세례를 받았다. 그러자 1614년에 '토쿠가와 이에야스'가 금교령을 내리고 잔인한 박해를 시작하였다. 당시 순교자가 카타콤의 순교자보다도 더 많은 20-30만 명이나 되었다고 한다. 썰물 때 바닷가에 십자가를 세워 크리스찬들을 매달아 놓고 밀물 때에 수장되도록 했으며, 뜨거운 광야에 십자가에 매달아 목말라 죽게 만들기도 했다. 예수님을 불신하고 부인하면 살려준다고 유혹했지만 수 많은 신자들이 순교했다. 순교하거나 배교하는 신자들을 바라보며 괴로워하던 외국 선교사들이 하나님께 부르짖어 기도하였다.

"하나님이여! 저들의 고통을 보시면서 어찌 침묵만 지키고 계십니까?"

애타게 기도하는 선교사의 귀에 분명한 하나님의 음성이 들렸다.

"나는 침묵하고 있는 것이 아니라 그들과 함께 고통을 나누고 있다."

하나님께서 의인들의 고통을 모른 척 하신 것이 아니라, 그 고통에 함께 괴로워하셨다. 예수 그리스도의 십자가의 고난 역시 온전히 겪어내고 생명을 바쳐야 인류의 대속자가 될 수 있었던 것이다. 성부 하나님은 마음이 찢어지게 아팠지만 함께 고통을 당하시면서 예수님의 부르짖음을 외면하셨다.

만약 욥이 고난을 받지 않았더라면 하나님의 뜻을 이룰 수 없었을 것이다. 피해야 할 고난도 있지만 받아서 극복해야 할 고난도 있는 것이다.

예수님도 고난의 절정에 성부 하나님을 불렀으나 하나님은 인간의 모든 죄를 짊으지신 예수님을 외면하시고 응답지 않으셨다. 예수님은 우리를 대신하여 하나님께 버림을 받으셨다.

> "제구시쯤에 예수께서 크게 소리 질러 이르시되 엘리 엘리 라마 사박다니 하시니 이는 곧 나의 하나님, 나의 하나님, 어찌하여 나를 버리셨나이까 하는 뜻이라"(마27:46).

신약 성경에 예수님의 십자가가 있다면, 구약에는 욥의 십자가가 있다. 물론 동일한 십자가는 아니다. 욥의 십자가는 인간이 죄의 대가를 치러야 하는 십자가이고, 예수님의 십자가는 인간이 받아야 할 십자가를 대신 지신 십자가이다. 욥이라 하더라도 고난의 십자가를 피해 갈 수는 없다. 욥이 생각할 때 지나치게 과한 십자가이긴 하지만, 하나님께서는 그에게 무거운 십자가의 고난을 통과하게 하심으로 그를 귀하게 사용하신 것이다.

하나님께서 사도들이나 믿음이 좋은 분들을 순교의 제물로 사용하셔서 전도와 선교의 희생으로 사용하실 때 그들에게 과한 고난의 십자가를 주시기도 한다. 하나님이 더 무거운 십자가를 지게 하신 분들은 하나님이 쓰시는 종들이다. 욥은 일반 성도보다 더 귀한 사명을 지닌 하나님의 종이다. 하나님은 사탄에게 욥을 소개하시면서 "너는 내 종 욥을 유의하여 보았느냐"고 말씀하셨다.

그가 남들보다 지나치게 과한 고난의 십자가를 지므로 장차 오실 의로우신 예수 그리스도의 십자가의 그림자가 되게 하셨고, 의로운 수 많은 자들이 장차 받게 될 고난의 모델이 되었던 것이다. 주님은 욥의 고난이 필요했고 욥은 자신이 고난을 겪으면서 하나님의 뜻을 이루어 드렸다. 그리고 사탄은 의로운 주님의 종들을 꺾지 못하고 실패할 것을 보여주었다. 재물과 사랑하는 가족과 건강과 명예를 흔들면 모든 사람들을 다 신앙에서 떠나게 할 수 있다고 호언장담한 사탄이 틀렸음을 증명한 것이 되었다.

욥에게 엄청난 고난의 십자가를 주셨지만 욥의 생명은 건드리지 못하게 하시고, 죄인들이 지불해야 할 죄의 값이 어떤 것인가를 보여주셨다. 그리고 장차 오셔서 죄인들을 대신하여 십자가를 지실 예수님의 고난이 얼마나 큰가를 보여주셨다. 이러한 하나님의 여러 뜻을 보여주는데 욥이 주님의 종으로 사용된 것이다.

고난 중에서도 하나님을 바라봄

욥은 몸이 쇠잔하고 고열에 시달려 피부가 검게 탔다(30절). 뼈가 쑤시고 살이 떨어져 나가는 극심한 고통 가운데서 하나님을 소망하며 부르짖었다(24절). 그는 잿더미에 앉아 슬피 우는 타조처럼 신음하면서 밤새 앓았다. 그가 겪은 고통들은 예수님이 받게 될 십자가의 고통을 엿보게 하였다.

예수님의 살은 채찍에 맞아 찢어지고 떨어져 나갔으며, 광야의 뜨거운 햇살에 육신은 타들어갔다. 육신의 몸은 가시 면류관에 찔리시고 못에 박혀 상하였고 창에 찔려 피와 물을 다 쏟으셨다. 불 같은 뜨거운 열기로 인하여 주님은 "내가 목마르다!"고 신음하듯 말씀하셨다. 욥이 뼈가 쑤시고 살이 떨어져 나가는 악창의 극심한 고통보다도 더 크고 괴로운 고통이 주님의 십자가의 고난이었다.

욥은 눈물을 삼키며 우는 타조처럼 신음하면서도 고통 가운데 하나님을 소망하였다. 차라리 목숨을 거두어 가시라고 울부짖었다. 끝까지 인내하였다(약5:11). 예수님은 모진 십자가에 달려 죽으실 때까지 고통을 감내하셨다. 그리고 하나님께 기도하셨다. 죄인들의 죄를 사해 주십사고 기도하였고, 어머니와 제자들을 위하여 기도하셨고, 자신의 영혼을 아버지의 손에 맡기면서 기도하셨다. 십자가의 고난을 인내하심으로 오늘 우리에게 구원을 주신 것이다.

Job Theology and Explanation

32
마음이 결백한가

욥 31:1-40

¹내가 내 눈과 약속하였나니 어찌 처녀에게 주목하랴 ²그리하면 위에 계신 하나님께서 내리시는 분깃이 무엇이겠으며 높은 곳의 전능자께서 주시는 기업이 무엇이겠느냐 ³불의한 자에게는 환난이 아니겠느냐 행악자에게는 불행이 아니겠느냐 ⁴그가 내 길을 살피지 아니하시느냐 내 걸음을 다 세지 아니하시느냐 ⁵만일 내가 허위와 함께 동행하고 내 발이 속임수에 빨랐다면 ⁶하나님께서 나를 공평한 저울에 달아보시고 그가 나의 온전함을 아시기를 바라노라 ⁷만일 내 걸음이 길에서 떠났거나 내 마음이 내 눈을 따라거나 내 손에 더러운 것이 묻었다면 ⁸내가 심은 것을 타인이 먹으며 나의 소출이 뿌리까지 뽑히기를 바라노라 ⁹만일 내 마음이 여인에게 유혹되어 이웃의 문을 엿보아 문에서 숨어 기다렸다면 ¹⁰내 아내가 타인의 맷돌을 돌리며 타인과 더불어 동침하기를 바라노라 ¹¹그것은 참으로 음란한 일이니 재판에 회부할 죄악이요 ¹²멸망하도록 사르는 불이니 나의 모든 소출을 뿌리째 뽑기를 바라노라 ¹³만일 남종이나 여종이 나와 더불어 쟁론할 때에 내가 그의 권리를 저버렸다면 ¹⁴하나님이 일어나실 때에 내가 어떻게 하겠느냐 하나님이 심판하실 때에 내가 무엇이라 대답하겠느냐 ¹⁵나를 태속에 만드신 이가 그도 만들지 아니하셨느냐 우리를 뱃속에 지으신 이가 한분이 아니시냐 ¹⁶내가 언제 가난한 자의 소원을 막았거나 과부의 눈으로 하여금 실망하게 하였던가 ¹⁷나만 홀로 떡덩이를 먹고 고아에게 그 조각을 먹이지 아니하였던가 ¹⁸실상은 내가 젊었을 때부터 고아 기르기를 그의 아비처럼 하였으며 내가 어렸을 때부터 과부를 인도하였노라 ¹⁹만일 내가 사람이 의복이 없이 죽어가는 것이나 가난한 자가 덮을 것이 없는 것을 못 본체 했다면 ²⁰만일 나의 양털로 그의 몸을 따뜻하게 입혀서 그의 허리가 나를 위하여 복을 빌게 하지 아니하였다면 ²¹만일 나를 도와주는 자가 성문에 있음을 보고 내가 주먹을 들어 고아를 행해 휘둘렀다면 ²²내 팔이 어깨뼈에서 떨어지고 내 팔뼈가 그 자리에서 부스러지기를 바라노라 ²³나는 하나님의 재앙을 심히 두려워하고 그의 위엄으로 말미암아 그런 일을 할 수 없느니라

음란의 죄가 없는지 살피라

　욥의 소망은 하나님께서 재판장이 되셔서 자신의 부당한 오명을 벗겨 주시는 것이었다. 자기를 향하여 죄를 책망하는 친구들이 입을 다물고, 과연 욥이 결백하다는 것을 세상이 알아 줄 때에 평안히 죽고 싶었다. 그래서 욥은 자신의 결백을 주장하였다. 물론 욥이 아무리 자신의 결백을 소리쳐도 하나님 앞에서는 별 수 없는 죄인 중 하나에 지나지 않을 것이다. 단지 욥은 큰 재앙을 당할만큼 큰 죄를 지은 것이 아니라는 사실은 우리가 알고 있다. 그는 마음이 결백했으므로 떳떳하게 기도할 수 있었고 결국 하나님의 은총을 입게 되었다.
　욥이 나열하는 죄를 새겨들으며 우리는 그런 죄를 짓고 있지 않는지 스스로 살펴야 할 것이다. 그리고 죄를 짓지 않으려면 어떤 마음을 품어야 하는지도 배워야 한다. 욥은 음란한 마음을 품지 않았다고 한다.

　"내가 내 눈과 약속하였나니 어찌 처녀에게 주목하랴"(1절).

　"만일 내 마음이 여인에게 유혹되어 이웃의 문을 엿보아 문에서 숨어 기다렸다면 내 아내가 타인의 맷돌을 돌리며 타인과 더불어 동침하기를 바라노라"(9,10절).

　욥이 음란한 마음을 가지지 않고 살 수 있었던 것은 언제나 하나님을 두려워하는 마음이 있었기 때문이다. "내 눈과 약속하였다"는 것은 음란한 것에 신경 쓰지 않겠다는 신앙적인 결심을 뜻하는 것이다. 우리의 눈을 조심하여 세상의 추하고 음란한 것을 함부로 바라보지 않도록 해야 한다.
　다윗은 신앙의 사람이었지만 어느 날 궁전 곁의 안뜰에서 목욕하는 여인의 아름다운 육체를 보고 음란한 생각을 했다가 7계명을 범하게 된다.

7계명만 범한 것이 아니라 속이고 남의 아내를 빼앗고 살인까지 했으니 6, 8, 9, 10계명을 모조리 범한 것이다.

삼손은 거룩한 나실인으로 선택을 받아 사사가 되었지만 7계명을 극복하지 못하고 블레셋의 여자들을 사랑하였다. 결국 '들릴라'에게 자기의 힘의 비밀을 알려주게 되었고, 두 눈이 뽑히고 연자맷돌을 돌리는 비참한 자리로 떨어지게 되었다.

신자는 볼 것 안 볼 것을 가려야 한다. 마5:28,29은 "여자를 보고 음욕을 품기만 해도 이미 마음으로 간음하였다"고 말씀한다. 그래서 오른 눈이 악한 것을 보고 범죄했다면 차라리 빼어버리고 천국에 가는 것이 낫다고 하셨다. 하나님을 두려워하는 마음이 악에서 떠나는 원동력이 된다. 하나님은 우리가 무엇에 관심이 있는지 불꽃 같은 눈으로 살피신다(4절). 우리의 한 걸음 한 걸음 다 세고 계실만큼 일거수일투족을 다 보고 계신다.

탐욕의 죄가 없는지 살피라

욥은 거짓과 탐욕에 사로잡히지 않았다고 자기의 결백을 주장했다(5-8절). 자신은 정직한 길을 걸었으며 손에 더러운 것을 묻히지 않을 정도로 물질적으로 깨끗하다고 했다. 오히려 가난한 고아와 과부를 도와주었고, 금과 재물에 소망을 두지 않았다고 했다(18,24,25절).

사람이 물질을 초월하여 살 수는 없다. 영혼이 귀중한 것처럼 물질 또한 귀한 것이다. 인간에게 필요한 물질 또한 하나님께서 주신 것이기 때문이다. 세상의 보화나 돈이나 값진 물건들도 선한 사람의 손에 있으면 하나님의 나라에 귀하게 쓰이게 된다. 돈을 사랑하여 악용하게 될 때에 "돈이 일만 악의 뿌리가 되기도 한다"(딤전6:10).

문제는 돈이나 보화를 사랑하여 거기에 소망을 두는 것이다. 하나님을 의지하기보다도 물질을 의지하고 때로는 사람의 양심까지 팔면서 돈을 지나치게 사랑하게 될 때에 죄를 범하게 된다. 돈이면 안 되는 것이 없다고 생각하여 수단 방법을 가리지 않고 속이거나 뇌물을 받게 되면 죄악의 지름길로 가게 된다. 우리는 거짓과 탐욕에 사로잡히지 않도록 항상 자신을 살펴야 한다.

아간은 하나님의 명을 어기고 점령한 첫 성 '여리고'의 전리품 중에서 돈과 금과 외국산 외투를 취하여 숨겼다가 이스라엘 군대가 패전하게 되었다. 결국 그 죄가 발각이 되어 그와 그의 가족이 돌에 맞아 죽었다.

아나니아와 삽비라가 베드로 사도에게 약속한 헌금의 일부를 전부라고 속였을 때 칭찬을 받지 못하고 오히려 죽임을 당했다. 가룟유다는 헌금궤를 맡아 부정직하게 행하였고, 마침내 예수님까지 팔아 은 30개를 챙겼다. 그 일로 물질적으로 풍족함을 누린 것이 아니라 죄책감에 시달리다가 목매어 자살하였다. 이처럼 돈은 필요한 것이나 하나님의 뜻대로 바로 벌고 사용하지 않으면 오히려 사람을 죽이는 무서운 독이 된다.

그래서 욥은 욥22:24,25에서 "네 보배를 진토에 버리고 오빌의 금을 강가의 돌에 버리라. 그리하면 전능자가 네 보배가 되시며 네게 귀한 은이 되신다"고 말했다. 우리에게 필요한 물질은 하나님께서 주실 것이다. 금은보화에 마음을 두지 말고, 일용할 양식을 주시는 하나님을 사랑하고 믿어야 한다.

이웃에 대한 죄가 없는지 살피라

욥은 이웃의 인권을 유린하거나 그들의 소유를 강제로 빼앗은 일이 없다고 했다(13, 38,39절). "토지가 욥을 책망하고 이랑이 울지 않았다"는 것은 땅을 의인화시킨 문학적인 표현이다. 욥이 남의 토지나 밭을 강제로 빼앗아 땅들이 소리를 친 적이 없다는 뜻이다. 오히려 욥은 이웃에 대하여 관대하였다. 고아와 과부들을 돌보았고, 나그네와 행인들을 잘 대접하였다. 비록 욥을 괴롭히는 원수가 멸망했을 때에도 기뻐하지 않았다(29-32절). 욥은 이웃 사람들에게 눈물을 흘리게 하는 비정한 죄를 짓지 않았다. 언제나 후하게 베풀고 자비롭게 나누어 주었다. 이웃을 괴롭게 하거나 손해를 끼치는 일은 당연히 하지 말아야 한다. 오히려 신자는 적극적으로 이웃을 사랑해야 한다. 한 청년이 예수님께 질문했다.

"예수님 어떻게 해야 영생을 얻겠습니까?"

예수님은 온 정성과 마음을 다하여 하나님을 사랑하고 이웃을 내 몸과 같이 사랑하라고 하셨다. 사랑하는 것이 영생을 얻는 길이다. 주님은 사랑의 실천을 강조하셨다.

의학계에 '마라스머스' 라는 이상한 병이 있다. 이 병은 주로 전쟁 고아나 고아원에서 외롭게 자란 어린이에게서 나타난다. 이 병의 증상은 신체 발육이 부진하고 온 몸에 힘이 빠진다고 한다. 환자는 시름시름 앓다가 죽고 만다고 하는데, 이 병은 영양부족이나 세균 때문에 생기는 것이 아니라고 한다. 어릴 때 어머니의 품에서 사랑을 받고 재롱을 떨어야 하는데, 그러한 사랑을 전혀 받지 못할 때 이 병에 걸린다고 한다. 마음 속의 사랑을 표출하지 못하거나 가족이나 이웃으로부터 사랑을 받지 못할 때 마라스머스와 유사한 병에 걸릴 확률이 높다. 의사들은 이러한 병의 치료법은 간단하다고 말한다. 사랑한다는 고백을 듣는 것이다. 누군가에게 사랑을 느끼고 사랑하게 되면 그 병은 고칠 수 있다고 한다. 우리는 가족과 이웃의 마음에 상처를 준 적은 없는가를 생각해야 한다. 또 사랑해 주어야 할 사람을 사랑해 주지 못한 일은 없는가를 생각하고 회개해야 할 것이다.

저주로 맹세한 욥

욥은 앞서 나열한 여러 가지 죄를 짓지 않았다고 고백하면서, "만약 그리하였다면 하나님의 심판과 재앙을 받겠다"고 말했다. 히브리인들은 굳은 결심이나 맹세를 할 때에 자신을 저주하는 형식의 표현을 사용하였다.

31장에는 5절과 7-8절처럼 "만일 -하였다면...바라노라" 하는 형식의 가상적 상황에 대한 '만일' 이란 구절이 12번이나 사용되어 있다. 저주의 표현이 직설적이고 섬뜩하다. 만약 욥이 남의 것을 욕심내었거나 남의 소산물을 가로챘다면 "자기가 심은 것을 타인이 먹으며 자신의 소산이 뿌리까지 뽑히기를 바란다"(8절)고 하였다.

유대인들이 저주의 문장을 쓰는 것은 결코 그런 일이 없을 것이라는 뜻을 강한 부정으로 표현한 것이다. 욥이 이웃의 아내에 대하여 음란한 마음을 품었다면 자신의 아내가 타인과 더불어 동침하고 그의 음식을 만들 것이라고 말한 것도 역시 저주의 형태를 빌어 자신의 순수와 결백을 주장한 것이다.

욥은 하나님이 자신의 재판장이 되셔서 무죄를 선포해 주시기를 간절히 바랐다. 하나님은 우리 삶의 최종 심판주이시다. 하나님 앞에서 정직하고 부끄러움이 없는 인생을 살아야 한다. 언제나 우리 자신을 말씀의 거울에 비추어 살펴보는 믿음의 사람이 되어야 한다.

Job Theology and Explanation

33
엘리후의 말

욥 32:1-22

¹욥이 자신을 의인으로 여기므로 그 세 사람의 말을 그치니 ²람 족속 부스 사람 바라겔의 아들 엘리후가 화를 내니 그가 욥에게 화를 냄은 욥이 하나님보다 자기가 의롭다 함이요 ³또 세 친구에게 화를 냄은 그들이 능히 대답하지 못하면서도 욥을 정죄함이라 ⁴엘리후는 그들의 나이가 자기보다 여러 해 위이므로 욥에게 말하기를 참고 있다가 ⁵세 사람의 입에 대답이 없음을 보고 화를 내니라 ⁶부스 사람 바라겔의 아들 엘리후가 대답하여 이르되 나는 연소하고 당신들은 연로하므로 뒷전에서 나의 의견을 감히 내놓지 못하였노라 ⁷내가 말하기를 나이가 많은 자가 말할 것이요 연륜이 많은 자가 지혜를 가르칠 것이라 하였으나 ⁸그러나 사람의 속에는 영이 있고 전능자의 숨결이 사람에게 깨달음을 주시나니 ⁹어른이라고 지혜롭거나 노인이라고 정의를 깨닫는 것이 아니니라 ¹⁰그러므로 내가 말하노니 내 말을 들으라 나도 내 의견을 말하리라 ¹¹보라 나는 당신들의 말을 기다렸노라 당신들의 슬기와 당신들의 말에 귀 기울이고 있었노라 ¹²내가 자세히 들은즉 당신들 가운데 욥을 꺾어 그의 말에 대답하는 자가 없도다 ¹³당신들이 말하기를 우리가 진상을 파악했으나 그를 추궁할 자는 하나님이시요 사람이 아니라 하지 말지니라 ¹⁴그가 내게 자기 이론을 제기하지 아니하였으니 나도 당신들의 이론으로 그에게 대답하지 아니하리라 ¹⁵그들이 놀라서 다시 대답하지 못하니 할 말이 없음이었더라 ¹⁶당신들이 말 없이 가만히 서서 다시 대답지 아니한즉 내가 어찌 더 기다리랴 ¹⁷나는 내 본분대로 대답하고 나도 내 의견을 보이리라 ¹⁸내 속에는 말이 가득하니 내 영이 나를 압박함이니라 ¹⁹보라 내 배는 봉한 포도주 통 같고 새 가죽 부대 같구나 ²⁰내가 말을 하여야 시원할 것이라 내 입을 열어 대답하리라 ²¹나는 결코 사람의 낯을 보지 아니하며 사람에게 영광을 돌리지 아니하리니 ²²이는 아첨할 줄을 알지 못함이라 만일 그리하면 나를 지으신 이가 속히 나를 데려가시리로다

엘리후의 등장

욥이 강하게 자신의 순전을 주장하자 세 친구는 더 이상 할 말을 잃었다. 욥의 마음이 진솔하였기 때문에 그의 주장은 확신에 차 있었고, 따라서 친구들은 말로써는 욥을 당할 수 없었다. 그 때에 잿더미 둘레에 모여 옥신각신 쟁론하는 것을 듣고 있던 한 사람이 침묵을 깨고 앞으로 나섰다. 그는 엘리후라는 사람이었다. 갑자기 등장하는 인물이라 성경은 그의 출신을 '람' 종족 '부스' 사람으로 밝히고 있다(2절).

엘리후는 하고 싶은 말이 많았지만 그들보다 젊은 관계로 예의상 참고 있었다(4,6,7절). 그러나 욥의 친구들이 더 이상 쟁론하지 않고 침묵을 지키고 있는 틈을 타서 자기의 의견을 털어놓게 되었다(5절). 그는 전능하신 하나님께서 지혜를 주시면 젊은이도 노인에게 교훈할 수 있다고 말했다. 인생의 지혜는 연륜과 경험만으로 얻어지는 것은 아니다. 성령의 감동이 있어야 진정으로 지혜로울 수 있다(8,9절). 엘리후는 그 나름대로 지혜와 총명을 소유한 사람으로 여겨진다. 그는 신앙 사상과 주관이 뚜렷하고 정의로운 사람인 것 같다.

"내가 말을 하여야 시원할 것이라 내 입을 열어 대답하리라. 나는 결코 사람의 낯을 보지 아니하며 사람에게 영광을 돌리지 아니하리니, 이는 아첨할 줄을 알지 못함이라. 만일 그리하면 나를 지으신 이가 속히 나를 데려가시리로다"(20-22절).

우리는 성령의 지혜를 얻어 진리를 전하는 사람이다. 언제든지 사람들이 물으면 "왜 하나님을 믿어야 하는지"를 말해야 한다. 진리를 감추지 않고 분명하게 말할 수 있는 용기가 있어야 할 것이다.

엘리후가 판단할 때에 욥도 잘못이 있고, 그 세 친구들에게도 문제가 있다고 보았다. 욥의 문제는 하나님 앞에서 자기가 순전하고 의롭다고 주장하는 것이고, 세 친구들의 문제는 욥의 죄를 명확하게 증명하지도 못하면서 큰 죄인인 것처럼 정죄하는 것이었다.

"람 종족 부스 사람 바라겔의 아들 엘리후가 화를 내니 그가 욥에게 화를 냄은 욥이 하나님보다 자기가 의롭다 함이요. 또 세 친구에게 화를 냄은 그들이 능히 대답하지 못하면서도 욥을 정죄함이라"(2,3절).

논쟁을 멈추고 들으라

욥과 친구들이 쟁론하다가 이제 엘리후라는 사람에게 조용히 귀를 기울이고 듣는 입장이 되었다. 우리는 가끔 남의 말을 듣지 않고 서로 옳다고 싸울 때가 있다. 제 삼자의 객관적인 말을 들으면서 반성해 보는 시간도 반드시 필요하다. 부부의 싸움은 평행선이다. 양쪽 다 옳은 것 같다. 그때는 다툼을 중단하고 성령님으로 충만한 자에게 상담을 제의하는 것이 바람직하다.

교회나 직장에서 서로의 의견이 팽팽하여 양보가 없을 때, 계속하여 싸우지 말고 제 삼자의 객관적인 의견을 청취하는 것도 하나의 방법이다. 인간의 생각이란 항상 자기 중심적이기 때문에 보다 객관적으로 생각하지 못하고 편협할 때가 많다. 그러므로 사심이 없는 지혜자의 말을 경청할 필요가 있다.

"생명의 경계를 듣는 귀는 지혜로운 자 가운데 있느니라. 훈계 받기를 싫어하는 자는 자기의 영혼을 경히 여김이라 견책을 달게 받는 자는 지식을 얻느니라. 여호와를 경외하는 것은 지혜의 훈계라 겸손은 존귀의 길잡이니라"(잠15:31-33).

직책이 높고 나이가 많은 사람이 지혜로운 것은 아니다(9절). 비록 나이가 젊어도 성령님의 인도를 받는 자가 지혜롭다. 그러므로 경우에 따라서 상관이 부하 직원에게 의견을 묻기도 하고, 노인이 청년들의 생각을 청취하기도 해야 한다. 엘리후는 예의상 입을 다물고 있었지만, 하도 하고 싶은 말이 많아서 "발효된 포도주 부대가 터질 것 같은 마음"이었다고 말했다.

"보라 내 배는 봉한 포도주통 같고 터지게 된 새 가죽 부대 같구나. 내가 말을 하여야 시원할 것이라 내 입을 열어 대답하리라"(19,20절).

사탄의 도구, 좌절과 절망과 포기

창조과학자 '헨리 모리스'는 사탄이 욥에게 정신적인 고통을 가중시켜 믿음을 저버리게 하기 위하여 세 친구와 엘리후를 사용하였다고 주장한다(위대한 과학서 욥기, 크리스찬 월드 출판사, 1992, 85-86). 엘리후는 욥과 친분 관계는 없었지만 신학적이고 철학적인 논쟁에 관심이 많은 사람이었다. 자신의 영적 통찰력을 나이 많은 지혜자들에게 나타내 보이고 싶어 했다. 그는 자신의 이해력과 철학적 통찰력을 스스로 높이 평가하고 있었다.

헨리 모리스는 이러한 엘리후의 자신만만함에 끌려서 우리는 그에게 문제를 해결해 줄 수 있는 기발한 어떤 것을 기대하게 된다고 하였다. 그가 욥이나 그의 세 친구들보다도 욥의 문제를 더 잘 이해하고 있다고 오해하고 있다고 했다. 자세히 그의 말을 들어 보면 방법만 달리 하고 있을 뿐 엘리바스와 빌닷과 소발이 욥을 비난한 것과 별 차이가 없다.

엘리후는 자기의 주장을 정당화하려고 욥의 말을 왜곡시키기도 했다(34:9, 35:2,3). 욥이 하나님을 무익하다고 말하였거나 자신이 하나님보다도 의롭다고 말한 적은 없다. 욥도 자신이 죄인인 것을 고백하였고, 부지중에 죄를 지을 수 있는 연약한 존재인 것을 말하였다. 욥이 사악한 자들의 생각을 인용한 것까지 마치 욥의 생각인 것으로 왜곡시켰다(욥 21:14,15). 그래서 헨리 모리스는 엘리후는 허풍과 거짓말을 하고 있으며 영적인 교만에 차 있다고 말했다.

세 친구와 크게 다를 바 없이 엘리후는 욥이 한 말을 가지고 공격하며 시비를 걸었다. 사탄은 이런 지혜자들을 통하여 욥이 낙심하게 만들고 스스로 절망하게 만들었다. 그리고 하나님을 향하여 기도하기보다는 스스로의 죄를 인정하고 자포자기하도록 만들려고 애썼다.

Job Theology and Explanation

34
거룩한 영의 사람

욥 33:1-33

¹그런즉 욥이여 내 말을 들으며 내 모든 말에 귀를 기울이기를 원하노라 ²내가 입을 여니 내 혀가 입에서 말하는구나 ³내 마음의 정직함이 곧 내 말이며 내 입술이 아는 바가 진실을 말하느니라 ⁴하나님의 영이 나를 지으셨고 전능자의 기운이 나를 살리시느니라 ⁵그대가 할 수 있거든 일어서서 내게 대답하고 내 앞에 진술하라 ⁶나와 그대가 하나님 앞에서 동일하니 나도 흙으로 지으심을 입었은즉 ⁷내 위엄으로는 그대를 두렵게 하지 못하고 내 손으로는 그대를 누르지 못하느니라 ⁸그대는 실로 내가 듣는데서 말하였고 나는 그대의 말소리를 들었느니라 ⁹이르기를 나는 깨끗하여 악인이 아니며 순전하고 불의도 없거늘 ¹⁰참으로 하나님이 나에게서 잘못을 찾으시며 나를 자기의 원수로 여기사 ¹¹내 발을 차꼬에 채우시고 나의 모든 길을 감시하신다 하였느니라 ¹²내가 그대에게 대답하리라 이 말에 그대가 의롭지 못하니 하나님은 사람보다 크심이니라 ¹³하나님이 사람의 말에 대답지 않으신다 하여 어찌 하나님과 논쟁하겠느냐 ¹⁴하나님은 한 번 말씀하시고 다시 말씀하시되 사람은 관심이 없도다 ¹⁵사람이 침상에서 졸며 깊이 잠들 때에나 꿈에나 밤에 환상을 볼 때에 ¹⁶그가 사람의 귀를 여시고 경고로서 두렵게 하시니 ¹⁷이는 사람에게 그의 행실을 버리게 하려 하심이며 사람의 교만을 막으려 하심이라 ¹⁸그는 사람의 혼을 구덩이에 빠지지 않게 하시며 그 생명을 칼에 맞아 멸망하지 않게 하시느니라 ¹⁹혹은 사람이 병상의 고통과 뼈가 늘 쑤심의 징계를 받나니 ²⁰그의 생명은 음식을 싫어하고 그의 마음은 별미를 싫어하며 ²¹그의 살은 파리하여 보이지 아니하고 보이지 않던 뼈가 드러나서 ²²그의 마음은 구덩이에, 그의 생명이 멸하는 자에게 가까워지느니라 ²³만일 일천 천사 가운데 하나가 그 사람의 중보자로 함께 있어서 그의 정당함을 보일진대 ²⁴하나님이 그 사람을 불쌍히 여기사 그를 건져서 구덩이에 내려가지 않게 하라 내가 대속물을 얻었다 하시리라 ²⁵그런즉 그의 살이 청년보다 부드러워 지며 젊음을 회복하리라 ²⁶그는 하나님께 기도하므로 하나님이 은혜를 베푸사 그로 말미암아 기뻐 외치며 하나님의 얼굴을 보게 하시고 사람에게 그의 공의를 회복시키시느니라 ²⁷그가 사람 앞에서 노래하여 이르기를 내가 범죄하여 옳은 것을 그르쳤으나 내게 무익하였구나 ²⁸하나님이 내 영혼을 건지사 구덩이에 내려가지 않게 하셨으니 내 생명이 빛을 보겠구나 하리라

현실은 영계에서 결정된 것이다

엘리후는 영적인 문제에 대하여 꽤 자부심을 가지고 떳떳하게 말했다 (1-3절). 욥이 앞서 말한 것을 인용하면서 그 말이 의롭지 못하다고 반박했다(8-12절). 하나님 앞에서 불의와 허물이 없다고 말한 것은 큰 실수라고 했다. 엘리후가 다소 오해하고 있는 점은 욥이 무죄를 주장한 것처럼 생각한다는 것이다. 그러나 실상은 욥이 자신을 무죄하거나 완전하다고 말한 것이 아니라, 친구들이 말하는 죄에 대하여 결백하다고 말한 것이다.

"하나님께서 사람의 말에 대답하지 않으신다 하여 어찌 하나님과 논쟁하겠느냐? 하나님은 한 번 말씀하시고 다시 말씀하시되 사람은 관심이 없도다"(13,14절).

인간은 이기적이고 자기 중심적이다. 그래서 하나님이 사람의 말에 대답하지 않는다 하여, 자기의 생각대로 따질 수는 없다. "왜 이렇게 하지 않는가?" "왜 이렇게 하시는가?" 하고 감히 하나님께 항변할 수 있는 존재가 아니라는 뜻이다. 사실 하나님은 여러 가지 방법으로 우리에게 말씀하신다. 때로는 꿈과 환상을 통하여, 때로는 천사나 목회자나 부모를 통하여, 아니면 어떤 사고나 질병을 통하여 우리에게 말씀하신다. 하나님의 세미한 음성을 들을 수 있는 영적 귀가 없기 때문에 듣지 못할 뿐이다. 하나님이 거듭하여 말씀하시는데 무지한 사람은 거룩한 영음에 관심이 없다고 했다.

의로운 욥에게 고난이 닥치기 전에 먼저 하늘나라에서 하나님과 사탄이 욥을 두고 시험해 보기로 했다(욥1:6-12). 하나님은 욥을 온전하고 정직하며 하나님을 경외한다고 칭찬하셨다. 그런데 마귀는 하나님이 그에게 가족과 집과 소유물에 복을 많이 주었기 때문에 잘 섬기는 것이라고 항변하였다. 그래서 하나님께서는 그의 생명에는 손대지 말고 그를 시험해 보라고 사탄에게 허락하셨다.

욥기의 고난이나 축복을 보면 영의 세계에서 결정되지 않은 일은 이 세상에서 이루어 지지 않는다. 우리 앞에 닥친 고난과 역경도 영의 세계에서 결정된 일이라 생각하고, 고난 중에서도 하나님의 뜻을 찾고 기도해야 한다. 우리는 성령으로 거듭났고, 하나님을 마음에 모신 거룩한 영의 사람이다. 사람은 하나님의 형상으로 창조되었기 때문에 하나님께 관심을 가진다면 하나님의 음성을 들을 수 있다.

환상이나 꿈을 통하여 사역의 경고나 위로나 행할 일을 알려주시기도 한다. 하나님의 뜻이 있을 때는 정신을 차리고 하나님이 하시는 일을 따라야 한다. 어떤 병이나 지속된 감기에 걸렸을 때라도 예사로 생각지 않고 병보다 더 중요한 하나님의 큰 뜻을 깨닫게 해 달라고 기도해야 한다.

사도 야고보를 죽이고 교회를 핍박했던(행12:1,2) 헤롯 왕은 하나님의 영광을 가로채다가 벌레에 먹혀 죽었다고 기록하고 있다. "주의 사자가 치니 벌레에게 먹혀 죽었다"고 행12:23에 기록하고 있다. 바이러스에 감염되었는지, 아니면 벌레에게 물렸는지 모르지만 일반인들에게는 아주 사소한 일이다. 바이러스에 감염된다고 다 죽는 것은 아니다. 대형사고나 큰 질병만이 경고의 신호가 아니라, 벌레에 물린 것처럼 아주 대수롭지 않은 것도 하나님의 심판의 도구가 될 수 있다는 것이다.

교통 스티커를 계속 끊겼다고 하자, 상당히 기분이 상할 것이다. 교통법규나 경찰에 대하여 원망하거나 화만 내지 말고, 혹 그것이 운전을 조심하라는 경고는 아닌가 생각해야 한다. 운전 습관이 나쁠 때에 대형사고가 날 확률이 높다. 차가 계속하여 고장나거나 자주 접촉사고를 내거나 교통 스티커를 많이 떼였다면, 혹시 하나님이 큰 사고를 미연에 방지하라는 뜻은 아닌가 하고 기도해야 한다.

   큰 병이 오기 전에 전조증상이 있지 않는가? 손발이 저리고 다리에 쥐가 나고 가끔 어지럽다면, 혹시 중풍의 전조증상일 수도 있으니 병원에 가서 진찰을 받아 보는 것이 좋다. 어떤 문제가 연속적으로 해결되지 않거나 좋지 않은 일이 자주 있을 때는 자중하고 절제하면서 자신을 먼저 돌아보아 회개해야 한다.

성령의 감동을 받으라

   심지어 꿈에서 죄를 지어도 회개하라. 꿈은 자신의 잠재된 내면이 무의식 중에 드러나는 것이므로 꿈에 악한 일을 도모한다든지 부도덕한 행위를 한다면 마음 내면에 악한 것이 있다는 뜻이므로 회개해야 한다. 잠자기 전에는 괴담이나 음란한 영상을 보거나 화를 내는 것은 영의 사람에게 바람직하지 않다. 신자는 자기 영혼을 잘 관리해야 한다. 언제나 거룩한 하나님이 내 마음에 계실 수 있도록 맑고 깨끗한 영을 소유해야 한다.

   다윗은 밧세바와 동침한 후에 나단 선지자를 통하여 하나님의 경고의 음성을 듣고 회개하였다. 자신의 죄악을 말갛게 씻으시고 죄를 깨끗이 제거해 달라고(시51:1,2) 회개하였다. 그리고 정한 마음을 창조해 달라고 간구하였다.

> "하나님이여 내 속에 정한 마음을 창조하시고 내 안에 정직한 영을 새롭게 하소서. 나를 주 앞에서 쫓아내지 마시며 주의 성령을 내게서 거두지 마소서"(시51:10,11).

하나님은 가끔 사람의 교만과 악한 행실을 막으시려고 꿈이나 환상을 통하여 경고하신다고 하셨다(15-17절). 반대로 의인에게는 꿈과 환상을 통하여 당면한 문제를 해결하는 지혜를 주시기도 하신다. 우리는 일반인보다도 더 깊은 영적인 자리로 나가야 한다.

다니엘은 세 친구와 달리 "모든 환상과 꿈을 깨달아 알았다"고 말씀한다. 우리가 일반인의 지혜를 초월하는 것은 세상의 지식과 지혜뿐만 아니라 성령의 감동을 받기 때문이다. 벨사살 왕이 성전의 기명으로 술을 마셨을 때에 석회벽에 손가락이 나타나 글씨를 쓰는 것을 보고 두려워 다리를 떨었다(단5:5,6). 바벨론의 지혜자들이 그 글자를 읽고 해석할 수 없었다. 그 때에 왕비가 와서 "왕의 나라에 거룩한 신들의 영이 있는 사람이 있으니"(단5:11) 그가 다니엘이라고 하였다.

요셉의 경우도 애굽의 바로 왕이 요셉의 "칠 년 풍년과 흉년"에 대한 해몽을 듣고는 "이와 같이 하나님의 영에 감동된 사람을 우리가 어찌 찾을 수 있으리요"(창41:38)라고 말했다. 요셉은 칠 년 흉년을 극복할 비책까지 알고 있었다. 바로는 그에게 총리의 직책을 맡기고 왕의 권력을 상징하는 자기의 인장 반지를 빼 주었다.

영몽은 하나님께서 주시는 꿈이므로 잊어지지 않는다. 요셉은 17세에 계시적인 꿈을 꾸었는데 21년 동안 잊지 않고 38세가(창41:46-48, 42:9) 되어, 가나안에 거주하던 형들이 왔을 때에도 그 꿈을 기억하고 있었다.

느부갓네살 왕처럼 거듭 꿈을 꾸어도(창41:1-7) 그 주제가 같은 꿈은 영몽이다. 바벨론의 왕 느부갓네살은 큰 신상의 아주 심각한 꿈을 꾸고 내용도 이르지 않고 바벨론의 지혜자들에게 그 꿈을 해몽하라고 했다(단2:7-9). 하나님께서 다니엘에게 왕이 꾼 꿈을 은밀한 중에 보여주셨다(단2:28,31-35). 대단히 두렵고 심각한 꿈이라면 영몽일 가능성이 짙다. 영몽은 꿈을 꾼 본인이 해석할 수 있거나 아니면 해몽할 수 있는 사람을 만나게 된다.

어떤 장로님이 꿈에 온 도시가 불타는 꿈을 꾸고 마음이 심각해졌다. 아는 목사님께 해몽을 부탁했는데, 그 꿈은 거부가 될 꿈이라고 말씀하셨다. 그는 그 꿈대로 전국을 거래처로 삼는 사업가가 되어 대성하였다.

푸른 십자가를 꿈에서 보았다면 장차 소망이 있다는 뜻이며, 붉은 십자가를 보았다면 큰 환난이 온다는 징조이니 회개하고 재앙을 막아야 한다고 말했다. 담임목사를 꿈에서 보았는데, '기도합시다' 라고 말했다면 회개하고 돌이켜야 한다. 그렇지 않고 담임목사가 웃는다든지 긍정적인 내용의 꿈이면 좋은 것이다.

흉몽은 자고 나서 섬뜩하고 기분이 좋지 않다. 언덕에 떨어져 죽는다든지, 고양이가 할퀸다든지, 마귀나 뱀이 나타나 괴롭히는 무서운 꿈은 흉몽일 가능성이 많다. 흉몽을 꾸었을 때는 찬송가 36장과 같은 '예수님 이름'에 대한 찬송을 부르고 회개 기도해야 한다. 찬송가 분류에 '분투와 승리' 부분은 모두 마귀를 쫓는데 좋은 찬송이다. 356장 "주 나의 대장 되시사 나를 인도하소서"라는 가사를 부르며 악한 것을 물리쳐야 한다. 흉몽을 자주 꾼다면 자신의 영혼을 잘 관리하지 못한 죄를 회개해야 한다.

우리가 생각하고 꿈꾸는 것이 생활이 되고, 그런 생활이 반복되다 보면 습관이 되고, 습관이 지속되면 그 사람의 운명이 결정된다. 평소에 무엇을 생각하고 꿈꾸는가는 대단히 중요하다. 사람은 자기가 생각하고 꿈꾸는 대로 행하게 된다.

고난으로 인하여 구원에 이르게 되다

주님의 종은 '하나님의 영에 감동된 자' 라야 한다. 요셉은 꿈을 바로 해몽했을 뿐만 아니라 그 문제를 해결할 수 있는 지혜가 있었다(창41:38, 단5:11). 우리는 늘 기도하면서 성령의 감동을 받는 자가 되어야 한다. 주의 종은 하나님께서 고난도 주시지만 결국에는 영화롭게 하신다. 주의 종이 권위가 떨어지면 말씀의 은혜를 끼치지 못한다. 누군가 하나님의 종의 권위를 떨어뜨리면 하나님은 반드시 그 사람에게 죄를 물으신다.

욥은 꿈과 환상의 사람이었다(욥33:13-18). 욥은 하나님도 정직하다고 인정하시는 정의롭고 착한 사람이었다. 그는 고통을 통해서 살아계시는 하나님을 만나게 되었고 부활의 신앙을 가지게 되었다. 고난이 없었더라면 욥은 하나님의 신령한 은혜를 체험하지 못하고 구원의 확신에 이르지도 못했을 것이다. 그는 고백하기를 "저는 하나님을 귀로만 듣고 알았는데, 이제는 하나님을 눈으로 보나이다"라고 하였다(욥42:5). 죽은 후에 자기의 육체 밖에서 대속주를 만나게 될 것이라고 고백하였다. 영계에서 결정된 고난이 결국에는 욥의 정신과 육체에 엄청난 고통을 주었지만, 마침내 그는 자기의 죄를 회개하였고 참 의인으로 구원에 이르게 되었던 것이다(욥19:25,26, 42:6).

하나님은 꿈이나 환상이나 병상의 고통을 통하여 하나님의 뜻을 전달하신다. 고난 받기를 기뻐하는 자는 아무도 없다. 그러나 고난은 하나님의 섭리 속에 있고, 영의 사람은 고난을 통하여 하나님께 더 가까이 나가게 된다. 하나님은 우리의 생명이 칼에 맞아 멸망하기를 원하지 않기 때문이다.

"그는 사람의 혼을 구덩이에 빠지지 않게 하시며 그 생명을 칼에 맞아 멸망하지 않게 하시느니라"(18절).

"하나님이 내 영혼을 건지사 구덩이에 내려가지 않게 하셨으니 내 생명이 빛을 보겠구나 하리라"(28절).

기독 작가 '루이스'는 '고통의 문제'란 책에서 "하나님은 우리가 쾌락에 빠져있을 때는 속삭이시지만, 고통에 처해 있을 때에는 큰 소리로 외치신다. 그러므로 고통은 귀먹은 세상을 일깨우는 하나님의 확성기이다"라고 말했다. 언제나 깨어 기도하고 하나님의 영음을 듣는 성도들이 되어야 한다.

고난으로 하나님께 가까이 나간다

아브라함 링컨은 기독교에 대하여 회의적이었지만 개인과 국가가 고난을 당하면서 하나님께 가까이 나아가게 되었다. 그가 53세 되던 1862년에 열한 살 난 그의 아들 '윌리'가 죽었다. 링컨은 슬픔을 달래기 위하여 뉴욕 애비뉴장로교회의 '피니어스 걸리' 목사를 찾아갔다. 목사와 대화하다가 그는 자신의 죄를 깨닫고 회심하였다. 링컨은 "하나님 외에는 갈 데가 없음을 뼈저리게 절감하며 수없이 무릎을 꿇었다"고 고백하였다. 그는 대통령에 재당선이 되어 취임사를 하면서 이런 말을 하였다.

"우리는 이 무서운 전쟁의 재앙이 속히 지나가기를 속절없이 바라고 기도합니다. 하지만 전쟁이 지속되는 게 하나님의 뜻이라면 200년간 노예들의 무보수 노역을 통해 축적된 부가 모두 바닥날 때까지, 채찍에 흘린 노예들의 피 한 방울이 총검에 흘린 다른 피로 보상될 때까지 싸움이 계속되어야 할지도 모릅니다. 그럴지라도 다윗 왕이 말씀하던 3천 년 전과 똑 같이 우리는 지금도 ″여호와의 법은 진실하고 의롭다"고 말할 수밖에 없습니다."

링컨은 아들이 죽는 고난을 당하면서, 남북전쟁에서 죽어나가는 병사들을 보면서 그는 하나님께 더 가까이 나아가게 되었다.

그로부터 80년 후에 '알렉산드르 솔제니친'도 링컨과 비슷하게 고난에 대한 역설적인 말을 남겼다. 그는 강제 노동 수용소에 갇히는 고난을 받았다. 수용소 생활은 정말 등골이 휘어지는 고통이었다. 절망적인 상황 가운데서 솔제니친은 자신의 죄를 깨달았다. 과도한 권력을 쥐고 있었던 그는 살인자였고 압제자였다. 가장 악한 순간에도 자신이 선을 행하고 있다고 생각했다. 그러나 수용소의 썩어가는 짚더미 위에 누워서 고난의 시간을 보내며 자신의 마음에 선이 꿈틀대는 것을 느꼈다. 선과 악을 가르는 선은 국가 간이나 계층 간이나 정당 간에 있는 게 아니라 바로 자기의 마음 속에 있다는 것을 깨달았다. 그는 후일 수용소 시절을 돌아보며 "오 복된 수용소여, 나는 거기서 긴 세월을 복역하며 영혼의 양식을 얻었다. 내 인생에 있어 수용소는 얼마나 큰 복인가!'라고 고백했다고 한다. 세계적인 지도자들이 고난을 통하여 영적인 유익을 얻고 하나님을 발견하였다. 이 진리를 깨달은 자들은 고난에 대한 하나님의 신비한 섭리에 담긴 무한한 지혜를 감탄하게 된다.

"깊도다 하나님의 지혜와 지식의 풍성함이여, 그의 판단은 헤아리지 못할 것이며 그의 길은 찾지 못할 것이로다"(롬11:33).

의인에게 내리시는 고난과 역경은 결코 재앙으로 끝나지 않고 영적인 유익과 축복의 길로 이끄신다. 하나님께서 자기의 사람들을 강한 영의 세계로 인도하실 때는 형통함보다도 고난을 더 값지게 사용하신다.

천사를 통하여 하나님의 뜻을 전달하다

천사를 통하여 하나님의 뜻이 전달되기도 한다. 천사는 하나님의 생각을 사람에게 전달하기도 하고, 또 사람의 입장을 하나님께 변호하기도 한다. 엘리후는 특별한 천사가 어떤 사람의 상황을 자세히 살펴보고 변호함으로 하나님께 긍휼을 입을 수 있다고 했다.

> "만일 일천 천사 가운데 하나가 그 사람의 중보자로 함께 있어서 그의 정당함을 보일진대 하나님이 그 사람을 불쌍히 여기사 그를 건져서 구덩이에 내려가지 않게 하라 내가 대속물을 얻었다 하시리라" (23,24절).

욥처럼 큰 고통 중에 있는 성도에 대하여 천사는 그 사람의 마음과 삶을 알기 때문에 하나님께 은혜를 입도록 탄원하면 하나님께서 긍휼을 베푸신다. 우리를 수호하는 천사가 항상 하나님께 좋은 보고를 하도록 경건과 선행의 삶을 살아야 한다. 우리가 고통 중에 있을 때 천사가 우리를 변호하며 좋게 말할 수 있도록 평소에 경건하게 살아야 한다.

나사렛 동네의 마리아와 요셉에게 아기 예수님의 탄생을 알린 천사가 가브리엘이다.(눅1:26). 나중에 헤롯이 아기를 죽이려고 할 때에는 애굽으로 피신하도록 알려주었다. 천사는 하나님의 말씀을 전달하기도 하고, 인도자가 되어 길을 안내하기도 한다. 모세의 경우는 천사가 애굽에서 광야의 길로 인도하였다(출32:34). 천사는 성도를 보호하기도 하고, 어려움에서 구조하기도 하고, 하나님의 심판을 보좌하기도 한다.

이스마엘과 하갈이 사막에서 죽을 위기에 놓였을 때 천사가 나타나 이들을 구해주었다. 엘리야 선지자가 로뎀나무 아래에 쓰러져 있을 때 천사가 숯불에 구운 떡과 물을 가져다 주었다(왕상19:5). 베드로 사도가 옥에 갇혀있을 때, 옥문을 열어 구출하기도 했다(행12:7).

그리고 천사는 하나님의 명령을 받들어 심판을 보좌하기도 했다. 소돔과 고모라 성을 불로 심판할 때에 천사가 등장하여 롯의 가족을 도피시켰다(창19:13-16). 마지막 심판 때에도 천사가 등장하여 재림의 주님을 돕는다.

성경에는 하나님의 군대장관인 '미가엘'과 예수님의 탄생을 전달한 '가브리엘' 천사가 나오고 그 외에도 천군(天軍) 천사가 나온다. 유대 전승에는 치유의 능력을 지닌 '라파엘'과 지옥을 맡아 다스리는 '우리엘', 바람을 다스리는 '루히엘' 천사들이 있다. 세상에 하나님의 사람들이 많은 것처럼 하늘나라에는 천사들이 수 없이 많다. 천사는 하나님의 뜻을 받드는 심부름꾼들이다. 그들이 성도들을 안전하게 보호하기도 하고 길을 인도하기도 한다. 하나님은 우리가 고통 가운데 있을 때에 꿈으로나 이상으로, 그리고 천사를 보내시거나 목회자를 통하여 우리를 위로하시고 보살피신다.

Job Theology and Explanation

35
회개하면 산다

욥 34:1-37

¹엘리후가 말하여 이르되 ²지혜 있는 자들아 내 말을 들으며 지식 있는 자들아 내게 귀를 기울이라 ³입이 음식물의 맛을 분별함같이 귀가 말을 분별하나니 ⁴우리가 정의를 가려내고 무엇이 선한가 우리끼리 알아보자 ⁵욥이 말하기를 내가 의로우나 하나님이 내 의를 부인하셨고 ⁶내가 정당함에도 거짓말쟁이라 하였고 나는 허물이 없으나 화살로 상처를 입었노라 하니 ⁷어떤 사람이 욥과 같으랴 욥이 비방하기를 물마시듯 하며 ⁸악한 일을 하는 자들과 한패가 되어 악인과 함께 다니면서 ⁹이르기를 사람이 하나님을 기뻐하나 무익하다 하는구나 ¹⁰그러므로 너희 총명한 자들아 내 말을 들으라 하나님은 악을 행하지 아니하시며 전능자는 결코 불의를 행하지 아니하시고 ¹¹사람의 행위를 따라 갚으사 각각 그 행위대로 받게 하시나니 ¹²진실로 하나님은 악을 행하지 아니하시며 전능자는 공의를 굽히지 아니하시느니라 ¹³누가 땅을 그에게 맡겼느냐 누가 온 세상을 그에게 맡겼느냐 ¹⁴그가 만일 뜻을 정하시고 그의 영과 목숨을 거두실진대 ¹⁵모든 육체가 다 함께 죽으며 사람은 흙으로 돌아가리라 ¹⁶만일 네가 총명이 있거든 이것을 들으며 내 말소리에 귀를 기울이라 ¹⁷정의를 미워하는 이시라면 어찌 그대를 다스리시겠느냐 의롭고 전능하신 이를 그대가 정죄하겠느냐 ¹⁸그는 왕에게라도 무용지물이라 하시며 지도자들에게라도 악하다 하시며 ¹⁹고관을 외모로 대하지 아니하시며 가난한 자들 앞에서 부자의 낯을 세워 주지 아니하시나니 이는 그들이 다 그의 손으로 지으신 바가 됨이라 ²⁰그들은 한밤중에 순식간에 죽나니 백성은 떨며 사라지고 세력 있는 자도 사람의 손을 빌리지 않고 제거함을 당하느니라 ²¹그는 사람의 길을 주목하시며 사람의 모든 걸음을 감찰하시나니 ²²행악자는 숨을 만한 흑암이나 사망의 그늘이 없느니라 ²³하나님은 사람을 심판하시기에 오래 생각하실 것이 없으시니 ²⁴세력 있는 자를 조사할 것 없이 꺾으시고 다른 사람을 세워 그를 대신하게 하시느니라 ²⁵그러므로 그는 그들의 행위를 아시고 그들을 밤사이에 뒤집어엎어 흩으시는도다 ²⁶그들을 악한 자로 여겨 사람의 목전에서 치심은 ²⁷그들이 그를 떠나고 그의 모든 길을 깨달아 알지 못함이라 ²⁸그들이 이와 같이 하여 가난한 자의 부르짖음이 그에게 상달하게 하며 빈궁한 사람의 부르짖음이 그에게 들리게 하느니라

옳은 판단력

엘리후는 욥의 말을 인용하면서 무엇이 옳은지 무엇이 선한지 알아보자고 했다(4절). 세상에는 불의하고 거짓된 일이 많으므로 사리 분별을 바로 해야 하고, 지혜롭게 처신해야 한다. 주님께서는 신자들이 "뱀처럼 지혜롭고 비둘기처럼 순결한 삶을 살아야 한다"고 말씀하셨다(마 10:16).

세상에는 진리라고 떠들고 있는 종교들이 많다. 우리가 추구하는 진리는 죄를 지은 인간이 죄 사함을 받고 거듭나서 새 사람이 되어 영생에 이르는 길을 추구해야 한다. 오직 예수님만이 우리의 길이요 진리요 생명이다(요14:6).

입이 음식의 맛을 변별함 같이 귀가 말을 분별한다(3절). 우리는 사람들의 말을 잘 듣고 선과 악을 분별하는 지혜가 있어야 한다. 좋은 것은 취하고 악한 것은 그 모양이라도 버려야 한다(살전5:21,22).

엘리후는 상당히 논리적이고 세심한 사람이다. 욥의 생각을 조목조목 따지면서 잘못된 것을 집어냈다. 욥이 자신은 의롭고 정직하고 허물이 없다고 주장한 말이 당치 않다고 말했다(5-7절). "하나님은 공의로우신 분이고 불의를 행하지 않는 분인데, 어찌 죄 없는 사람에게 큰 고통을 주시겠는가"하고 반문하였다(10절). 하나님은 행한 대로 갚으시는 분이므로 욥이 선한 일을 행하였는데 심판과 징계를 내리실 리가 없다는 것이었다(11,12절).

엘리후의 말은 구구절절 옳은 말이다. 그러나 욥에 대하여는 정확하게 알지 못하고 있다. 그 사람이 당하는 재앙으로 그를 정죄하는 것은 실수하는 것이다. 왜냐하면 어떤 경우는 사탄의 시기로 주어지는 고난도 있기 때문이다. 복음을 전하다가 선한 그리스도인들이 순교와 박해를 당하는 경우도 있기 때문이다. 엘리후는 각 개인을 향한 하나님의 오묘한 섭리에 대해서는 다 알지 못했다.

저울에 달고 헤아리시는 하나님

하나님은 공의로우신 분이기 때문에 악한 자를 징계하신다(17절). 비록 권세 있는 왕이라도 죄가 있으면 눈치 볼 것 없이 천박하고 가치 없다고 하시고, 귀족이라도 죄가 있으면 망설이지 않으시고 악하다고 정죄하신다(18-20절). 왕족을 외모로 판단하시지 않고 부자를 가난한 자와 차별하여 월등하게 여기지 않으신다. 그 사람 그대로 평가하신다.

바벨론의 마지막 왕 '벨사살'이 귀인 천 명을 데리고 술판을 벌였다. 그것도 예루살렘 성전에서 탈취했던 거룩한 그릇을 잔으로 삼아 술을 마셨다. 하나님의 거룩한 제사용 그릇을 천박한 술자리에 사용한 것이다. 그는 의도적으로 하나님을 무시하고 우상을 찬양하였다. 하나님은 그 날 밤 바사(페르시아)가 바벨론을 침공하게 하셨다. 악하고 교만한 벨사살을 마른 지푸라기와 같이 천하게 취급하시고 멸하셨다. 그는 하나님의 저울에 달렸는데 너무 가볍고 부족해서 하나님이 그의 세력이 끝나게 하셨다. 분벽에 "메네 메네 데겔 우바르신"이라 쓰시고 그의 왕좌를 메데와 바사 사람에게 주셨다(단5:25-28).

하나님은 왕뿐만 아니라 권세 잡은 자들을 무섭게 엄단하고 치리하신다. 그러므로 악한 자들이 숨을 곳이 없게 하셨다(21,22절). 하나님은 그 사람에 대하여 뒷조사를 할 것도 없이 훤히 다 알고 계시므로 심판을 망설이지 않으신다. 모든 것을 감찰하시는 하나님 앞에서 우리는 두렵고 떨리는 마음으로 행해야 한다.

회개를 촉구하는 엘리후

전지전능하신 하나님 앞에서 우리가 무엇을 숨기고 감추겠는가? 인간은 속히 교만을 버리고 회개하여 죄 사함을 받아야 한다(31,32절). 엘리후는 회개를 촉구하였다. 세상에는 회개하지 않고 살아가는 교만한 사람들이 많다.

사울 왕이 자기의 죄를 회개하지 아니하다가 블레셋 전투에서 아들들과 함께 전사하였고, 가룟유다가 예수님을 팔고 회개하지 않다가 죄책감에 시달려 목매어 자살하였다. 그러나 다윗은 나단 선지자의 책망을 듣고 밧세바를 범한 죄를 눈물로 회개하였으며, 베드로는 예수님을 세 번이나 부인하였으나 닭 우는 소리를 듣고 회개함으로 구원을 받았다. 사람은 누구나가 다 죄인이다.

다만 죄를 회개하는 사람과 그렇지 않는 사람으로 구분된다. 천국과 지옥이 엄청난 차이가 있는 것처럼, 회개한 자와 그렇지 않는 자 사이에는 영생과 영멸의 차이가 있다.

엘리후는 욥이 하나님께 거역하는 말을 많이 하며 회개하지 않으므로 끝까지 시험받기를 원한다고 악담을 하였다(36,37절). 욥에 대하여 정확하게 모르면서 정죄하고 비판한 것은 어리석은 말이다. 엘리후의 보편적인 회개론은 우리가 수용해야 하지만, 남을 정죄하는데 사려 깊지 못하면 도리어 죄를 짓게 된다. 누구든지 회개하여 죄 사함을 받으면 성령님의 인도하심을 받게 된다. 그래서 베드로 사도는 "회개하여 성령을 선물로 받으라"고 설교하였다(행2:38).

다윗은 고백하기를 회개한 자는 환난의 홍수가 범람하여도 하나님이 안전하게 보호하신다고 하였다.

"내가 이르기를 내 허물을 여호와께 자복하리라 하고 주께 내 죄를 아뢰고 내 죄악을 숨기지 아니하였더니 곧 주께서 내 죄악을 사하셨나이다. 이로 말미암아 모든 경건한 자는 주를 만날 기회를 얻어서 주께 기도할지라 진실로 홍수가 범람할지라도 그에게 미치지 못하리이다"(시32:5,6).

Job Theology and Explanation

36
절망하지 않는 밤의 기도

욥 35:1-16

¹엘리후가 말을 이어 이르되 ²그대는 이것을 합당하게 여기느냐 그대는 그대의 의가 하나님께로부터 왔다는 말이냐 ³그대는 그것이 내게 무슨 소용이 있으며 범죄하지 않는 것이 내게 무슨 유익이 있겠느냐고 묻지마는 ⁴내가 그대와 및 그대와 함께 있는 그대의 친구들에게 대답하리라 ⁵그대는 하늘을 우러러 보라 그대보다 높이 뜬 구름을 바라보라 ⁶그대가 범죄한들 하나님께 무슨 영향이 있겠으며 그대의 악행이 가득한들 하나님께 무슨 상관이 있겠으며 ⁷그대가 의로운들 하나님께 무엇을 드리겠으며 그가 그대의 손에서 무엇을 받으시겠느냐 ⁸그대의 악은 그대와 같은 사람에게나 있는 것이요 그대의 공의는 어떤 인생에게도 있느니라 ⁹사람은 학대가 많으므로 부르짖으며 군주들의 힘에 눌려 소리치나 ¹⁰나를 지으신 하나님은 어디 계시냐고 하며 밤에 노래를 주시는 자가 어디 계시냐고 말하는 자가 없구나 ¹¹땅에 짐승들보다도 우리를 더욱 가르치시고 하늘의 새들보다도 우리를 더욱 지혜롭게 하시는 이가 어디 계시냐고 말하는 이도 없구나 ¹²그들이 악인의 교만으로 말미암아 거기서 부르짖으나 대답하는 자가 없음은 ¹³헛된 것은 하나님이 결코 듣지 아니하시며 전능자가 돌아보지 아니하심이라 ¹⁴하물며 말하기를 하나님은 뵈올 수 없고 일의 판단하심은 그 앞에 있으니 나는 그를 기다릴 뿐이라 말하는 그대일까보냐 ¹⁵그러나 지금은 그가 진노하심으로 벌을 주지 아니하셨고 악행을 끝까지 살피지 아니하셨으므로 ¹⁶욥이 헛되이 입을 열어 지식 없는 말을 많이 하는구나

헛된 기도

엘리후는 욥이 자신을 의롭다고 하는 점에 대하여 비난하고 멸시하는 투로 말했다.

"그대가 범죄한들 하나님께 무슨 영향이 있겠으며 그대의 악행이 가득한들 하나님께 무슨 상관이 있겠으며, 그대가 의로운들 하나님께 무엇을 드리겠으며 그가 그대의 손에서 무엇을 받으시겠느냐. 그대의 악은 그대와 같은 사람에게나 있는 것이요 그대의 공의는 어떤 인생에게도 있느니라"(6-8절).

욥이 엘리후의 말을 듣고 있으면 화가 날만 하다. 욥의 선하고 의로운 삶은 누구에게나 있을 만한 공의와 선행이라고 하고, 욥의 죄악은 남들과 다른 특별한 것으로 말하고 있다. 욥이 아무리 의롭다한들 하나님께는 아무 유익이 없다고 말했다. 그러나 실상은 그렇지 않다. 욥의 경건한 생활이 사탄의 말들을 무산시키고 하나님께 영광을 돌리는 계기가 되었다.

엘리후는 교만한 악인들이 부르짖어 기도하는 것은 허공을 치는 헛된 기도일 뿐이라고 하였다. 은근히 욥의 애타게 부르짖는 기도를 격하시키며 비웃는 듯하다. "헛된 것은 전능하신 하나님이 결코 응답지 않으신다"고 하였다(13절). 그러나 사실 욥의 기도는 진실한 기도였고 하나님께서 응답해 주셨다. 그가 자신의 죄를 깨닫고 회개하였을 때 욥의 정직과 순전을 하나님이 인정하시고 오히려 세 친구와 엘리후의 잘못을 나무라셨다.

본문에서는 성도들의 기도가 헛된 기도가 되지 않고 응답 받는 기도가 되도록 교훈하고 계신다. 엘리후가 어떻게 판단하든지 욥의 기도는 진실하고 응답을 받는 기도였다. 단지 그가 회개하기까지, 자신의 존재를 적나라하게 발견할 때까지 하나님께서 침묵하고 기다리고 계셨을 뿐, 욥이 받는 고난과 그가 부르짖는 기도에 대하여 하나님은 관심을 집중하고 계셨다.

엘리후의 말대로 어떤 경우에 헛된 기도가 되는가? 마음에 교만과 미움과 시기심이 있으면 기도가 응답되지 않는다. 하나님은 마음이 청결하고 정직한 자의 기도를 기뻐하신다.

"내가 나의 마음에 죄악을 품었더라면 주께서 듣지 아니하시리라" (시66:18).

사울 왕의 경우는 교만과 불순종의 마음이 있었기 때문에 하나님께서 기도를 응답하지 않으셨다. 그래서 사울은 선지자나 제사장에게서도 예언의 말씀을 듣지 못했다. 나중에 신접한 여인에게 찾아가 전쟁의 결과를 묻는 죄를 범하였다(삼상28:5-7).

응답 되는 기도는 겸손하고 간절한 기도이다(왕하22:19). 소경 바디매오와 딸의 병을 위하여 기도했던 수로보니게 여인과 병 고침을 받았던 환자들이 모두 겸손하게 예수님께 찾아와 엎드려 간구하였다. 하나님은 겸손한 자들의 기도에 응답하신다. 그리고 자기의 욕심을 위하여 잘못된 기도를 하면 헛된 기도가 된다(약4:3).

응답되는 기도

전적으로 주님께 맡기고 감사하는 기도를 드릴 때 응답이 된다.

"아무 것도 염려하지 말고 다만 모든 일에 기도와 간구로, 너희 구할 것을 감사함으로 하나님께 아뢰라. 그리하면 모든 지각에 뛰어난 하나님의 평강이 그리스도 예수 안에서 너희 마음과 생각을 지키시리라" (빌4:6,7).

신령한 사람들은 대낮처럼 밝고 형통할 때에도 기도하지만, 밤같이 춥고 어두울 때도 찬송하며 기도한다. 우리는 어떤 형편에 처하든지 감사의 기도를 드릴 수 있어야 한다.

"나를 지으신 하나님은 어디 계시냐고 하며, 밤에 노래를 주시는 자가 어디 계시냐고 말하는 자가 없구나. 땅의 짐승들보다도 우리를 더욱 가르치시고 하늘의 새들보다도 우리를 더욱 지혜롭게 하시는 이가 어디 계시냐고 말하는 이도 없구나"(10,11절).

평소에 하나님을 의지하지 않고 기도하지 않던 자가 부르짖는 경우와 평소에 하나님과 가까운 자가 시련 중에 기도하는 것은 다르다. 하나님은 후자의 기도에 더욱 민감하게 응답하실 것이다.

예수님께서 십자가를 지시기 전에 감람산에 기도하시러 가면서 제자들과 함께 밤의 노래를 불렀다.

"이에 그들이 찬미하고 감람 산으로 나아가니라"(마26:30).

빌립보 감옥에 갇혔던 바울과 실라가 밤 중에 찬송하며 기도하였다(행 16:25). 우리가 고난 가운데서도 기도하고 찬송을 부르면 고난을 이길 수 있는 용기와 힘을 주시고 문제도 해결하게 하신다. 우리는 환난과 핍박 가운데서도 감사의 기도와 찬송을 잊지 말아야 한다.

고난을 당하는 것이 하나님의 뜻이었기 때문에 욥은 기도할 때에 금방 문제가 해결되지는 않았다. 그러나 욥이 그 큰 고통을 극복하고 인내할 수 있도록 큰 힘을 주셨다.

기도의 힘은 위대하다. 스코틀랜드의 메리 여왕은 "영국의 모든 군대보다 존 녹스의 기도가 더 무섭다"고 했다. 존 웨슬리 목사는 "기도는 나의 발전소"라고 하였다. 그레이엄 목사는 "기도는 아침의 열쇠요 저녁의 자물쇠"라고 하였다. 기도는 하루를 열고 닫는 위대한 힘을 가지고 있다.

우리가 전심으로 부르짖으면 하나님은 반드시 응답하신다.

"너희가 내게 부르짖으며 내게 와서 기도하면 내가 너희들의 기도를 들을 것이요. 너희가 온 마음으로 나를 구하면 나를 찾을 것이요 나를 만나리라" (렘29:12,13).

Job Theology and Explanation

37
인생에 대한 하나님의 섭리

욥 36:1-33

¹엘리후가 말을 이어 이르되 ²나를 잠간 용납하라 내가 그대에게 보이리니 이는 내가 하나님을 위하여 아직도 할 말이 있음이라 ³내가 먼 데서 지식을 얻고 나를 지으신 이에게 의를 돌려보내리라 ⁴진실로 내 말은 거짓이 아니라 온전한 지식을 가진 이가 그대와 함께 있느니라 ⁵하나님은 능하시나 아무도 멸시하지 아니하시며 그의 지혜가 무궁하사 ⁶악인을 살려두지 아니하시며 고난 받는 자에게 공의를 베푸시며 ⁷그의 눈을 의인에게서 떼지 아니하시고 그를 왕들과 함께 왕좌에 앉히사 영원토록 존귀하게 하시며 ⁸혹시 그들이 족쇄에 매이거나 환난의 줄에 얽혔으면 ⁹그들의 소행과 악행과 자신들의 교만한 행위를 알게 하시고 ¹⁰그들의 귀를 열어 교훈을 듣게 하시며 명하여 죄악에서 돌이키게 하시나니 ¹¹만일 그들이 순종하여 섬기면 형통한 날을 보내며 즐거운 해를 지낼 것이요 ¹²만일 그들이 순종하지 아니하면 칼에 망하며 지식 없이 죽을 것이니라 ¹³마음이 경건하지 아니한 자들은 분노를 쌓으며 하나님이 속박 할지라도 도움을 구하지 아니하나니 ¹⁴그들의 몸은 젊어서 죽으며 그들의 생명은 남창과 함께 있도다 ¹⁵하나님은 곤고한 자를 그 곤고에서 구원하시며 학대당할 쯤에 그의 귀를 여시나니 ¹⁶그러므로 하나님이 그대를 환난에서 이끌어 내사 좁지 않고 넉넉한 곳으로 옮기려 하셨은즉 무릇 그대의 상에는 기름진 것이 놓이리라 ¹⁷이제는 악인의 받을 벌이 그대에게 가득하였고 심판과 정의가 그대를 잡았나니 ¹⁸그대는 분노하지 않도록 조심하며 많은 뇌물이 그대를 그릇된 길로 가게 할까 조심하라 ¹⁹그대의 부르짖음이나 그대의 능력이 어찌 능히 그대가 곤고한 가운데에서 그대를 유익하게 하겠느냐 ²⁰그대는 밤을 사모하지 말라 인생들이 밤에 그들이 있는 곳에서 끌려가리라 ²¹삼가 악으로 치우치지 말라 그대가 환난보다 이것을 택하였느니라 ²²하나님은 그의 권능으로 높이 계시나니 누가 그같이 교훈을 베풀겠느냐 ²³누가 그를 위하여 그의 길을 정하였느냐 누가 말하기를 주께서 불의를 행하셨나이다 할 수 있으랴 ²⁴그대는 하나님께서 하신 일을 기억하고 높이라 잊지 말지니라 인생이 그의 일을 찬송하였느니라 ²⁵그의 일을 모든 사람이 우러러보나니 먼 데서도 보느니라 ²⁶하나님은 높으시니 우리가 그를 알 수 없고 그의 햇수를 헤아릴 수 없느니라 ²⁷그가 물방울을 가늘게 하시며 빗방울이 증발하여 안개가 되게 하시도다 ²⁸그것이 구름에서 내려 사람에게 쏟아지느니라

하나님의 관점으로 이해하라

사람은 하나님이 하시는 일을 다 알지 못한다. 그러나 하나님은 우리 인간을 창조하시고 위대한 일을 작정하셨다. 우리가 하나님의 뜻대로 사는 것이 우리의 최고 행복이다.

> "그대는 하나님께서 하신 일을 기억하고 높이라 잊지 말지니라. 인생이 그의 일을 찬송하였느니라. 그의 일을 모든 사람이 우러러보나니 먼 데서도 보느니라. 하나님은 높으시니 우리가 그를 알 수 없고 그의 햇수를 헤아릴 수 없느니라"(24-26절).

하나님께서 하시는 일을 인간이 다 이해하지 못한다. 욥처럼 상상하지 못했던 고난과 역경이 닥칠 수도 있고, 그 반대로 예기치 못했던 좋은 일이 생길 수도 있다. 어떠한 일이 닥칠지라도 우리는 기도하고 하나님의 뜻을 기다려야 한다. 하나님께서는 환난과 고난을 받는 자에게 원통한 것을 풀어 주시고 의인을 존귀하게 하신다(5-10절).

이스라엘 백성들이 애굽에서 430년을 살았다. 초창기에는 요셉의 덕택에 비옥한 고센 땅을 얻어 편히 살았지만, 요셉을 모르는 왕이 등장하면서 이스라엘 백성들은 종이 되었다. 애굽에 계속 머무는 것은 하나님의 뜻이 아니었다. 애굽에 안주하여 살면서 애굽을 마음대로 벗어날 수 없는 노예로 전락하고 말았다. 모진 고난과 박해는 날로 심해졌다. 바로는 히브리인의 남자 아기를 나일강에 던져 죽이게 하였다. 이스라엘 백성들은 더 이상 견딜 수 없는 고역과 인권 유린에 하나님께 살려달라고 부르짖었다.

하나님은 고난 받는 이스라엘의 간곡한 기도를 들으시고 나라를 구할 영웅을 보내신 것이 아니라, 아기 모세가 탄생하게 하셨다. 하나님의 구원의 섭리는 아기가 자라 사명을 감당할 때까지 기다려야 했다.

온 세상 인류의 구원도 아기 예수님이 탄생하심으로 가능하게 되었다. 유다 땅 나사렛 동네의 처녀 마리아에게 아기 예수님이 성령으로 잉태되었다. 사람의 혈통으로 탄생한 것이 아니라 하나님의 능력으로 아기 예수님이 오셨다. 처녀 마리아는 하나님의 뜻을 마음에 간직하고 순종하였다(눅1:38). 처녀가 아기를 잉태한다는 것은 이해할 수 없는 일이다. 그러나 하나님은 죄 없으신 하나님의 아들이 아기로 탄생하게 하셨다.

그 당시 유대인들은 "나사렛에서 무슨 선한 것이 나겠느냐" 며 예수님이 메시야이심을 믿지 않으려고 하였다. 하나님의 섭리를 사람의 관점에서 다 이해할 수 없다. 처녀의 몸에서 인류의 구원주이신 예수 그리스도가 아기로 오신 것은 우선 그 분은 인간이 아닌 하나님이 인간의 모습을 입고 오신 것이다. 그리고 죄 없으신 분이므로 인간의 원죄를 타고 오시지 않고 성령의 힘으로 오셨다. 구원은 하나님의 관점에서 이해해야 한다.

욥의 고난 역시 하나님의 섭리로 받아들여야 한다. 자신에게 죄가 있는지 없는지 의문을 제기하다 보니 정신적 고통은 가중되었고 괴로움의 문제는 해결되지 않았다. 인간의 관점에서 이해되지 않았던 것을 하나님의 관점에서 바라보니 간단하게 이해되었다.

하나님은 욥을 신뢰하셨고 귀하게 보셨다. 그래서 사탄의 주장이 틀린 것을 증명해 보이기 원하셨고, 사탄의 시험은 피할 수 없는 것이 되고 말았다. 하나님이 하시는 일은 좋든지 싫든지 믿음으로 수용해야 한다. 시간이 지나면 깨닫게 되는 것이다. 하나님은 순금처럼 빛나는 신앙을 보여주시기 위하여 욥에게 가혹한 시험을 허락하셨던 것이다.

의인의 고난에 하나님의 섭리가 있다

하나님은 고난을 통하여 영적인 귀가 열리게 하신다. 의인에게는 고난이 유익이 되며 하나님의 뜻을 깨닫는 도구가 된다.

"하나님은 곤고한 자를 그 곤고에서 구원하시며 학대 당할 즈음에 그의 귀를 여시나니"(15절).

"고난 당한 것이 내게 유익이라 이로 말미암아 내가 주의 율례들을 배우게 되었나이다"(시119:71).

다윗이 밧세바를 범하고 죄를 숨기고 있을 때, 하나님은 나단 선지자를 통하여 그 죄를 신랄하게 지적하셨다. 다윗은 그 죄에 대한 벌을 뼈아프게 받았다(삼하12:10). 그러면서 그는 고난이 자기의 영혼에 유익이 되었다고 고백하였다. 그 고난이 자신의 죄를 철저하게 회개하도록 도왔기 때문이다. 하나님은 사랑하는 자녀에게 모질게 매를 때릴 때가 있다.

"징계는 다 받는 것이거늘 너희에게 없으면 사생자요 친아들이 아니니라"(히12:8).

부모가 남의 아이는 잘못을 저질러도 함부로 때리지 않지만, 자기 자녀가 그러면 매로 때린다. 자녀를 사랑하기 때문에 더 이상 그러한 잘못을 범하기 원치 않기 때문이다. 하나님도 자기의 백성들이 죄를 범하면 즉각 고난의 채찍을 든다. 그 고난은 돌아오라는 뜻이며 영혼의 유익을 위한 것이다.

소돔과 고모라 성 사람들은 그 성이 유황 불로 태워질 때까지 그 죄악을 방관하셨다. 고난을 주어 회개하도록 역사하지 않으셨다. 단지 롯의 가족을 거기서 끌어내실 뿐이었다.

우리가 죄를 범할 때 하나님께서 징계하시는 것은 고마운 일이다. 징계와 고난을 통하여 영적인 귀가 열리게 된다(10,15절). 그리고 하나님의 말씀을 청종하게 된다(11절). 징계를 통하여 하나님의 뜻을 깨닫고 청종하게 되면 풍성한 은혜와 복을 주신다.

"그러므로 하나님이 그대를 환난에서 이끌어 내사 좁지 않고 넉넉한 곳으로 옮기려 하셨은즉 무릇 그대의 상에는 기름진 것이 놓이리라" (16절).

순종과 기도와 찬양의 생활

하나님은 천지만물을 다스리시는 위대한 분이다. 이성적으로 우리가 다 이해하거나 수용할 수 없다. 다만 그 하나님이 섭리하시는 신묘막측한 일들을 받아들이는 믿음과 순종이 필요하다. 수증기가 하늘에 올라가 구름이 되었다가 비가 되어 내리고, 천둥과 번개가 치는 것을 보면서 하나님의 위대하심을 깨닫게 된다(27-29절). 하나님은 가끔 천재지변으로 인간을 징벌하시지만 반대로 풍년이 들게도 하신다(31절).

인간은 하나님이 하시는 일을 감히 상상할 수 없다. 그 분은 천지만물을 마음대로 주관하신다. 그리고 인간의 삶 속에도 관여하신다. 예기치 않는 인생의 폭풍이 몰아칠 때에 하나님의 섭리가 무엇인지 깨달아야 한다. 하나님은 아무 이유 없이 역경의 폭풍을 보내지 않으신다. 범죄한 것이 있으면 속히 죄를 회개해야 할 것이며, 죄 때문에 온 폭풍이 아니라면 신앙을 더욱 굳건하게 하실 것이다.

> "내가 가는 길을 그가 아시나니 그가 나를 단련하신 후에는 내가 순금 같이 되어 나오리라"(욥23:10).

가정과 교회와 나라가 하나님의 섭리 가운데 있음을 우리는 인정하고 어떤 역경과 고난 중에서도 하나님의 말씀에 순종하며 경건하게 살아가야 할 것이다.

Job Theology and Explanation

38
전능하신 하나님

욥 37:1-24

1이로 말미암아 내 마음이 떨며 그 자리에서 흔들렸도다 2하나님의 음성 곧 그의 입에서 나오는 소리를 똑똑히 들으라 3그 소리를 천하에 펼치시며 번갯불을 땅 끝까지 이르게 하시고 4그 후에 음성을 발하시며 그의 위엄찬 소리로 천둥을 치시며 그의 음성이 들릴 때에 번개를 멈추게 아니하시느니라 5하나님은 놀라운 음성을 내시며 우리가 헤아릴 수 없는 큰일을 행하시느니라 6눈을 명하여 땅에 내리라 하시며 적은 비와 큰 비도 내리게 명하시느니라 7그가 모든 사람의 손에 표를 주시어 모든 사람이 그가 지으신 것을 알게 하려 하심이라 8그러나 짐승들은 땅 속에 들어가 그 처소에 머무느니라 9폭풍우는 그 밀실에서 나오고 추위는 북풍을 타고 오느니라 10하나님의 입김이 얼음을 얼게 하고 물의 너비를 줄어들게 하느니라 11또한 그는 구름에 습기를 실으시고 그의 번개로 구름을 흩어지게 하시느니라 12그는 감싸고도시며 그들의 할 일을 조종하시느니라 그는 땅과 육지 표면에 있는 모든 자들에게 명령하시느니라 13혹은 징계를 위하며 혹은 땅을 위하며 혹은 긍휼을 위하여 그가 이런 일을 생기게 하시느니라 14욥이여 이것을 듣고 가만히 서서 하나님의 오묘한 일을 깨달으라 15하나님이 이런 것들에게 명령하셔서 그 구름의 번개로 번쩍거리게 하시는 것을 그대가 아느냐 16그대는 겹겹이 쌓인 구름과 완전한 지식의 경이로움을 아느냐 17땅이 고요할 때에 남풍으로 말미암아 그대의 의복이 따뜻한 까닭을 그대가 아느냐 18그대는 그를 도와 구름장들을 두들겨 넓게 만들어 녹여 부어 만든 거울 같이 단단하게 할 수 있겠느냐 19우리가 그에게 할 말을 그대는 우리에게 가르치라 우리는 아둔하여 아뢰지 못하겠노라 20내가 말하고 싶은 것을 어찌 그에게 고할 수 있으랴 삼켜지기를 바랄 자가 어디 있으랴 21그런즉 바람이 불어 하늘이 말끔하게 되었을 때 그 밝은 빛을 아무도 볼 수 없느니라 22북쪽에서는 황금 같은 빛이 나오고 하나님께는 두려운 위엄이 있느니라 23전능자를 우리가 찾을 수 없나니 그는 권능이 지극히 크사 정의나 무한한 공의를 굽히지 아니하심이니라 24그러므로 사람들은 그를 경외하고 그는 스스로 지혜롭다 하는 모든 자를 무시하시느니라

욥의 잘못된 자세

엘리후는 32장부터 37장까지 무려 6장 분량을 혼자서만 말하였다. 그의 해박한 지식과 논리에 다른 사람들은 끼여들 겨를도 없었다. 엘리후의 마지막 말은 우주만물의 놀라운 자연현상을 통하여 전능하신 하나님을 강조하여 설명하였다. 그러면서 무지하고 무력한 인간이 감히 전지전능하신 하나님이 잘못 하고 계신다고 항변할 수 있느냐고 지적하였다.

사실 전능하신 하나님 앞에서의 욥의 실존이란 흙 먼지에 지나지 않는다. 그러므로 하나님께 뭘 따지거나 항변할 입장이 아니라고 책망한다. 욥은 행위 면에서는 의로웠는지 모르지만 하나님을 대하는 태도는 그릇되었다. 욥은 자기에 대하여 뭐든 잘 아는 투로 말하면서 하나님이 하시는 일에 대하여 당당하게 도전적으로 말했다.

물론 그에게 양심에 가책이 될 만한 죄가 없었기 때문에 떳떳하게 탄원드릴 수는 있었을 것이다. 그러나 감히 하나님께 항변만 할 것이 아니라 겸손하게 자기를 낮추고 하나님의 뜻을 조용하게 기다렸어야 마땅하다. 머리를 조아리고 "하나님이 옳으십니다. 하나님의 생각이 지극히 거룩하고 높으십니다. 저는 오직 하나님의 뜻을 따르겠습니다"라고 겸손하게 낮아지지 못한 자세가 문제였다.

자녀가 사리분별이 되는 나이가 되면 자기에 대하여 상당히 잘 안다고 생각한다. 그래서 부모가 하는 일이 마음에 들지 않으면 말대꾸를 하거나 대들면서 항의하기도 한다. 자기의 주장을 쏟아놓으면 부모는 그 속을 다 알지만 너무 황당하여 아무 말도 하지 않고 그냥 듣고만 있다. 마치 욥의 탄원과 항변이 그러했다. 스스로 의롭고 떳떳하다고 생각했으며, 적어도 하나님을 바로 섬긴 자기와 가족들에 대하여 하나님이 그러실 수는 없다고 생각했던 것이다. 욥은 하나님의 마음을 충분히 알지 못하면서 자기가 받고 있는 재앙이 부당하다고만 주장하였다.

의롭게 살아가는 신자들이 종종 범할 수 있는 실수이다. 자신이 죄 없이 올바로 살아간다는 것만 알았지, 전지전능하신 하나님의 섭리에 대해서는 미처 깨닫지 못하고 있다. 자신이 어떻게 살아왔느냐 보다 더 중요한 것은 하나님이 그러한 인생의 문제를 결정하신다는 것이다. 하나님이 하시는 일 앞에서 인간이 할 수 있는 일은 티끌에 지나지 않는다. 우리가 하나님이 하시는 일에 대하여 왈가불가 할 수 없다. 하나님이 하시는 일에 대하여 무조건 순복하고 그 결정에 따라야 한다. 그러한 겸손한 자세만이 하나님의 사랑과 긍휼을 이끌어 낼 수 있다.

하나님의 음성을 들으라

엘리후는 측량할 수 없는 하나님의 전능하심 앞에서 욥이 다만 하나님의 음성에 귀를 기울이기를 촉구하였다. 하나님의 음성은 대자연 가운데 항상 있었다.

> "하나님의 음성 곧 그의 입에서 나오는 소리를 똑똑히 들으라. 그 소리를 천하에 펼치시며 번갯불을 땅 끝까지 이르게 하시고 그 후에 음성을 발하시며 그의 위엄찬 소리로 천둥을 치시며 그 음성이 들릴 때에 번개를 멈추게 아니하시느니라. 하나님은 그 놀라운 음성을 내시며 우리가 헤아릴 수 없는 큰 일을 행하시느니라" (2-5절).

욥은 하나님의 음성에 귀 기울이기보다도 자기의 고통에 집중하면서 자기 말만 쏟아내었다. 자기가 왜 그토록 극심한 고난을 겪어야 하는지 질문만 많이 던졌다. 이제 그는 침묵 가운데 하나님의 음성을 들을 차례다. 사실 38장부터는 하나님이 욥에게 말씀하시기 시작한다. 하나님의 음성을 본격적으로 듣기 전에 엘리후를 통하여 마음의 준비를 시킨 것이다.

하나님이 욥의 고난을 모르시는 것이 아니다. 하나님의 섭리 안에 있는 고난이었다. 하나님이 너무나 확실히 다 알고 계신 일이기 때문에 욥이 도전적으로 항변하고 탄원하지 않아도 하나님은 때가 되면 깨달음을 주시고 모든 고난의 문제를 해결해 주실 것이다.

피조물인 우리가 행할 태도는 어떤 고난도 하나님의 섭리가 있으므로 "왜 내가 이런 고난을 당해야 하느냐"고 항변하고 불만을 토로하기보다는 인내하면서 하나님의 음성에 귀를 기울여야 한다. 피조물이 하나님께 도전하는 것은 어리석은 언행이다. 천지만물을 창조하신 하나님의 영음에 귀를 기울이고, 하나님이 말씀하실 때까지 참고 기다려야 한다.

사계절을 주관하시는 하나님

하나님은 사시사철의 주관자이시다. 겨울에 흰 눈을 내리시고 얼음이 얼게 하신다(6,10절). 누가 하늘에서 흰 눈을 날리며 빙산과 같이 큰 물을 얼게 하실 수 있는가? 강물이 얼게도 하시고 풀리게도 하신다. 겨울 찬 바람이 불면 짐승들은 굴 속에 들어가 겨울잠을 자고, 남극 밀실에서는 광풍이 몰려나오고, 북극 밀실에서는 찬 기운이 밀려 내려온다. 누가 계절을 변화시켜 차가운 겨울을 만들며, 누가 그 추운 겨울을 풀어 따스한 봄으로 바꿀 수 있는가?

습기로 빽빽한 구름이 하늘로 떠 다니다가 가랑비가 되어 산천초목을 적신다(11절). 메마른 대지에 비가 뿌려지면, 초록의 파릇한 풀들과 화려

한 빛깔의 꽃들과 싱싱한 나무들이 자란다. 들판의 온갖 곡식과 열매들이 자라게 하신다. 냇가에 물고기가 헤엄을 치고 들짐승들이 평화롭게 꼴을 먹는다. 누가 온 세상의 광활한 대지를 초록의 빛으로 변화시킬 수 있는가? 누가 가을이 되면 풍성한 열매가 열리고 붉고 노란 단풍으로 물들일 수 있는가? 온 세상을 휩쓸고 지나가는 바람은 누구의 능력이며, 북풍이 몰려와 흐렸던 하늘이 개이고 구름 사이로 금빛 찬란한 햇살이 비치게 하는 그 장엄함은 누구의 솜씨인가(22절)?

여름철의 요란한 우레와 번개를 누가 막으며, 겨울의 함박눈을 누가 멈추게 할 수 있는가? 봄 햇살에 돋아나는 식물들의 움직임을 누가 막을 수 있는가?

"깊도다 하나님의 지혜와 지식의 풍성함이여, 그의 판단은 헤아리지 못할 것이며 그의 길은 찾지 못할 것이로다"(롬11:33).

이렇게 측량할 수 없는 전능하신 하나님 앞에서 우리는 지식이 있다고 감히 입을 열어 말할 수 없다. 무한하신 공의의 하나님 앞에서 무엇이 옳고 그른지 함부로 판단할 수 없다. 우리는 "오직 하나님 옳습니다. 하나님만 정확합니다. 하나님만 진리입니다"라고 겸허하게 고백할 수밖에 없다.

"전능자를 우리가 찾을 수 없나니 그는 권능이 지극히 크사 정의나 무한한 공의를 굽히지 아니하심이니라. 그러므로 사람들은 그를 경외하고 그는 스스로 지혜롭다 하는 모든 자를 무시하시느니라"(23,24절).

엘리후는 욥에게 하나님이 얼마나 위대하신 분인지, 전능하신 분인지를 계속하여 묻고 있다. 엘리후의 세밀한 충고에 대하여 욥이나 세 친구는 아무 말도 할 수 없었을 것이다. 오직 "예 예, 하나님은 위대하십니다! 하나님만이 옳습니다! 하나님이 하시는 일은 전부 마땅합니다"라고 고백해야 한다.

> "그대는 그를 도와 구름장들을 두들겨 넓게 만들어 녹여 만든 거울
> 같이 단단하게 할 수 있겠느냐"(18절).

누가 구름을 두들겨 하늘 가득이 넓게 펼칠 수 있으며, 거울 속에 온갖 모습이 담기듯이 푸른 창공과 투명한 대우주를 펼쳐서 수 많은 별들을 매달아 둘 수 있는가?

'녹여 만든 거울'은 구리로 만든 거울을 말한다. 거울로 온갖 모습을 비추듯이 하나님은 대우주에 온갖 모양의 해와 달과 별들을 보석처럼 박아놓으셨다. 바닷가에 수 많은 모래와 대우주에 수천 억의 은하수와 별들을 창조하신 하나님의 능력 앞에서 어느 누가 좀 안다고 말할 수 있겠는가? 겸허하게 머리를 숙이고 하나님의 섭리에 찬동하고 순복해야 할 것이다. 비록 우리가 인생에서 일어나는 일들을 다 이해하지 못한다 할지라도 "하나님만은 선하시고 옳으십니다"라고 고백해야 한다.

Job Theology and Explanation

39
하나님의 질문

욥 38:1-41

¹그 때에 여호와께서 폭풍우 가운데에서 욥에게 말씀하여 이르시되 ²무지한 말로 생각을 어둡게 하는 자가 누구냐 ³너는 대장부처럼 허리를 묶고 내가 네게 묻는 것을 대답할지니라 ⁴내가 땅의 기초를 놓을 때에 네가 어디 있었느냐 네가 깨달아 알았거든 말할지니라 ⁵누가 그것의 도량 법을 정하였는지, 누가 그 줄을 그것의 위에 띄웠는지 네가 아느냐 ⁶그것의 주추는 무엇 위에 세웠으며 그 모퉁이돌을 누가 놓았느냐 ⁷그 때에 새벽 별들이 기뻐 노래하며 하나님의 아들들이 다 기뻐 소리를 질렀느니라 ⁸바다가 그 모태에서 터져 나올 때에 문으로 그것을 가둔 자가 누구냐 ⁹그 때에 내가 구름으로 그 옷을 만들고 흑암으로 그 강보를 만들고 ¹⁰한계를 정하여 문빗장을 지르고 ¹¹이르기를 네가 여기까지 오고 더 넘어가지 못하리니 네 높은 파도가 여기서 그칠지니라 하였었노라 ¹²네가 너의 날에 아침에게 명령하였느냐 새벽에게 그 자리를 일러 주었느냐 ¹³그것으로 땅 끝을 붙잡고 악한 자들을 그 땅에서 떨쳐버린 일이 있었느냐 ¹⁴땅이 변하여 진흙에 인친 것 같이 되었고 그들은 옷같이 나타나되 ¹⁵악인에게는 그 빛이 차단되고 그들의 높이 든 팔이 꺾이느니라 ¹⁶네가 바다의 샘에 들어갔었느냐 깊은 물 밑으로 걸어 다녀 보았느냐 ¹⁷사망의 문이 네게 나타났느냐 사망의 그늘진 문을 네가 보았느냐 ¹⁸땅의 너비를 네가 측량할 수 있느냐 네가 그 모든 것들을 다 알거든 말할지니라 ¹⁹어느 것이 광명이 있는 곳으로 가는 길이냐 어느 것이 흑암이 있는 곳으로 가는 길이냐 ²⁰너는 그의 지경으로 그를 데려갈 수 있느냐 그의 집으로 가는 길을 알고 있느냐 ²¹네가 아마도 알리라 네가 그 때에 태어났으리니 너의 햇수가 많음이니라 ²²네가 눈 곳간에 들어갔었느냐 우박 창고를 보았느냐 ²³내가 환난 때와 교전과 전쟁의 날을 위하여 이것을 남겨두었노라 ²⁴광명이 어느 길로 뻗치며 동풍이 어느 길로 땅에 흩어지느냐 ²⁵누가 홍수를 위하여 물길을 터주었으며 우레와 번개 길을 내어주었느냐 ²⁶누가 사람 없는 땅에, 사람 없는 광야에 비를 내리며 ²⁷황무하고 황폐한 토지를 흡족하게 하고 연한 풀이 돋아나게 하였느냐 ²⁸비에게 아비가 있느냐 이슬방울은 누가 낳았느냐 ²⁹얼음은 누구의 태에서 났느냐 공중의 서리는 누가 낳았느냐 ³⁰물은 돌같이 굳어지고 깊은 바다의 수면은 얼어붙느니라 ³¹네가 묘성을 매어 묶을 수 있으며 삼성의 띠를 풀 수 있겠느냐

폭풍 속에서 말씀하신 하나님

폭풍이 몰려왔다. 줄곧 침묵하시던 하나님께서 마침내 욥에게 말씀하셨다(1절). 그 동안 욥이 하나님께 "왜 제가 고난을 받아야 합니까" 하고 항변했는데, 이제는 하나님께서 "내가 땅의 기초를 놓을 때가 네가 어디 있었느냐"고 물으셨다. 보잘 것 없는 욥의 무지를 깨우쳐 주시기 위하여 이번에는 하나님이 질문하시기 시작했다. 하나님의 섭리를 제대로 잘 알지도 못하면서, 잘 아는 줄 착각하고 있던 욥을 깨우쳐 주셨다. 하늘의 영계를 알지 못하고 땅의 것만 알았던 욥에게 전능하신 하나님의 영역에 대하여 질문 형식으로 말씀하기 시작하셨다.

세 친구와 엘리후가 하나님의 위대하심과 섭리에 대하여 누차 말했지만, 욥을 설득시키지 못했다. 다 같이 부족하고 불완전한 인간이었기 때문이다. 그러나 전능하신 하나님이 직접 임재하시고 말씀하시자, 그는 더 이상 입을 열지 못하고 겸손해졌다.

'크리스토퍼 몰리(Christopher Morley)는 "나는 하나님께 여쭈어 볼 백만 가지 질문을 품고 살았다. 그러나 하나님을 만났을 때 모든 질문이 사라져 버렸다. 전혀 문제가 되지 않았기 때문이다"고 했다.

인간의 지혜와 지식은 한계가 있고 또한 어리석다. 그러므로 인간의 생각으로는 의문점이 많을 수밖에 없다. 그러나 하나님의 영이 임재하시면 신령한 것을 깨닫게 된다. 천지의 창조와 인생의 생사에 대하여 인간 스스로의 지혜로는 다 깨닫지 못한다. 그러나 성령의 은혜를 체험하고 나면 쉽게 깨닫게 된다. 그러므로 불신자가 아무리 학문이 뛰어나고 박식해도 무식한 신자의 지혜를 따르지 못하는 것이다. 신자의 영혼에는 하나님이 내주해 계시기 때문이다. 하나님이 오셔서 말씀하시면 모든 의문점이 풀리게 되는 것이다.

제자들이 갈릴리 호수에서 폭풍우로 괴로워할 때에 예수님께서 "바람아 바다야 잔잔하라"고 말씀하시니, 바다가 잔잔해졌다. 죽은 나사로의 무덤에 가서서 "나사로야 나오너라"고 외쳤을 때 죽은 나사로가 회생하였다. 주님이 말씀하시는 대로 역사가 일어났다. 말씀 한 마디에 인간이 알고 있는 상식과 지식을 초월해 버렸다.

죄인은 영광스러운 하나님을 대면할 수 없으므로 성막에서 하나님을 만날 때 언제나 짙은 향연 가운데서 만났고, 높은 산 구름 가운데서 만났으며, 폭풍우 가운데 만났다(1절, 출19:16, 왕상19:11,12).

하나님의 질문은 크게 세 가지로 요약할 수 있다. 38장에서는 "하나님의 창조를 설명할 수 있느냐"이고, 39장에서는 "하나님의 창조물을 보살필 능력이 있느냐"이고, 40,41장에서는 "하나님의 창조물을 굴복시킬 능력이 있느냐"고 물으셨다. 이 질문들이 의도하는 바는 욥은 하나님과 대등한 위치에서 변론하기에 부적합하고, 욥은 무능력하다는 것을 강력하게 시사하고 있다.

우리가 모를 때에 하나님에 대하여 함부로 말하지만, 막상 그 하나님의 전지전능하심을 알게 되면 두려워 떨 수밖에 없다.

유구무언인 욥

욥은 자기의 주장이 상당히 지혜와 지식을 기반으로 두고 있다고 생각했으나, 하나님의 첫 질문부터 말문이 막혔다. 유구무언(有口無言)이었다.

"내가 땅의 기초를 놓을 때에 네가 어디 있었느냐 네가 깨달아 알았거든 말할지니라. 누가 그것의 도량법을 정하였는지, 누가 그 줄을 그것의 위에 띄웠는지 네가 아느냐? 그것의 주추는 무엇 위에 세웠으며 그 모퉁잇돌을 누가 놓았느냐?"(4-6절).

지구의 창조에 대하여 하나님을 건축가로 묘사하고 있다. '도량'은 길이와 부피를 말하며, '줄을 띄운다'는 것은 평면의 경사를 헤아리기 위하여 치는 먹줄인 '측량 줄'을 말한다. 하나님이 지구를 창조하실 때 욥이 참관했을 리가 없다. 그리고 그는 지구가 얼마나 큰지 어떻게 언제 형성되었는지 도무지 알지 못한다. 위대한 창조의 능력에 하늘의 별들이 합창을 하고, 천사들이 기쁘게 노래했지만 욥은 그 엄숙한 무대에 등장하지도 못했다. 그러므로 감히 하나님의 섭리를 안다고 입을 열 자격조차 없는 것이다.

하나님은 계속하여 한 없이 깊은 바다와 우주의 창조를 말하면서 욥의 기를 꺾어놓으셨다. 바다는 아기가 잉태되었다가 태에서 나옴같이 묘사되어 있다. 땅의 이미지는 건축이었고 바다의 이미지는 은밀하게 조직되었다가 쏟아져 나오는 것으로 묘사되어 있다. 바다는 구름과 흑암의 옷을 입었고 그 경계선을 하나님이 그으셨다.

"바다가 그 모태에서 터져나올 때에 문으로 그것을 가둔 자가 누구냐? 그 때에 내가 구름으로 그 옷을 만들고 흑암으로 그 강보를 만들고 한계를 정하여 문빗장을 지르고 이르기를 네가 여기까지 오고 더 넘어 가지 못하리니 네 높은 파도가 여기서 그칠지니라 하였노라"(8-11절).

바다는 인간이 상상할 수 없을만큼 깊고 넓다. 그 광대한 바다의 밑바닥을 욥이 걸어 본 적이 있는가고 물으셨다.

"네가 바다의 샘에 들어갔었느냐 깊은 물 밑으로 걸어 다녀 보았느

냐? 사망의 문이 네게 나타났느냐 사망의 그늘진 문을 네가 보았느
냐?"(16,17절).

가장 깊은 해저는 태평양에 있는데 그 깊이가 약 11,000m나 된다고 한다. 에베레스트 봉우리보다도 더 깊이 내려간다. 그 바다 밑은 거대한 압력으로 인하여 사람이 잠수함을 탄다고 하여도 들어갈 수 없는 사망의 문이다. 욥이 그러한 바다 밑을 걸어보았을 리가 만무하다. 그러므로 욥은 하나님의 전능하심을 상상할 수도 없고, 그 섭리에 대하여 아는 채 할 수도 없다.

별들을 묶을 수 있는가

바다보다 더 깊고 오묘한 것은 우주 공간이다. 하나님은 욥에게 우주의 기상과 별들의 길을 아느냐고 물으셨다.

> "어느 것이 광명이 있는 곳으로 가는 길이냐 어느 것이 흑암이 있는 곳으로 가는 길이야 너는 그의 지경으로 그를 데려갈 수 있느냐 그의 집으로 가는 길을 알고 있느냐 네가 아마도 알리라 네가 그 때에 태어났으리니 너의 햇수가 많음이니라"(19-21절).

우주 공간의 별들이 가만히 떠 있는 것이 아니다. 수 많은 별들이 각기 자기의 무한궤도를 돌고 있다. 하나님은 그 광대한 우주를 별들의 집으로 묘사하고, 그 오묘하고 신기한 공간을 말할 수 있는가고 질문했다.

'비노스 라마찬드라' 는 "하나님은 오랜 침묵에 대한 변명도 하지 않으시고, 그렇다고 비참하게 고난을 당하는 욥을 위로하시지도 않았다. 그렇

다고 그의 기를 꺾거나 자존심을 상하게 하지도 않으셨다. 그 대신 하나님은 욥을 데리고 소용돌이치는 우주로 여행을 떠나셨다"라고 말했다. 광대한 대우주를 세밀히 보여주시며 물으셨다.

"네가 묘성을 매어 묶을 수 있으며 삼성의 띠를 풀 수 있겠느냐? 너는 별자리들을 각각 제 때에 이끌어 낼 수 있으며 북두성을 다른 별들에게로 이끌어 갈 수 있겠느냐? 네가 하늘의 궤도를 아느냐? 하늘로 하여금 그 법칙을 땅에 베풀게 하겠느냐?" (31-33절).

하나님이 창조하신 무한대의 광활한 우주를 보이시면서 욥에게 이런 질문들을 던지셨다.

하늘에서 내리는 눈이나 우박과 비, 그리고 땅의 물이 얼음이 되는 이치를 알고 있느냐고 물으셨다(22-30절). 38장은 전부가 다 하나님의 질문으로 가득 차 있다. 그 어떤 질문이라도 욥은 아무 말도 할 수 없었다. "단지 하나님만이 아시고 하나님만이 하실 수 있습니다. 저는 유한하고 무력하고 무지한 인간에 지나지 않습니다. 하나님이 하시는 일을 어찌 깨달을 수 있겠습니까"라고 고백할 수밖에 없었다. "하나님 저는 무지합니다. 아는 것이 아무 것도 없습니다. 저는 바보 천치에 불과합니다"라고 고백했을 것이다. 욥은 전지전능하신 하나님 앞에서 흙 먼지에 불과한 초라한 존재임을 발견했다. 하나님의 엄위하신 음성 앞에서 욥은 두려움에 떨면서 겸허하게 엎드릴 수밖에 없었다. 욥이 두 손 두 발 다 들고 항복하도록 하나님은 질문을 계속하셨다. 우리는 전능하신 하나님 앞에 서면 놀라서 입만 벌리고 멍하게 서 있을 뿐이다. 하나님 앞에서 목을 꼿꼿하게 들고 대들거나 항변할 수 없다.

하나님께서 피조물이며 죄인인 욥에게 고난을 주셨다면 그 고난은 받아야 하는 것이지, "왜 이런 고난을 하필 저에게 주셨나요?"라고 탄원할 수 없다. 대우주는 인간이 상상할 수도 측량할 수도 없다. 대우주를 통하여 하나님의 위대하심을 드러내신 것이다. 창조주 하나님은 인간이 어떤 존재인가를 깨닫게 하셨다. 하나님이 하시는 일에 대하여 시비하거나 판단할 수 없는 존재이다. 그러므로 하나님은 욥의 고통에 대하여 위로하지도 설명하지도 않으셨다. 하나님이 필요하다고 생각하실 때 욥에게 형통함을 주신 것처럼 그에게 고난도 주실 수 있다. 생명의 주인이신 하나님이 욥에게 주신 생명을 어느 날 도로 거두어 가신다하더라도 그런 줄로 알면 되는 것이다.

인간은 하나님이 창조하신 피조물 중 하나에 지나지 않는다. 예수님께서 갈릴리 호수에서 폭풍우와 거센 물결을 향하여 잠잠하라고 명하실 때 바람과 바다가 복종하였다. 인간 역시 하나님이 하시는 일에 복종할 뿐이다. 우리는 절대 주권을 가지신 하나님과 절대로 대등한 관계가 될 수 없다. 왜 부당한 고난을 주느냐고 따지거나 하나님을 탓할 수 있는 입장이 아니다. 대우주를 본 욥은 그 동안 함부로 항변하고 탓하였던 자신의 죄를 깨닫고 자기의 입을 가렸다.

> "보소서 나는 비천하오니 무엇이라 주께 대답하리이까 손으로 내 입을 가릴 뿐이로소이다"(욥40:4).

Job Theology and Explanation

40
창조물을 보살피겠느냐

욥 39:1-30

¹산 염소가 새끼 치는 때를 네가 어느냐 암사슴이 새끼 낳는 기한을 네가 본 적이 있느냐 ²그것이 몇 달 만에 만삭되는지 아느냐 그 낳을 때를 아느냐 ³그것들은 몸을 구푸리고 새끼를 낳으니 그 괴로움이 지나가고 ⁴그 새끼는 강하여져서 빈들에서 크다가 나간 후에는 다시 돌아오지 아니하느니라 ⁵누가 들나귀를 놓아 자유하게 하였느냐 누가 빠른 나귀의 매인 것을 풀었느냐 ⁶내가 들 그들의 집으로, 소금 땅을 그것이 사는 처소로 삼았느니라 ⁷들나귀는 성읍에서 지껄이는 소리를 비웃나니 나귀 치는 사람이 지르는 소리는 그것에게 들리지 아니하며 ⁸초장 언덕으로 두루 다니며 여러 가지 푸른 풀을 찾느니라 ⁹들소가 어찌 기꺼이 너를 위하여 일하겠으며 네 외양간에 머물겠느냐 ¹⁰네가 능히 줄로 매어 들소가 이랑을 갈게 하겠느냐 그것이 어찌 골짜기에서 너를 따라 써레를 끌겠느냐 ¹¹그것이 힘이 세다고 네가 그것을 의지하겠느냐 네 수고를 그것에게 맡기겠느냐 ¹²그것이 네 곡식을 집으로 실어오며 네 타작마당에 곡식 모으기를 그것에게 의탁하겠느냐 ¹³타조는 즐거이 날개를 치나 학의 깃털과 날개 같겠느냐 ¹⁴그것이 알을 땅에 버려두어 흙에서 더워지게 하고 ¹⁵발에 깨어질 것이나 들짐승에게 밟힐 것을 생각하지 아니하고 ¹⁶그 새끼에게 모질게 대함이 제 새끼가 아닌 것처럼 하며 그 고생한 것이 헛되게 될지라도 두려워하지 아니하나니 ¹⁷이는 하나님이 지혜를 베풀지 아니하셨고 총명을 주지 아니함이라 ¹⁸그러나 그것이 몸을 떨쳐 뛰어갈 때에는 말과 그 위에 탄자를 우습게 여기느니라 ¹⁹말의 힘을 네가 주었느냐 그 목에 흩날리는 갈기를 네가 입혔느냐 ²⁰네가 그것으로 메뚜기처럼 뛰게 하였느냐 그 위엄스러운 콧소리가 두려우니라 ²¹그것이 골짜기에서 발굽질하고 힘 있음을 기뻐하며 앞으로 나아가서 군사들을 맞되 ²²두려움을 모르고 겁내지 아니하며 칼을 대할지라도 물러나지 아니하니 ²³그 머리 위에서는 화살통과 빛나는 창과 투창이 번쩍이며 ²⁴땅을 삼킬 듯이 맹렬히 성내며 나팔 소리에 머물러 서지 아니하고 ²⁵나팔 소리가 날 때마다 힝힝 울며 멀리서 싸움 냄새를 맡고 지휘관들의 호령과 외치는 소리를 듣느니라 ²⁶매가 떠올라서 날개를 펼쳐 남쪽으로 향하는 것이 어찌 네 지혜로 말미암음이냐 ²⁷독수리가 공중에 떠서 높은 곳에 보금자리를 만드는 것이 어찌 네 명령을 따름이냐 ²⁸그것이 낭떠러지에 집을 지으며 뾰족한 바위 끝이나 험준한 데 살며 ²⁹거기서 먹이를 살피나니 그 눈이 멀리 봄이며 ³⁰그 새끼들도 피를 빠나니 시체가 있는 곳에는 독수리가 있느니라

야생 동물을 보살피시는 하나님

하나님의 질문은 끝없이 쏟아져 나왔다. 욥에게 설득시키는 차원이 아니라, 욥의 교만을 정면으로 찌른 것이다. 이제 무생물인 땅이나 바다나 우주에서 가까이에서 볼 수 있는 생물의 세계에 대하여 질문하기 시작하셨다.

하나님은 여섯 종류의 짐승인 암사자, 산염소, 암사슴, 들나귀, 들소, 말에 대하여 아는 바가 있느냐고 물으셨다. 그리고 다섯 종류의 새, 까마귀와 타조와 황새와 매와 독수리에 대하여 물으셨다. 욥은 짐승들의 생활과 새의 오묘한 생활에 대하여 아는 것이 없었다.

하나님은 사람의 손이 닿지 않는 야생의 동물들을 키우고 보살피신다. 사람들이 가까이 다가가서 보살피기 어려운 짐승들에 관하여 얼마나 알고 있는지 물으셨다. 그리고 그 짐승들을 하나님처럼 자상하게 보살필 능력이 있느냐고 물으셨다.

우리는 암사자의 굶주림을 해결하기 위하여 사냥할만큼 재빠르지 못하다. 까마귀 새끼가 언제 배가 고픈지 알지 못하며, 그들을 위하여 먹을 양식을 예비할 수 없다(욥38:40,41). 산염소는 인적이 없는 깊은 산의 석굴에서 살며, 그 털색이 바위의 색과 비슷해서 사람들의 눈에 잘 띄지 않는다. 사람으로는 찾아 보기도 어려운 짐승까지도 하나님은 보살피시고 키우신다.

산염소나 암사슴이 새끼를 낳아 기르는 것은 사람이 돕지 않아도 그들의 타고난 본성으로 행한다. 새들과 짐승들이 먹이를 찾고, 새끼를 키우는 것은 하나님께서 본성적으로 알게 하셨기 때문이다.

들나귀나 들소는 들판에서 자유롭게 돌아다니며 사육되기를 거부한다. 하나님이 스스로 사는 방법을 가르쳐 주었기 때문에 사람의 도움 없이도 야생에서 잘 적응한다(5-11절). 사람은 그 짐승들이 어떻게 먹이를 찾고 새끼를 키우며 살아가는지 자세하게 알지 못한다.

이러한 짐승들도 잘 다스리지 못하면서 하나님의 섭리를 아는 채 하는 것은 건방지고 당돌한 것이다. 하나님은 인간이 할 수 없는 일을 행하시고, 인간이 알지 못하는 것까지 다 알고 계신다.

> "공중의 새를 보라. 심지도 않고 거두지도 않고 창고에 모아들이지도 아니하되 너희 하늘 아버지께서 기르시나니 너희는 이것들보다 귀하지 아니하냐. 너희 중에 누가 염려함으로 그 키를 한 자라도 더 할 수 있겠느냐"(마6:26,27).

심지도 않고 추수하지도 않으며 창고를 만들어 곡식을 저장하지도 않는 새와 짐승들이 살아가는 것은 하나님의 위대하신 섭리다. 그 무한하신 능력의 하나님 앞에서 인간은 제한된 보잘 것 없는 존재다.

타조와 말의 신비한 힘

타조는 날개를 펼쳐 힘을 자랑하는 큰 새이다. 그러나 하늘을 날지는 못한다. 날지도 못하는 짐승에게 날개는 왜 주셨으며, 날개짓을 하면서 말처럼 빨리 달리는 새를 하나님께서 왜 만드셨을까? 동물 중에는 신기한 힘을 가진 것들이 많다. 수달처럼 땅에도 다니고 물 속에도 들어가는 것이 있는가 하면, 하늘을 날기도 하고 물 속으로 헤엄을 치는 새들도 있다. 새끼를 잘 돌보는 짐승들이 있는가 하면, 타조처럼 알을 품지 않고 새끼에게 무정한 것들도 있다. 하나님의 섭리에 따라서 각기 짐승들의 습성과 지혜가 다른 것이다. 그러한 짐승들을 기르며 보살피는 하나님의 섭리를 인간은 다 이해할 수 없고 알 수도 없다.

말이 전쟁에 사용되는 것은 빨리 달리고 힘과 용맹이 있기 때문이다. 사람은 동물들에게 그러한 힘과 용맹을 줄 수 없다(19,20절). 군마는 전쟁의 나팔소리를 들으면 조용히 서 있지 못하고 마치 땅을 삼킬 듯이 신속히 달려간다. 위험을 무릎 쓰고 전쟁에 참여하는 말의 용맹은 하나님이 주신 것이다. 하나님은 욥에게 "네가 말에게 그런 힘을 주었느냐"고 물으셨다.

매는 기후를 감지하여 남쪽으로 이주하는 지혜를 가지고 있다. 독수리는 높은 낭떠러지에 보금자리를 꾸며 안전한 처소를 만들며, 눈이 밝아 멀리 있는 먹이감도 재빨리 움킨다. 그리고 새끼들에게 먹이를 가져다 주며 사냥한 짐승의 피를 빨아 먹도록 한다.

짐승들에게 이러한 다양한 지혜와 본성을 주신 분은 하나님이시다. 인간은 전지전능하신 하나님 앞에서 찬양할 수밖에 없다. 그런데도 욥은 하나님의 섭리를 잘 아는 것처럼 떠들고 있었으니 얼마나 부끄러운 일인가? 욥은 하나님의 예리한 질문들 앞에 고개를 숙이고 코가 납작해졌다. 일부러 겸손해진 것이 아니라, 참으로 하나님의 창조물에 대하여 자신은 아무 것도 모르고, 할 수도 없다는 것을 깨달았다. 하나님이 "이런 것들을 아느냐?"라고 물으실 때마다 욥은 "저는 아무 것도 알지 못합니다"라고 고백할 수밖에 없었다.

비록 우리가 이해할 수 없는 고난을 당한다 하더라도 그 속에는 하나님의 뜻이 있다. 하나님의 섭리와 하늘나라의 영계에 대하여 다 알지 못하면서 하나님을 탓하거나 원망할 수 없다. 오직 순종하고 하나님이 하신 일을 선하게 수용하는 길만이 성도가 취할 겸손한 자세이다.

Job Theology and Explanation

41
'베헤못'을 제압하겠느냐

욥 40:1-24

¹여호와께서 또 욥에게 일러 말씀하시되 ²트집 잡는 자가 전능자와 다투겠느냐 하나님을 탓하는 자는 대답할지니라 ³욥이 여호와께 대답하여 이르되 ⁴보소서 나는 비천하오니 무엇이라 주께 대답하리이까 손으로 내 입을 가릴 뿐이로소이다 ⁵내가 한 번 말하였사온즉 다시는 더 대답하지 아니하겠나이다 ⁶그 때에 여호와께서 폭풍우 가운데에서 욥에게 일러 말씀하시되 ⁷너는 대장부처럼 허리를 묶고 내가 네게 묻겠으니 내게 대답할지니라 ⁸네가 내 공의를 부인하려느냐 네 의를 세우려고 나를 악하다 하겠느냐 ⁹네가 하나님처럼 능력이 있느냐 하나님처럼 천둥소리를 내겠느냐 ¹⁰너는 위엄과 존귀로 단장하며 영광과 영화를 입을지니라 ¹¹너의 넘치는 노를 비우고 교만한 자를 발견하여 모두 낮추되 ¹²모든 교만한 자를 발견하여 낮아지게 하며 악인을 그들의 처소에서 짓밟을지니라 ¹³그들을 함께 진토에 묻고 그들의 얼굴을 싸서 은밀한 곳에 둘지니라 ¹⁴그리하면 네 오른손이 너를 구원할 수 있다고 내가 인정하리라 ¹⁵이제 소같이 풀을 먹는 베헤못을 볼지어다 내가 너를 지은 것같이 그것도 지었느니라 ¹⁶그것의 힘은 허리에 있고 그 뚝심은 배의 힘줄에 있고 ¹⁷그것이 꼬리치는 것은 백향목이 흔들리는 것 같고 그 넓적다리 힘줄은 서로 얽혀 있으며 ¹⁸그 뼈는 놋관 같고 그 뼈대는 쇠막대기 같으니 ¹⁹그것은 하나님의 만드신 것 중에 으뜸이라 그것을 지으신 이가 자기의 칼을 가져 오기를 바라노라 ²⁰모든 들짐승들이 뛰노는 산은 그것을 위하여 먹이를 내느니라 ²¹그것이 연 잎 아래에나 갈대 그늘에서나 늪 속에 엎드리니 ²²연 잎 그늘이 덮으며 시내 버들이 감싸는도다 ²³강물이 소용돌이 칠지라도 그것이 놀라지 않고 요단강물이 쏟아져 그 입으로 들어가도 태연하니 ²⁴그것이 눈을 뜨고 있을 때 누가 능히 잡을 수 있겠으며 갈고리로 그것의 코를 뚫을 수 있겠느냐

공룡은 상상의 동물인가

하나님은 "트집 잡는 자가 전능자와 다투겠느냐"(2절)라고 물으실 때에, 욥은 "나는 비천하오니 무엇이라 주님께 대답하리이까 손으로 내 입을 가릴 뿐입니다"(4절)라고 고백하였다. 욥은 하나님이 하시는 일을 잘 알지도 못하면서 아는 줄 알았고, 의로운 자신에게 왜 하나님이 징계하시는지 이해하지 못하고 항변하였다. 그리고 자기를 향하여 정죄하는 교만한 자들을 꺾을 수 있다고 생각하였다. 하나님은 욥에게 "네가 하나님과 같은 능력이 있으며 교만한 자를 심판할만한 힘이 있느냐"고 물으셨다. 욥은 부끄러워 말문을 닫고 당황하여 몸둘 바를 알지 못했다.

하나님은 마지막으로 창조물 가운데 위대한 두 동물에 대하여 욥이 그것들을 제압할 수 있느냐고 물으셨다. 15절에 기록된 풀을 먹는 '베헤못'(בְּהֵמוֹת)은 "몸집이 큰 짐승"을 뜻한다. 성경의 설명으로 볼 때에 공룡을 말하는 것 같다. 이 짐승은 하나님이 만드신 동물 가운데 제일 크다고 하셨고, 강한 힘줄과 놋관 같은 뼈대를 가졌고 꼬리의 힘은 백향목처럼 크고 강한 것으로 묘사되어 있다(16-19절). 그리고 하도 커서 강이나 늪 속에 살면서 강이 범람하여도 두려워하지 않는다고 하였다.

강 속에 살면서 몸집이 큰 동물 중에 하마가 있다. 그러나 하마는 꼬리가 백향목처럼 크고 강하지 못하다. 하마의 꼬리는 대단히 빈약하다. 백향목은 키가 30m나 자라는 매우 큰 침엽수이다. 그리고 하마는 넓적다리의 힘줄이 서로 연결되어 있지 않고 뼈대가 쇠막대기처럼 크고 강하지 못하다. 화석으로만 확인 되는 공룡이 이 설명에 맞는 동물이다. 지상에 존재했던 동물 중에 꼬리가 백향목 같이 크고 강한 힘을 지닌 동물은 공룡뿐이다.

공룡은 지구상에 출현한 동물 중에 가장 거대한 동물이다. 머리뼈부터 꼬리뼈까지 강한 관절이 연결되어 있다. 마치 그 등뼈가 굵은 쇠막대기 같고 갈빗대가 철장과 같았다. 초식 공룡 '디플로도쿠스'는 길이가 무려 27m나 된다고 한다. 그 짐승이 뒷 다리와 꼬리를 지탱하고 일어서면 지상 15m까지 도달한다고 한다. 일반 건물 약 5층 높이에 해당된다.

'티라노사우르스'와 같은 육식 공룡은 머리가 크고 단단하며 앞 다리가 유별나게 작아 빠르게 달렸다고 한다. 단검처럼 무서운 이빨과 날카로운 발톱을 가지고 있어 다른 공룡을 잡아 먹기도 했다고 한다. 화석으로 발견된 여러 공룡 중에 매우 큰 초식 공룡을 '브론토사우르스'라고 하는데, 40장에 기록된 공룡이 아마 그 공룡일 것이라고 창조과학회 김성현 교수는 말한다. 그는 적어도 욥의 시대까지는 공룡이 사람과 함께 살았던 것이 분명하다고 보고 있다. 그리고 공룡은 그 이후 기후 변화 등에 의하여 멸종되었을 것으로 짐작한다.

하나님을 믿지 않는 학자들은 공룡이 약 2억 2800만 년 전에 나타나 육지에서 번성하게 되었다고 한다. 그리고 1억 6000만 년 동안 지구를 지배하다가 6500만 년 전에 멸종했다고 한다. 그러나 창조과학자들은 공룡의 멸종이 아주 오래 전에 있었던 사건이 아니고 최근 약 5000년 전후의 일로 보고 있다.

공룡을 제압할 수 있느냐

하나님은 욥이 그 무지막지한 짐승을 능히 제압할 수 있느냐고 물으셨다. 이 말씀은 욥이 그 짐승에 대하여 잘 알고 있다는 것이고, 그것이 얼마나 크고 두려운 동물인지 알고 있다는 것이다.

"그것이 눈을 뜨고 있을 때 누가 능히 잡을 수 있겠으며 갈고리로 그 것의 코를 꿸 수 있겠느냐"(24절).

욥은 아무 말도 하지 않았지만, 당연히 그 대답은 "도무지 저에게는 그 것과 대항할 능력이 없습니다"이다. 하나님이 만드신 공룡을 생포하거나 굴복시키지 못하면서 하나님의 일을 판단하는 것은 무리다. 욥은 하나님의 위대하신 능력 앞에 입이 붙어버리고 말았다. 그가 받고 있는 고난도 하나님의 어떤 섭리 속에서 일어난 것임을 깨닫지 못했다. 하나님이 하시는 일을 탓하거나 더 이상 트집을 잡고 따질 수 없다. 다만 욥은 믿고 기다릴 뿐이다. 겸손하게 하나님이 하시는 일을 지켜볼 뿐이다.

하나님이 인간을 만드신 것처럼 공룡도 만드셨다. 하나님의 창조의 능력은 인간이 이해할 수 없을 만큼 위대하고 장엄하다. 감히 하나님을 이해하려고 해서는 안 된다. 하나님은 우리가 이성적으로 이해할 수 있는 분이 아니라 우리가 믿고 순종해야 할 분이다.

작가가 어떤 책을 저술하였는데, 그 책을 읽지도 못하는 원숭이 한 마리가 와서 "당신은 책을 쓸만한 실력이 있느니 없느니" 하고 평가할 수 없다. 그와 같이 피조물 인간은 공룡과 같이 크고 힘센 동물을 만드신 창조주를 향하여 "당신이 그런 일을 할 수 있느니 없느니" 트집을 잡을 수 없는 것이다. 인간은 하나님이 만드신 공룡을 마음대로 제압할 수 없는 미약한 존재이다. 그러므로 감히 하나님을 선악간 평가할 수 없고 해서도 안 된다. 오직 하나님이 하시는 모든 일에 대하여 순종하고 믿음으로 수용해야 한다.

Job Theology and Explanation

42
'리워야단'을 낚을 수 있느냐

욥 41:1-34

¹네가 낚시로 리워야단을 끌어낼 수 있겠느냐 노끈으로 그 혀를 맬 수 있겠느냐 ²너는 밧줄로 그 코를 꿸 수 있겠느냐 갈고리로 그 아가미를 꿸 수 있겠느냐 ³그것이 어찌 네게 계속하여 간청하겠느냐 부드럽게 네게 말하겠느냐 ⁴어찌 그것이 너와 계약을 맺고 너는 그를 영원히 종으로 삼겠느냐 ⁵네가 어찌 그것을 새를 가지고 놀듯 하겠으며 네 여종들을 위하여 그것을 매어 두겠느냐 ⁶어찌 장사꾼들이 그것을 놓고 거래하겠으며 상인들이 그것을 나누어 가지겠느냐 ⁷네가 능히 많은 창으로 그 가죽을 찌르거나 작살을 그 머리에 꽂을 수 있겠느냐 ⁸네 손을 그것에게 얹어 보라 다시는 싸울 생각을 못하리라 ⁹참으로 잡으려는 그의 희망은 헛된 것이니라 그것의 모습을 보기만 해도 그는 기가 꺾이리라 ¹⁰아무도 그것을 격동시킬 만큼 담대하지 못하거든 누가 내게 감히 대항할 수 있겠느냐 ¹¹누가 먼저 내게 주고 나로 하여금 갚게 하겠느냐 온 천하에 있는 것이 다 내 것이니라 ¹²내가 그것의 지체와 그것의 큰 용맹과 늠름한 체구에 대하여 잠잠하지 아니하리라 ¹³누가 그것의 겉가죽을 벗기겠으며 그것에게 겹재갈을 물릴 수 있겠느냐 ¹⁴누가 그것의 턱을 벌릴 수 있겠느냐 그의 둥근 이틀은 심히 두렵구나 ¹⁵그의 즐비한 비늘은 그의 자랑이로다 튼튼하게 봉인하듯이 닫혀 있구나 ¹⁶그것들이 서로 달라붙어 있어 바람이 그 사이로 지나가지 못하는구나 ¹⁷서로 이어져 붙었으니 능히 나눌 수도 없구나 ¹⁸그것이 재채기를 한즉 빛을 발하고 그것의 눈은 새벽의 눈꺼풀 빛 같으며 ¹⁹그것의 입에서는 횃불이 나오고 불꽃이 튀어나오며 ²⁰그것의 콧구멍에서는 연기가 나오니 마치 갈대를 태울 때에 솥이 끓는 것과 같구나 ²¹그의 입김은 숯불을 지피며 그의 입은 불길을 뿜는구나 ²²그것의 힘은 그의 목덜미에 있으니 그 앞에서는 절망만 감돌뿐이구나 ²³그것의 살껍질은 서로 밀착되어 탄탄하며 움직이지 않는구나 ²⁴그것의 가슴은 돌처럼 튼튼하며 맷돌 아래짝 같이 튼튼하구나 ²⁵그것이 일어나면 용사라도 두려워하며 달아나리라 ²⁶칼이 그에게 꽂혀도 소용이 없고 창이나 투창이나 화살촉도 꽂히지 못하는구나 ²⁷그것이 쇠를 지푸라기같이, 놋을 썩은 나무같이 여기니 ²⁸화살이라도 그것을 물리치지 못하겠고 물맷돌도 그것에게는 겨같이 되는구나 ²⁹그것은 몽둥이도 지푸라기 같이 여기고 창이 날아오는 소리도 우습게 여기며

성경에 나타난 용

하나님은 또 하나의 엄청난 동물 "리워야단"을 소개하며 굴복시킬 수 있느냐고 물으셨다. 히브리어로 '리워야단' (לִוְיָתָן)은 "비틀다, 꼬다"라는 단어이다. 지중해에 살고 있다고 추정하는 바다 괴물을 가리켜 '리워야단' 이라 하였는데, 바다에서 가장 큰 파충류 용을 뜻한다.

구약에서는 원수의 나라인 애굽을 묘사하기 위하여 이 단어를 사용하거나(시74:13, 사27:1), 요한계시록에서 사탄을 가리킬 때에 이 단어를 사용하고 있다.

"큰 용이 내쫓기니 옛 뱀 곧 마귀라고도 하고 사탄이라고도 하며 온 천하를 꾀는 자라. 그가 땅으로 내쫓기니 그의 사자들도 그와 함께 내쫓기니라"(계12:9).

성경은 사탄이나 죄악이 관영한 세상의 나라를 상징적 의미로 용이라고 말하고 있지만, 과연 상상의 동물에 그치는 것일까? 학자들 중에는 용이 실제로 존재했던 거대한 바다 파충류로 보고 있는 사람들이 있다.

화석을 통하여 발견된 거대한 바다 파충류를 '어룡'이라고 분류해 놓고 있다. '모사사우르스'는 바다에 사는 10m 크기의 거대한 도마뱀으로 원뿔 모양의 이빨을 가지고 있어 뼈를 꿰뚫었다고 한다. 그리고 '플레시오사우르스'는 위 아래에 길고 뾰족한 이빨이 나 있고, 지느러미 발을 재빨리 움직여서 날기도 했다고 한다. 그리고 잉글랜드에서 발견된 '플리오사우루스'는 머리가 거대하고 목은 짧다고 전해지는데, 어떤 머리뼈는 길이가 3m가 넘는다고 한다. 거대한 턱에는 크고 뾰족한 이빨이 튀어나와 있고, 냄새를 맡기 위해 물을 들이키는 외부 콧구멍이 있었다고 한다.

그리고 공중에는 거대한 새가 있었는데, 그것을 학자들은 '익룡'이라고 구분하고 있다. 심지어 어떤 익룡은 몸무게가 100kg 가까이 되었다고 한다. 새는 속이 빈 가벼운 뼈대를 가지고 있는데, 그럼에도 불구하고 그렇게 무거웠다는 것은 엄청나게 큰 새라는 것을 짐작하게 한다. 실제 화석으로 나타난 '케찰코아틀루스'는 몸무게가 86kg이고 날개 폭이 12m나 된다고 한다.

이런 엄청난 하나님의 창조물이 실제로 존재했다는 증거는 화석이 있기 때문이다. 그런데 왜 이러한 큰 동물들이 멸종했을까? 정확한 이유와 시기는 우리가 알 수 없지만, 노아 대홍수 이후에 기후의 급격한 변동이 있었다. 하늘의 창이 열려 40주야 장대비가 쏟아져 지구는 온통 물바다가 되었다(창7:11,12). 온실처럼 지구를 감싸고 태양열을 차단하던 하늘의 물이 쏟아지므로 지구는 급격한 기후의 변화를 맞이하게 되었다. 남극과 북극의 빙하도 그 때 형성되었다고 창조과학자들은 본다. 그리고 땅 속의 지하수가 터져 나오고 지진도 일어났을 것으로 본다. 이러한 지구 환경의 변화가 큰 동물들을 멸종하게 했을 것이다.

어떤 과학자는 공룡이나 용과 같은 거대한 동물들이 멸종한 이유가 운석 충돌 때문이라고 한다. 커다란 운석이 지구와 충돌하면서 그로 인해 발생한 엄청난 충격과 먼지들이 태양빛을 차단하여 지구의 온도가 내려가 빙하기가 옴으로 그러한 동물들이 멸종하게 되었다고 한다. 그렇게 주장하는 이유 중의 하나가 공룡이 파묻힌 퇴적층에서 '이리듐'이 많이 발견되었는데, 운석에도 이리듐이 많이 함유되어 있다고 한다. 그러나 만약 운석이 충돌하여 큰 동물들이 멸종했다면 작은 동물들도 다 함께 멸종했을 것이다.

그런데 흥미로운 것은 지구 내부의 맨틀에도 이리듐이 많이 존재한다는 것이다. 창조과학자들은 노아의 홍수 때에 지진으로 땅 속의 물질들이 분출되어 나와서 공룡이 묻힌 곳에 함께 그 물질이 함유된 것이 아닐까 하고 짐작한다.

만약 공룡이나 바다의 용과 같은 거대한 짐승들이 번성하게 되었더라면 인간에게 큰 위협이 되었을 것이다. 어쩌면 하나님께서 인간을 위하여 가장 적절한 시기에 그들이 멸종하도록 하셨는지도 모른다.

리워야단은 상상의 동물일 수 없다

하나님은 용이 상상의 동물일 수 없을 정도로 자세하게 묘사하고 있다. 만약 상징적인 동물이었다면 그저 한 마디 언급만 했을 것이다. 그러나 '베헤못'(공룡)에 대하여는 10절이나 할애하였고, '리워야단'(용)에 대해서는 무려 34절이나 할애하면서 상세하게 설명하고 있다. 이것은 공룡이나 용이 가상적인 동물이 아니고 실제로 존재했던 동물인 것을 암시하고 있다.

그리고 하나님은 욥에게 이 위대한 동물들을 굴복시킬 만한 능력이 있느냐고 물으신 것을 보면, 그 동물들은 언급된 다른 동물들과 같이 실제로 존재했다는 것을 말해주고 있다. 하나님께서 없는 동물을 가상하여 욥에게 질문하지 않으셨을 것이다.

41장의 동물을 어떤 사람들은 악어나 고래로 본다. 그러나 그러한 동물로 보기에는 성경의 묘사와 큰 차이가 있다. 견고한 비늘이 있어 창으로 찔러도 소용이 없다고 했다(7,15,26절). 그리고 악어로 볼 수 없는 현상들은 입에서 횃불이 나오고 콧구멍으로 연기가 나온다고 했다.

"그것의 입에서는 횃불이 나오고 불꽃이 튀어 나오며 그것의 콧구멍에서는 연기가 나오니 마치 갈대를 태울 때에 솥이 끓는 것과 같구나. 그의 입김은 숯불을 지피며 그의 입은 불길을 뿜는구나"(19-21절).

악어는 사람들이 잡아 가죽을 벗겨 사용하기도 한다. 그리고 고래도 작살로 잡기도 하였다. 그러나 '리워야단'은 창이나 작살로도 잡을 수 없고, 용사라도 그 짐승을 보면 깜짝 놀라 뒤로 자빠질 판이다(25절). 그런 동물은 바다의 용밖에 없다. 전 세계에 걸쳐 있는 전설적인 용은 비슷한 이미지다. 머리가 아주 무섭게 생겼고 불을 뿜으며 몸이 비늘로 덮여있다.

하나님의 질문

"네가 낚시로 리워야단을 끌어낼 수 있겠느냐? 노끈으로 그 혀를 맬 수 있겠느냐? 너는 밧줄로 그 코를 꿸 수 있겠느냐? 갈고리로 그 아가미를 꿸 수 있겠느냐?"(1,2절).

욥은 분명히 하나님이 말씀하시는 리워야단을 알고 있었다. 그랬기 때문에 "너는 거대한 용을 굴복시킬 수 있느냐"고 물으셨던 것이다. 사람이 도무지 상대할 수 없는 엄청난 괴물이었기 때문에 보기만 해도 겁에 질릴 것이었다(7-9절). 하나님은 인간이 바다의 용을 당할 수 없으면서 어찌 창조주 하나님을 대항하여 이기려고 하느냐고 질책하셨다.

"아무도 그것을 격동시킬 만큼 담대하지 못하거든 누가 내게 감히 대항할 수 있겠느냐"(10절).

베헤못도 바다의 리워야단도 하나님의 피조물이다. 하나님은 그 외에도 무수한 별들과 광대한 우주 공간을 창조하셨다. 위대하신 하나님의 창조물을 우리는 만들 수도 없고 굴복시킬 수도 없다면, 어찌 그 창조주에게 함부로 대항할 수 있겠는가? 무지하고 무능한 존재가 하나님에 대하여 무엇을 아는 채 떠들었다는 것 자체가 부끄러운 일이었다. 욥은 하나님의 놀라운 섭리 앞에 고개를 떨구고 자기의 죄를 고백할 수밖에 없었다.(윌리엄 린드세이, "비주얼 박물관 선사시대(Eyewitness Prehistoric Life)", 김성현 역(한국창조과학회 건대 화학과 교수), London, 1994, 웅진미디어, 1996.)

Job Theology and Explanation

43
욥의 회개와 회복

욥 42:1-17

¹욥이 여호와께 대답하여 이르되 ²주께서는 못하실 일이 없사오며 무슨 계획이든지 못 이루실 것이 없는 줄 아오니 ³무지한 말로 이치를 가리는 자가 누구니이까 나는 깨닫지도 못한 일을 말하였고 스스로 알 수도 없고 헤아리기도 어려운 일을 말하였나이다 ⁴내가 말하겠사오니 주는 들으시고 내가 주께 묻겠사오니 주여 내게 알게 하옵소서 ⁵내가 주께 대하여 귀로 듣기만 하였사오나 이제는 눈으로 주를 뵈옵나이다 ⁶그러므로 내가 스스로 거두어들이고 티끌과 재 가운데에서 회개하나이다 ⁷여호와께서 욥에게 이 말씀을 하신 후에 여호와께서 데만 사람 엘리바스에게 이르시되 내가 너와 네 두 친구에게 노하나니 이는 너희가 나를 가리켜 말한 것이 내 종 욥의 말같이 옳지 못함이니라 ⁸그런즉 너희는 수송아지 일곱과 숫양 일곱을 가지고 내 종 욥에게 가서 너희를 위하여 번제를 드리라 내 종 욥이 너희를 위하여 기도할 것인즉 내가 그를 기쁘게 받으리니 너희가 우매한 만큼 너희에게 갚지 아니하리라 이는 너희가 나를 가리켜 말한 것이 내 종 욥의 말같이 옳지 못함이라 ⁹이에 데만 사람 엘리바스와 수아 사람 빌닷과 나아마 사람 소발이 가서 여호와께서 자기들에게 명령하신 대로 행하니라 여호와께서 욥을 기쁘게 받으셨더라 ¹⁰욥이 그의 친구들을 위하여 기도할 때에 여호와께서 욥의 곤경을 돌이키시고 여호와께서 욥에게 이전 모든 소유보다 갑절이나 주신지라 ¹¹이에 그의 모든 형제와 자매와 이전에 알던 이들이 다 와서 그의 집에서 그 와 함께 음식을 먹고 여호와께서 그에게 내리신 모든 재앙에 관하여 그를 위하여 슬퍼하며 위로하고 각각 케쉬타 하나씩과 금 고리 하나씩을 주었더라 ¹²여호와께서 욥의 말년에 욥에게 처음보다 더 복을 주시니 그가 양 만 사천과 낙타 육천과 소 천 겨리와 암나귀 천을 두었고 ¹³또 아들 일곱과 딸 셋을 두었으며 ¹⁴그가 첫째 딸은 여미마라 이름하였고 둘째 딸은 긋시아라 이름하였고 셋째 딸은 게렌합북이라 이름하였으니 ¹⁵모든 땅에서 욥의 딸들처럼 아리따운 여자가 없었더라 그들의 아버지가 그들에게 그들의 오라비처럼 기업을 주었더라 ¹⁶그 후에 욥이 백사십 년을 살며 아들과 손자 사 대를 보았고 ¹⁷욥이 늙어 나이가 차서 죽었더라

욥의 회개와 체험적 신앙

마침내 욥은 하나님을 만났다. 그리고 자신을 발견했다. 그 동안 자신에게 일어났던 엄청난 고난의 사건들은 하늘에서부터 시작된 일인 것을 깨달았다. 욥이 이 책의 저자라면 하나님께서 하늘의 영적 세계에 대하여 말씀하셨을 것이다(욥2:1-6).

그는 고난을 통하여 하나님의 위대하심과 전지전능하심을 깨달았다(1,2절). 과거에는 지식적으로만 하나님을 알았다. 귀로 듣기만 하였던 하나님이었다. 그러나 죄를 회개하면서 하나님을 눈으로 보는 것처럼 믿게 되었다. 자신은 위대하신 하나님 앞에서 티끌과 재에 지나지 않는 존재인 것을 깨달았다(6절).

"내가 주께 대하여 귀로 듣기만 하였사오나 이제는 눈으로 주를 뵈옵나이다. 그러므로 내가 스스로 거두어들이고 티끌과 재 가운데에서 회개하나이다"(5,6절).

욥이 그 동안 많은 탄원의 말을 하였지만 42장의 5,6절만큼 위대한 고백은 없다. 그가 이 말을 하지 않았더라면 앞에서 했던 말이 모두 소용이 없었을 것이다. 그는 진심으로 회개하였고 구원의 확신을 얻었다.

박윤선 박사는 그의 욥기 주석에서 "욥이 전에도 체험적 신앙을 가지지 않은 것은 아니었지만 이제는 체험적 신앙이 더욱 풍부해졌다"고 했다. "듣는 것 하고 보는 것 하고 차이가 있듯이 욥이 고난을 통과한 후에는 더욱 명백하게 하나님을 체험했다"고 한다.

욥은 상상할 수 없는 모진 고난을 당하면서 자신이 죄인인 줄 뼈저리게 느끼고, 자신의 죄를 대속해 주실 그리스도를 통하여 죽은 후에 부활할 것을 믿었다.

> "내가 알기에는 나의 대속자가 살아 계시니 마침내 그가 땅 위에 서실 것이라. 내 가죽이 벗김을 당한 뒤에도 내가 육체 밖에서 하나님을 보리라"(욥19:25,26).

욥은 고난을 통하여 전능하신 하나님을 영적으로 체험하게 되고, 자기의 죄를 회개하였다. 확실한 부활의 신앙을 소유하게 되었다. 순금처럼 빛나는 신앙의 사람이 되었다(욥23:10).

'찰스 스펄전' 목사는 "회개의 문은 기쁨의 방으로 들어가는 문을 열어놓는다"고 했다. 하나님을 체험한 자의 첫 관문이 회개다. 만약 그에게 고통이 없었더라면 그는 예전처럼 풍족한 중에 살면서 자신이 의롭다고만 생각하면서 살았을 것이다. 그가 극심한 고난을 겪으면서 자신은 죄인이며 하나님의 섭리 속에 있는 한 연약한 존재인 것을 깨달았다.

성도의 고난은 합력하여 선을 이루고, 고난을 믿음으로 수용하면서 영적인 유익을 얻는다. 욥은 모진 고난의 극한 갈등을 겪으면서 하나님을 만나게 되고 자신이 죄인인 것을 고백하게 되었다. 욥에게 고난은 자신의 믿음을 순금처럼 만들어 준 귀한 보배였다(욥23:10).

하나님은 욥의 극심한 고난을 통하여 하나님의 뜻을 이루는데 그를 사용하셨다. 그래서 하나님은 "내 종 욥"이란 말씀을 네 번이나 하셨다(7,8절, 욥1:8, 2:3). 하나님은 욥의 고난을 하나님의 뜻을 이루는 일에 쓰셨다.

장차 의로운 예수 그리스도가 오셔서 십자가의 고난을 당하게 되실 것이다. 그리고 의인들이 고난을 많이 받게 될 것이다. 왜 극심한 고난과 순교를 당해야 하는지 사람들은 하나님께 탄원하게 될 것이다. 하나님은 인간이 당할 고난에 대하여 욥을 모델로 쓰셔서 고난의 극복과 영적 유익에 대하여 교훈하신 것이다. 사탄은 의인들에게 끊임 없이 고난과 시험을 줄 것이고 성도들은 그 고난을 이해하지 못하여 괴로워하게 될 것이다. 이런 모든 일에 대비하여 하나님은 욥을 종으로 쓰신 것이다.

중보자 욥

욥이 고난을 인내하고 하나님의 섭리를 깨닫게 되면서 그는 친구들을 위하여 기도해 주는 중보자가 되었다. 욥이 친구들로부터 큰 죄인 취급을 받을 때 주님이 중보자가 되어 자신을 변호해 주시기를 간절히 청원하였다(욥16:19-21). 그런데 묘하게도 하나님은 욥이 그의 세 친구의 중보자가 되게 하셨다. 욥을 정죄하고 욕했던 그들의 죄에 대하여 하나님은 욥에게 가서 번제를 드리고 용서의 기도를 받도록 하셨다.

> "여호와께서 욥에게 이 말씀을 하신 후에 여호와께서 데만 사람 엘리바스에게 이르시되 내가 너와 네 두 친구에게 노하나니 이는 너희가 나를 가리켜 말한 것이 내 종 욥의 말 같이 옳지 못함이니라. 그런즉 너희는 수소 일곱과 숫양 일곱을 가지고 내 종 욥에게 가서 너희를 위하여 번제를 드리라. 내 종 욥이 너희를 위하여 기도할 것인즉 내가 그를 기쁘게 받으리니 너희가 우매한 만큼 너희에게 갚지 아니하리라 이는 너희가 나를 가리켜 말한 것이 내 종 욥의 말 같이 옳지 못함이라"(7,8절).

욥의 세 친구와 엘리후는 욥을 큰 죄인으로 몰아세우고 질책하였다. 욥은 너무나 억울하여 그의 순전을 변명하였지만 친구들이 믿어주지 않았다. 그래서 하나님이 그의 재판관이 되어 주시도록 탄원하였는데, 하나님께서 응답해 주셨다. 우리가 하나님으로부터 인정을 받으면 사람에게도 인정과 존경을 받는다. 하나님은 세 친구들에게 "내 종 욥의 말과 같이 옳지 못하다"고 책망하셨다.

그리고 욥에게 가서 번제를 드리고 죄 사함의 기도를 받으라고 하셨는데, 욥을 제사장이며 그들의 중보자로 세우신 것이다. 엘리바스와 빌닷과 소발은 하나님의 명령에 따라 순종하였다. 아마 그들은 욥이 하나님의 거룩한 사람이라는 것을 알고 더욱 욥을 존경하게 되었을 것이다.

욥의 그 지독한 악창은 언제 다 나았을까? 아마 친구들이 욥에게 와서 번제를 드려달라고 요청하고 기도 받기를 원했을 때는 말끔히 나았을 것으로 짐작이 된다. 그런 끔찍한 모습으로 다른 사람들 앞에 거룩한 제사장으로 설 수 없기 때문이다. 그리고 11절에 이전에 알던 이들과 함께 음식을 먹은 것으로 보아 그 이전에 하나님께서 깨끗하게 치료해 주신 것으로 보아야 한다.

우리 역시 욥의 세 친구와 비슷하게 스스로를 의롭게 생각하고 남을 쉽게 정죄했던 죄가 있었을 것이다. 상대방의 마음의 상처는 고려하지 않고 자기 하고 싶은 말을 함부로 쏟아낸 적도 있을 것이다. 우리의 이러한 죄에 대한 중보자는 예수 그리스도이시다. 주님이 우리를 위하여 대속의 십자가를 지시고 죽으셨을 뿐만 아니라 하나님과 우리 사이의 중보자가 되셔서 우리의 죄를 사하시고 화목하게 하셨다.

욥기 전체의 결론은 누구든지 죄를 지은 자들은 회개하고 하나님께 돌아와야 한다는 것이다. 그리고 인간의 고난의 문제는 하나님의 섭리 속에서 받아들여야 한다는 것이다. 죄를 지은 자들은 물론이고 나름대로 의인이라고 생각하는 사람들에게도 고난은 피해 갈 수 없는 것이다. 고난 받는 자들을 정죄해야 할 것이 아니라 고난을 주시는 하나님의 뜻이 무엇인가를 생각해야 한다.

욥은 이해할 수 없는 극심한 고난을 받았지만 믿음 안에서 인내하며 잘 극복하였다. 고난으로 말미암아 탄원하며 원망하게 될 사람들이 영의 세계를 깨닫고 고난으로 인하여 회개하고 순금 같은 신앙의 사람이 되도록 교훈하셨다. 그 일에 하나님은 그의 종 욥을 사용하셨고, 하나님의 뜻만 바라본 "그를 기쁘게 받으셨다"고 마무리 짓고 있다(9절). 그리고 욥은 중보자로 쓰임을 받았다. 지금도 구원 받은 우리는 복음을 전하고 성경을 가르침으로 세상의 죄인들을 하나님께로 인도하는 영적인 중보자이며 제사장들이다.

갑절의 복을 받은 욥

10-17절은 욥기의 부록과 같다. 욥기의 첫 시작이 욥의 가정사였는데, 마지막도 욥의 가정사로 끝을 맺고 있다. 욥기의 결론을 "고난을 견디고 승리한 욥이 갑절의 복을 받은 것"으로 내리면 하나님이 의도하는 정확한 진리에서 벗어날 수도 있다. 왜냐하면 독실한 하나님의 종들이 이 세상에서 갑절의 복이나 장수의 복을 누리지 못하고 억울하게 순교하거나 고난만 받고 끝나기도 하기 때문이다. 그래서 욥이 갑절의 복을 받은 것을 결론으로 삼지 않고 전체 문장의 대칭 구조의 짝을 맞추는 부록으로 보는 것이다.

욥기는 고난을 주제로 두고 있으며, 인간 고난의 결론은 하나님의 섭리 속에서 찾아야 한다는 것이며, 인간이 아무리 고난에 대하여 탄원하고 변론하여도 인간은 온전하지 못하고 오직 하나님만 옳으시다는 것이다. 누구든지 고난이 올 때에 회개하고 하나님을 찾으며 끝까지 인내해야 한다는 것이다. 믿음의 사람에게는 그 고난이 영적 유익이 된다는 것을 교훈하고 있다.

　상상하지 못했던 모진 고난으로 인하여 욥은 한 순간에 비참한 나락으로 떨어졌다. 사람들이 생각할 때에는 결코 회복할 수 없는 지경까지 내려갔다. 그러나 하나님의 마음에 합한 자는 하나님께서 진토에서 다시 높이시고, 모든 것을 상실했을지라도 다시 모든 것을 회복시켜 주신다.

　나오미와 룻은 모압 땅에서 완전히 망하여 다시 일어서기 어려운 형편에 빠졌다. 그러나 그들이 회개하고 다시 하나님께로 돌아왔을 때에 고향 땅 베들레헴은 회복의 땅이 되었다. 그 지역의 유력자 '보아스'가 룻의 남편이 되면서 대가 끊어진 엘리멜렉과 그의 아들 말론의 집안에 다윗 왕의 할아버지인 '오벳'이 태어나게 되었다(룻4:13). 그리고 룻의 시아버지의 땅도 회복되었다. 영적으로 은혜를 입으니 경제와 명예가 다 회복이 되었다.

　욥이 친구들의 중보자가 되어 번제를 드린 일이 계기가 되어 하나님은 욥에게 갑절의 경제적인 회복을 주셨다.

> "욥이 그의 친구들을 위하여 기도할 때 여호와께서 욥의 곤경을 돌이키시고 여호와께서 욥에게 이전 모든 소유보다 갑절이나 주신지라. 이에 그의 모든 형제와 자매와 이전에 알던 이들이 다 와서 그의 집에서 그와 함께 음식을 먹고 여호와께서 그에게 내리신 모든 재앙에 관하여 그를 위하여 슬퍼하며 위로하고 각각 케쉬타 하나씩과 금 고리 하나씩을 주었더라"(10,11절).

　모든 사람들이 욥의 친구들처럼 욥에게 내밀한 죄가 엄청 많았던 것으로 의심하였다. 그랬는데 친구들의 번제 사건으로 알게 된 것은 욥은 참으로 하나님이 기뻐하신 종이란 사실을 알게 되었다. 전에는 욥을 싫어하여 낯선 사람을 대하듯 멸시하던 자들이 돌연 마음이 변하였다(욥19:13-15).

그래서 형제 자매들과 친척들, 이전에 알던 이들이 다 몰려와서 함께 음식을 나누어 먹고 많은 것을 잃었던 욥을 위로 하면서 고대 화폐인 케쉬타(קְשִׂיטָה) 하나씩과 금 고리(네젬: נֶזֶם) 하나씩을 위로금으로 주고 갔다. '케쉬타'는 은전을 뜻하고, '네젬'은 금으로 만든 귀고리나 코고리를 뜻한다.

욥은 예전에 이웃들에게 많은 것을 베풀었다. 고아나 과부들과 억울하게 송사에 휘말린 사람들까지 많은 사람들을 후원하고 돌보았다. 그러므로 정확하게는 모르지만 대단히 많은 사람들이 찾아와 위로하고 위로금을 주고 갔을 것이다. 그 돈을 기반으로 욥은 다시 목축을 시작하였으며 갑절의 부를 누렸을 것이다.

12절의 가축의 수와 자녀의 수는 1장 2,3절과 비교하면 갑절이다. 자녀는 처음과 같이 아들 일곱과 딸 셋이다. 그러나 먼저 죽은 자녀들은 아버지의 말씀에 순종하여 경건한 생활을 하였고 자기들의 죄를 씻기 위하여 제물을 바쳐 번제를 드렸기 때문에 죽은 후에 구원을 받았을 것이다. 천국에 열 명 다 살아있다고 보면, 결국 자녀도 스무 명이 된다. 1장에는 종들도 많았다고 기록하고 있는데, 42장의 갑절의 복에는 종이 생략되어 있을 뿐, 갑절의 종도 있었을 것이다. 왜냐하면 가축이 배나 되기 때문에 그 가축을 돌볼 종들도 배나 많아야 한다.

추가된 것은 세 딸이 그 시대에 최고의 미녀들이었다는 것이다. '여미마'(יְמִימָה) 화창한 낮을 의미하고, '굿시아'(קְצִיעָה)는 아라비아의 향기 나는 나무로 기쁨의 상징이다. '게렌합북'(קֶרֶן הַפּוּךְ)은 눈 화장을 하는 화장품 통을 말하는데, 아름다움을 상징하는 단어이다. 딸들에게도 욥이 아들들과 같이 기업을 분배해 주었다(15절). 당시로는 드문 일이었다.

먼 훗날에서야 아들이 없을 경우에만 딸들이 아버지의 유산을 받게 되었다(민27:1-8). 므낫세의 현손인 슬로브핫에게 아들 없이 딸만 다섯이었다. 그 딸들은 모세에게 나와서 자기 아버지의 땅을 기업으로 달라고 요청하였다. 모세시대였으니 한 오백오십 년 후에 일어난 사건이다.

욥의 수명도 다시 태어난 것처럼 건강하여 아들 일곱과 딸 셋을 더 낳았으며 140년을 더 살면서 아들과 손자 4대를 보았다(16절). "나이가 차서 죽었다"는 것은 건강하게 살다가 죽었다는 뜻이다. 늙고 병약하여 빨리 죽은 것이 아니라, 마음이 평안하고 몸이 강건하여 천수를 누렸다는 것이다.

박윤선 박사의 주석에 보면 70인역에는 욥의 나이가 240살로 되어 있다고 하였다. 물론 연령 계산이 어떤 문서에 기인한 것인지는 알 수 없다고 했다. 만약 240살이 욥의 나이였다면 욥기의 사건이 마무리 되었을 때의 나이는 100살이었다고 짐작할 수 있다.

달라스 신학교의 교수인 '로이 죽'(Roy B. Zuck)은 그의 욥기 주석에서 욥의 나이를 210세로 본다. 유대 전승에 따르면 그가 재난을 당한 후에 누린 140년은 이전 나이의 두 배라고 한다. 그렇다면 욥은 70세에 환난을 당하였고, 환난이 끝난 후에 그 배인 140년을 더 산 것이 된다. 이것은 아마 욥이 갑절의 복을 받은 것에 기초하여 나온 추측이 아닌가 생각한다. 어떤 견해를 따르든지 욥은 환난 후에 갑절 이상의 생을 살았다고 볼 수 있다. 족장 아브라함이 175세를 살았는데 그보다 더 오래 살았으니 장수하였다고 말할 수 있다.

욥의 아내가 궁금하다

여기서 하나 궁금한 것은 욥의 아내이다. 욥2:9에 욥이 환난을 당하여 자녀와 재산을 다 잃고 육신마저 악창이 나서 질그릇 조각으로 긁고 있는 처참한 모습을 본 그의 아내는 "하나님을 욕하고 죽으라" 하고 저주를 퍼붓고 떠나버렸다. 사탄이 원하는 바로 그 말을 욥은 아내의 입을 통하여 듣게 되었다. 그러나 욥은 입술로 하나님께 범죄하지 않았다(욥2:10).

욥기의 마지막 장면에 나오는 이 갑절의 복을 그 아내와 함께 누렸을까? '워런 위어스비' 목사는 그의 주석에서 괄호를 붙이고 그의 '전 처'와 함께 라고 덧붙이고 있다. 그가 그렇게 본 것은 욥이 그의 친구들을 용서했기 때문에 함께 살았던 자기 아내의 잘못도 용서했을 것으로 해석했기 때문이다. 그러나 성경에 아내에 대한 언급이 없음으로 전 처였는지 분명하지 않다.

오히려 전 처가 아닐 가능성이 더 짙다. 왜냐하면 여인들이 아기를 낳아 양육할 나이가 있는데, 욥의 사건이 70-100살 때쯤 일어난 일이라고 본다면 전 처 역시 늙었을 것이다. 욥이 회복하여 열 명의 자녀를 더 낳았는데, 전 처가 늙은 나이에 그렇게 많은 자녀를 낳기는 곤란하지 않았을까.

욥의 아내는 신앙적인 측면에서 볼 때에 사탄이 원하는 말을 한 것으로 미루어 생각하면 신앙이 없거나 믿음이 나약한 자로 짐작된다. 성경에는 여러 아내들의 사건들이 나오는데 신앙의 여인들에게는 회복의 축복이 있었다.

기도의 어머니 '한나'는 임신하지 못하였지만 기도로 사무엘을 얻어 하나님께 바쳤고, 사무엘 외에도 세 아들과 두 딸을 더 낳게 하셨다(삼상2:21). 룻도 집안의 기업 무를 자 '보아스'를 통하여 '오벳'을 낳고 자신뿐만 아니라 시어머니 '나오미'와 남편 집안의 명예를 회복시켰다. 그리고 다윗 왕의 집안을 만들고 마침내 메시야 탄생의 집안을 만들어 유다 지파의 명예를 높이는 일에 크게 공헌하였다.

반면에 불신앙의 아내는 믿음의 대열에서 퇴출되기도 했다. 대표적인 여자가 소금 기둥이 된 '롯'의 아내이다. 소돔성이 불의 심판을 받기 전에 천사의 재촉으로 롯과 그의 아내와 두 딸이 심판의 도시에서 구사일생으로 빠져나왔다. 그러나 롯의 아내는 뒤를 돌아보지 말라는 천사의 경고를 무시하고 뒤를 보다가 그 자리에서 소금 기둥이 되고 말았다. 그 동안 애써 모아두었던 재산과 보석들, 그리고 집과 귀중품들을 생각하면서 뒤돌아 보았을 것이다. 롯의 아내는 세상의 쾌락과 물질에 대한 욕심이 여전히 남아있었던 것이다.

신약의 사도행전 5장의 '아나니아'와 '삽비라' 부부의 거짓말 사건에서도 두 사람은 하나님께 자기의 땅을 팔아서 헌금한 사람들이다. 그러나 땅 값 일부를 감추고 전부를 다 바친다고 베드로 사도에게 거짓말을 함으로 아내 '삽비라'도 남편처럼 즉사하고 말았다(행5:1-11).

물질로 인한 불신앙의 여인들이 믿음의 대열에서 퇴출되었다. 신앙적인 측면에서 보면 욥의 아내는 남편이 모든 재산과 자녀를 다 잃게 되고 건강마저 잃게 되자 소망이 없다고 생각했을 것이다. 욥처럼 주신 분도 하나님이시고 가져가신 분도 하나님이심을 믿지 못했던 것이다. 그리고 하나님을 믿고 의지하면 다시 회복시켜 주실 것이란 사실을 욥의 전 처는 믿지 못했다. 그러므로 "하나님을 욕하고 죽으라"고 말하며, 사탄의 방법을 선택한 것이었다.

만약 '롯'의 아내나 '삽비라'처럼 믿음의 대열에서 퇴출된 것이라면 욥의 전 처는 회복의 은총을 누리지 못했을 것이다. 무엇보다도 열 명의 자녀를 더 낳을 만큼 젊은 나이가 아니었고, 또 열 명의 자녀를 더 낳고 남편에게 사랑을 받을 자격이 없는 여자였다. 물론 성경이 욥의 아내에 대해서 더 이상 언급하지 않았기 때문에 단지 우리가 상상할 뿐이다.

마지막 내용은 하나님이 인정하고 그 마음을 기쁘게 받으시면 어떤 복을 받는지 보여주고 있다. 우리가 고난 중에서도 끝까지 하나님을 믿고 인내하면, 이생에서도 복을 받고 천국에 가서도 영생을 누리게 될 것이다. 욥처럼 하나님이 마음껏 쓰시도록 고난에 자신을 던져 순종하는 삶을 산다면 하나님께서 우리의 삶에 복을 주시고 온전히 회복시키실 것이다.

욥기 신학과 강해

욥의 고난과 그리스도의 십자가

■
초판 1쇄 인쇄 / 2018년 3월 5일
초판 1쇄 발행 / 2018년 3월 10일

■
지은이 / 김 홍 규
펴낸이 / 김 수 관
펴낸곳 / 도서출판 영문
122-070 서울시 은평구 역촌동 10-82
☎ (02) 357-8585
FAX • (02) 382-4411
E-mail • kskym49@hanmail.net

■
출판등록번호 / 제 03-01016호
출판등록일 / 1997. 7. 24

파본은 교환해 드립니다.
본 출판물은 저작권법으로 보호 받는
저작물이므로 출판사나 저자의 허락없이
무단 전재나 무단 복제를 할 수 없습니다.

정가 15,000원
ISBN 978-89-8487-336-0 03230
Printed in Korea